Europäisch
in der Wirts
Band 22

Herausgegeben von
N. Janich, Darmstadt, Deutschland
D. Neuendorff, Åbo, Finnland
C. M. Schmidt, Åbo, Finnland

Die Schriftenreihe verbindet aktuelle sprachwissenschaftliche, betriebswirtschaftliche, kulturwissenschaftliche und kommunikationstheoretische Fragestellungen aus dem Handlungsbereich der Wirtschaft. Im Kontext einer interdisziplinär verankerten und interkulturell angewandten Forschung sollen wissenschaftlich fundierte und praxisnahe Problemlösungsstrategien für die Wirtschaftskommunikation geschaffen werden. Auf diesem Wege wird auch eine Überwindung traditioneller Fachgrenzen zur Erhöhung des Erkenntnisgewinns für die einzelnen Disziplinen angestrebt.

Christopher M. Schmidt • Ainars Dimants
Jaakko Lehtonen • Martin Nielsen (Hrsg.)

Kulturspezifik in der europäischen Wirtschaftskommunikation

Springer VS

RESEARCH

Herausgeber
Christopher M. Schmidt
Turku, Finnland

Ainars Dimants
Riga, Lettland

Jaakko Lehtonen
Riga, Lettland

Martin Nielsen
Aarhus, Dänemark

Gedruckt mit freundlicher Unterstützung der Universitäten Turiba und Åbo Akademi

ISBN 978-3-658-01235-9
ISBN 978-3-658-01236-6 (eBook)
DOI 10.1007/978-3-658-01236-6

Die Deutsche Nationalbibliothek verzeichnet diese Publikation in der Deutschen Nationalbibliografie; detaillierte bibliografische Daten sind im Internet über http://dnb.d-nb.de abrufbar.

Springer VS

Gedruckt auf säurefreiem und chlorfrei gebleichtem Papier

Springer VS ist eine Marke von Springer DE. Springer DE ist Teil der Fachverlagsgruppe Springer Science+Business Media.
www.springer-vs.de

Inhalt

Dynamik europäischer Wirtschaftskommunikation

Christopher M. Schmidt

Am 20. - 22. August 2010 fand in Riga die 10. Jahrestagung der Kooperation *Europäische Kulturen in der Wirtschaftskommunikation* (EUKO) unter dem Rahmenthema „Local Aspects of European Business Communication“ statt. Gleichzeitig wurde das 10-jährige Bestehen dieser europäischen Forschungskooperation begangen. Mit dem Tagungsort der Turiba Business School/Riga konnte die EUKO auch die besondere Rolle der für die europäische Integration wichtigen wirtschaftlichen, gesellschaftlichen, und informationstechnologischen Dynamik aus überregionaler Perspektive international sichtbar machen.

Integration bedeutet in diesem Fall nicht Angleichung von gesellschaftlichen Kommunikations- und Entwicklungsprozessen, sondern vielmehr jeweils eine eigenständige Entwicklung innerhalb sich ständig verändernden nationalen wie auch globalen Handlungsvoraussetzungen im europäischen Wirtschaftsalltag.

Und genau in diesem Punkt bestand das besondere Interesse der EUKO-Tagung 2010. So konnte die Tagung in Riga eine Vielzahl von Beiträgen aus den verschiedenen Regionen Europas versammeln. Das gemeinsame Tagungsinteresse war vor allem die Frage, in welcher Form lokale Dimensionen kulturspezifischer Handlungsweisen und ihre Dynamik im Rahmen der Kommunikationsgewohnheiten nationaler und organisationaler Gemeinschaften erkennbar sind. Erst wenn das Kommunikationsmanagement – sei es in Profit- oder auch Non-Profit-Organisationen – die medien- und technikbedingte universale Handlungs*möglichkeit* mit den jeweils (landes- oder unternehmens-)kulturellen Handlungs*voraussetzungen* kombiniert, kann es im kulturell vielschichtigen Europa seine wichtige Funktion einer sich ständig verändernden Teildisziplin des unternehmerischen Managements erfolgreich erfüllen. Diese Erkenntnis setzt jedoch zunächst eine detaillierte Auseinandersetzung mit solchen Aspekten europäischer Wirtschaftskommunikation voraus, die in gegebenen kulturspezifischen Handlungsräumen modellbildend wirken.

Unter diesem Aspekt versammelt der vorliegende Band auf der Basis eines internationalen Herausgebernetzwerks mit komplettierender Expertenkompetenz in einem gemeinsamen Peer-Review-Verfahren ausgewählte Beiträge von der EUKO-Tagung in Riga 2010. Eine so vielschichtige Region wie Europa kann nicht im Rahmen eines Sammelbands flächendeckend ‚abgedeckt' werden. Statt dessen verstehen sich die einzelnen Beiträge als Veranschaulichungen sowohl von konkreten Handlungstendenzen als auch von wissenschaftlichen Grundsatzfragen im vielseitigen Spektrum der Wirtschaftskommunikation. Jeder einzelne Beitrag hat daher neben seiner spezifischen Thematik auch eine allgemeingültige Beispielfunktion. In welcher dieser zwei Aussagen-Dimensionen ein jeweiliger Beitrag gelesen werden möchte, entscheidet der Leser selbst.

Der vorliegende Sammelband teilt sich in drei Sektionen ein. Im ersten Teil *Kommunikation als Strategie* werden verschiedene Strategien der zweck-geleiteten Kommunikationstätigkeiten der internen und externen Unternehmenskommunikation behandelt. Dabei schließen sich die jeweiligen beitragsspezifischen Erkenntnisse nicht gegenseitig aus, sondern erlauben ein komplementäres Verarbeiten der jeweiligen Inhalte.

Im zweiten Teil *Kommunikation mit Ansprechgruppen* wird der Frage des Umgangs mit kulturellen Identitäten im Bereich der unternehmensexternen Kommunikation sowie auch der Frage nach den Bedingungsgrößen dieses Handlungsbereichs nachgegangen. Insbesondere fokussiert dieser Teil auf die Frage nach der Art des Einflusses nationaler Handlungstraditionen im Bereich organisationaler Handlungsweisen.

Der dritte Teil *Kommunikation in sozialen Medien* befasst sich spezifisch mit den dynamischen Auswirkungen der sozialen Medien auf die Kommunikationsgewohnheiten in verschiedenen Gebieten europäischer Marktwirtschaften. Die besondere Dynamik sowie auch die jeweiligen Handlungsvoraussetzungen, die hierbei im Umgang mit den neuen Medien entstehen, werden anhand einzelner landeskultureller Fallbeispiele veranschaulicht.

Die Autorinnen und Autoren des vorliegenden Bands kommen aus unterschiedlichen beruflichen Kompetenzbereichen mit jeweils unterschiedlichem kulturellen Erkenntnis- und Erfahrungswert, wodurch die einzelnen Beiträge sich gegenseitig nicht nur gewinnbringend ergänzen, sondern auch jeweils in ihren Aussageformen frei aufeinander beziehen lassen. So ist es in der Art und Weise, wie jeder einzelne Beitrag dieses Bandes über sich hinaus zum Gesamtergebnis beiträgt, dass der eigentliche Mehrwert dieses Buchs fassbar wird: in der besonderen Dynamik, die sich aus der Übersummativität kultureller Gemeinschaften ergibt. Möge diese Dynamik auch den Leser beim Durchgang duch diesen Band und bei der inhaltlichen Auswertung der Beiträge begleiten.

Die Drucklegung des vorliegenden Sammelbands wurde durch die kooperative und großzügige Unterstützung der Turiba Business School in Riga sowie der Universität Åbo Akademi in Åbo/Turku (Finnland) ermöglicht, wofür an dieser Stelle gedankt sei: Dass die Dynamik kulturübergreifender europäischer Zusammenarbeit auch zu konkretisierbarer Übersummativität in der Verbreitung wissenschaftlicher Erkenntnisse führen kann, dafür mag dieses Beispiel der Finanzierungskooperation stehen, wenn auch nur als eines von *n möglichen* Beispielen.

I. Kommunikation als Strategie

Kampagnenadaption vs. Textadaption. Abstraktionsebenen der Integrierten Marketingkommunikation

Martin Nielsen

1 Einleitung

Im Zuge der zunehmenden Globalisierung wenden sich immer mehr Unternehmen an Zielgruppen aus unterschiedlichen Sprach- und Kulturräumen. Da die auf unternehmensstrategischer Ebene beschlossenen übergeordneten Unternehmensziele auch in der kulturübergreifenden Unternehmenskommunikation Gültigkeit haben, müssen diese Ziele u.a. unter Wahrung einer möglichst unverwechselbaren und wiedererkennbaren Unternehmens- und Markenidentität (Bruhn 2003) in unterschiedlichen Sprach- und Kulturräumen in entsprechend unterschiedlicher Weise verfolgt werden. Diese Ziele lassen sich in untergeordnete, instrumentelle Ziele zerlegen (Nielsen 2008: 143), die sich jeweils auf Umsatz, Absatz, Konsumentenpräferenz, Marketing, Kommunikation, Kampagnen und Texte beziehen. In diesem Geflecht von abhängigen Zielsetzungen kann nun die Adaption einer Kampagne, also die Anpassung an die Gepflogenheiten des betroffenen Sprach- und Kulturraums, an unterschiedlichen Stellen ansetzen. Dabei setzt die Linguistik, die Übersetzungstheorie (Jettmarová 2004) und die interkulturelle Wirtschaftskommunikation (Framson 2009) traditionellerweise an der untersten Ebene, am Text, an (Nielsen im Erscheinen). Das gilt prinzipiell gleichermaßen für Forschung, Lehre und Praxis: Der Forschungsgegenstand der Adaption ist der Text, in Studiengängen der Wirtschaftskommunikation zu lernende und in der Wirtschaftspraxis nachgefragte adaptive Kompetenzen beziehen sich grundsätzlich auf die Textebene.

In diesem Beitrag soll erörtert werden, welcher andere, womöglich adäquatere Ansatzpunkt sich für Adaptionen anbietet. Dabei steht im Sinne der Integrierten Marketingkommunikation vor allem die nächsthöhere Ebene über dem Einzeltext, die Kampagne, im Mittelpunkt der Überlegungen. Diskutiert wird, inwiefern die Kampagne – als Schnittpunkt zwischen dem Text als einzelnem Marketinginstrument und der Marketingstrategie als ganzheitlichem Instrument zur Erreichung von Unternehmenszielen – einen geeigneten Ansatzpunkt darstellt, an dem sich eine Theorieentwicklung zur Adaption orientieren kann, anhand dessen sich Kompetenzen in Studiengängen definieren lassen und mit dem authentische Adaptionsverfahren der Wirtschaftspraxis korrelieren.

Der Beitrag fährt nach dieser Einführung (1) mit einer kurzen Vorstellung des Bereichs der Integrierten Marketingkommunikation fort, in den dieser Beitrag das Phänomen Kampagne eingebettet wissen will (2). Darauf folgt die Präsentation und Diskussion der unternehmerischen Zielhierarchien und die Bestimmung der Abstraktionsebenen, auf denen sich Kampagne und Text positionieren lassen (3). Anschließend wird die Textverarbeitungsform ‚Adaption' als Variante der Textverarbeitungsform ‚Übersetzung' diskutiert (4). In der Folge wird das zentrale Konstrukt Kampagne in seiner Verortung zwischen Text und Marketinginstrumentarium thematisiert und problematisiert (5). An diese Ausführungen schließt sich ein Ausblick auf mögliche Konsequenzen aus den vorangegangenen Überlegungen (6), bevor ein kurzes Fazit und ein kurzer Ausblick geboten wird (7).

Ähnliche Überlegungen zum Thema wurden bereits in Nielsen (2011, im Druck) angestellt, dort allerdings mit geringerer Gewichtung der Einbettung der Kampagne in die Integrierte Marketingkommunikation und ohne eigentliche Diskussion der Verortung der Kampagnenadaption zwischen Text und Marketinginstrument bzw. zwischen Übersetzung und Adaption.

2 Integrierte Marketingkommunikation

2.1 Bedeutung der Integrierten Marketingkommunikation

Die Anfänge der Integrierten Marketingkommunikation datieren Bruhn (2003: 1) auf den Anfang der 70er Jahre und Rademacher (2001ff.: 3) unter Berufung auf Tietz (1982b) sowie Bentele et al. (2008: 593) auf den Anfang der 80er Jahre.

Der eigentliche Durchbruch der Integrierten Marketingkommunikation erfolgt erst Anfang der 90er Jahre (Bruhn 2003: 5-7, 50-52). Der integrierte Marketingkommunikationsansatz spielt auch heute noch eine überragende Rolle, u.a. weil er seinem Wesen nach neue, auch teilweise revolutionäre Medien – wie seinerzeit das Internet in seiner ersten, eher monologischen Ausgestaltung mit Homepages und heute in seiner dialogischen Ausgestaltung und seiner Vielfalt an nutzergesteuerten und -generierten Formen und Inhalten wie Blogs, Podcasts, sozialen Medien, Chatforen usw. – eben in das bestehende Marketing-Mix zu integrieren vermag. Neuerscheinungen, Neuauflagen und wissenschaftliche Aufsätze zum Thema dokumentieren dies nachdrücklich für sowohl den deutschsprachigen Raum (z.B. Bruhn 2003; Langner/Esch 2004; Schwarz-Musch 2005), den englischsprachigen Raum (z.B. Smith/Taylor 2004; Pickton/ Broderick

2005; Kitchen/de Pelsmacker 2004) als auch den skandinavischsprachigen Raum (z.B. Eiberg et al. 2008).

Die Verbreitung der Integrierten Marketingkommunikation kommt auch dadurch zum Ausdruck, dass sie von unterschiedlichen (Teil-)Disziplinen aufgegriffen worden ist, initial zunächst natürlich vom Marketing (Kotler/Bliemel 1999), genereller von der der Betriebswirtschaftslehre (Wöhe/Döring 2002), spezifischer von der Marketingkommunikation (Fuchs/Unger 2007, Vergossen 2004), von der Werbekommunikation (Stöckl 2004: 249), von der Markenführung (Esch 2004), der Werbung (Schweiger/Schrattenecker 2001), der PR (Kunczik/Zipfel 2002), wobei der Positionskampf zwischen Marketing und PR auch auf dem Terrain der Integrierten Marketingkommunikation ausgetragen wird (Bruhn/Ahlers 2004).

2.2 Definition der Integrierten Marketingkommunikation

Die wohl gängigste Definition von Integrierter Kommunikation stammt von Manfred Bruhn:

> „Integrierte Kommunikation ist ein Prozess der Analyse, Planung, Organisation, Durchführung und Kontrolle, der darauf ausgerichtet ist, aus den differenzierten Quellen der internen und externen Kommunikation von Unternehmen eine Einheit herzustellen, um ein für die Zielgruppen der Kommunikation konsistentes Erscheinungsbild über das Unternehmen bzw. ein Bezugsobjekt des Unternehmens zu vermitteln." (Bruhn 2003: 17).

Neben der Integration von interner und externer Kommunikation, dem prozessuellen Ansatz sowie den Ebenen der Integration (formal, inhaltlich, zeitlich) steht vor allem die wie auch immer beschaffene „Integriertheit" der Kommunikation im Mittelpunkt. Dass die konkrete Form dieser Integriertheit nicht hinlänglich definiert worden ist, kommt u.a. durch eine Reihe von Quasi-Synonymen zum Ausdruck, die diese Integriertheit beschreiben wollen: Kommunikation ist demnach „einheitlich" (Fuchs/Unger 2007: 16), „ganzheitlich" (Bruhn 2003: 18), „holistisch" (Alexander 2005: 327), „konsistent" (Bruhn 2003: 17), „miteinander abgestimmt" (Fuchs/Unger 2007: 16), „schlüssig" (Fuchs/Unger 2007: 10), „vernetzt" (Bogner 2003), „verzahnt" (Esch et al. 2005: 686) und „widerspruchsfrei" (Vergossen 2004: 34) – oder soll dies zumindest sein.

2.3 Kritik der Integrierten Marketingkommunikation

Trotz der Verbreitung des Konzeptes klafft nach Ansicht vieler ForscherInnen eine Lücke zwischen dem Anspruch von Integrierter Marketingkommunikation und dessen theoretischer Fundierung sowie der tatsächlichen Praxis. So stellen Cornelissen/Rock (2000) und Rademacher (2001ff.) die theoretische Unterfütterung des Konzeptes in Frage, und Bruhn (2003: 69-78), Esch (2004: 251) und Schönborn/Kebbel (2001ff.: 15-16) monieren das Defizit zwischen dem normativen Anspruch der Integration von Kommunikationsmaßnahmen und der Praxis.

2.4 Integrierte Marketingkommunikation und Corporate Communication

Der Aufstieg der Integrierten Marketingkommunikation hat dazu geführt, dass das parallel im englischsprachigen Raum entstandene „Corporate-Communications-Konzept", das „[d]em Anliegen einer Integrierten Kommunikation [...] am nahesten kommt" (Bruhn 2003: 49), im deutschsprachigen Raum wenig Fuß gefasst hat, u.a. weil der Konkretisierungsgrad im Rahmen der Corporate Communication zu gering sei (Bruhn 2003, Rademacher 2001ff.). Das mag in gewisser Weise zutreffen, jedoch verkennt die Kritik den Umstand, dass Corporate Communications einerseits polygenetisch aus den Disziplinen Organisationskommunikation (was im englischsprachigen Raum („organizational communication") der internen Kommunikation entspricht) und Marketingkommunikation, also grundsätzlich einer extern ausgerichteten Kommunikationsdisziplin, hervorgegangen ist und damit gerade die Integration interner und externer Kommunikation als zentrales Anliegen hat, und andererseits, dass sich Corporate Communications zunehmend als Führungsdisziplin versteht und sich damit also auf der strategischen Ebene befindet und nicht auf der taktischen und operativen Ebene. Vor diesem Hintergrund scheint mir deshalb die Kritik von Rademacher 2001ff. etwas überzogen: Im anglo-amerikanischen Kontext ist Corporate Communications zu einer eigenständigen Disziplin herangewachsen mit außerordentlich umfangreichem Schrifttum (z.B. Monographien wie van Riel 1995; Cornelissen 2008; Argenti 2009; Sammelbänden wie Brønn/Berg 2005; eigenen Institutionen wie das *Corporate Communication Institute* am Baruch College, City University of New York sowie einer eigenen wissenschaftlichen Zeitschrift zum Thema: *Corporate Communications: An International Journal*).

Ein Grund dafür mag sein, dass die meisten Arbeiten eine funktionalistische Sichtweise anlegen. Das gilt auch für Bruhn (2003: 53-54), der einen eindeutig betriebswirtschaftlichen Ansatz verfolgt und sich explizit von der „fremden"

Disziplin der Kommunikationswissenschaften abgrenzt, die von u.a. Schmidt (2000) vertreten wird. Hier treffen recht unterschiedliche Grundauffassungen von Kommunikation aufeinander, die sich letztlich auf unterschiedliche Erkenntnisinteressen und wissenschaftstheoretische Positionen zurückführen lassen.

3 Zielhierarchien – Abstraktionsebenen

3.1 Übergeordnete unternehmerische Ziele

Im Ausgangspunkt ist das Ziel jeder privatwirtschaftlichen Unternehmung die langfristige Gewinnmaximierung. Dieses Primat ökonomischer Ziele lässt sich auch unter dem Begriff ‚Shareholder Value-Ansatz' (Wöhe/Döring 2002: 96) subsumieren, d.h. dass ausschließlich oder zumindest bevorzugt die Rücksichtnahme auf Anteilseigner im Vordergrund steht. Oberste Ziele sind somit langfristige Gewinnmaximierung und Rentabilität.

Ein Paradigmenwechsel wurde mit dem Stakeholder-Ansatz von Edward Freeman (Freeman 1984; Wöhe/Döring 2002: 96) eingeleitet, laut dem die Vereinbarkeit von ökonomischen, sozialen, ökologischen Zielen möglich und sinnvoll ist. Danach sind Anteilseigner, Arbeitnehmer und Öffentlichkeit gleichermaßen zu berücksichtigen. In den Stakeholder-Ansatz fügt sich sehr gut das Prinzip der Nachhaltigkeit, das im Begriff der Corporate Social Responsibility (CSR) zum Ausdruck kommt.

Es ist sicherlich schwierig, von einem – wenn auch vielleicht nicht ganz so bastanten wie vor dem Erscheinen von Stakeholder- und CSR-Ansätzen – Primat ökonomischer Ziele abzusehen, vor allem in gesellschaftlichen Kontexten und Marktsituationen wie z.B. der globalen Finanzkrise 2008, die das strategische Agieren von Unternehmen zu einem Überlebenskampf hat werden lassen, dessen Erfolg sich letztlich nur an ökonomischen Zielen messen lassen kann. Doch eine Integration und Nebenordnung ökonomischer, ökologischer und sozialer Ziele statt einer Unterordnung hat sich dennoch in den vergangenen Jahren Bahn gebrochen.

3.2 Unternehmerische Zielhierarchie

Unabhängig davon jedoch, ob nun das oberste Unternehmensziel nur eines, nämlich das ökonomische ist, oder ob das oberste Unternehmensziel drei nebengeordnete Ziele sind, so lässt sich das oberste Unternehmensziel als Spitze einer teleologischen Hierarchie sehen.

Diese "Mittel-Zweck-Vermutung von Zielen" (Meffert 2000: 82) bedeutet, dass zwischen dem obersten Ziel als finalem Ziel und den untergeordneten Zielen als instrumentellen Zielen unterschieden werden muss. Diese hierarchische Unterscheidung lehnt sich an die Unterscheidung zwischen zielgerichteten Werten und instrumentalen Werten an (Müller/Gelbrich 2004: 306f.), wie sie ursprünglich von Rokeach (1973) in der Form von „means-/end-chains" (= Ziel-Mittel-Ketten) entwickelt wurde.

Um das oberste, an der strategischen Führungsebene angesiedelte Unternehmensziel zu erreichen, müssen untergeordnete (taktische) Ziele erreicht werden, die wiederum durch weiter untergeordnete (operative) Ziele erreicht werden usw. bis hin zum ultimativen Detaillierungsgrad eines untergeordneten Ziels. Damit steht an der Spitze einer solchen Zielhierarchie ein finales Ziel, das durch eine lange, hierarchisch gestaffelte Reihe von instrumentellen Zielen unterstützt wird.

Meffert (2000: 71) und Wöhe/Döring (2002: 98) unterscheiden zwischen Oberziel, Zwischenziel und Unterziel, Meffert (2000: 71) ferner zwischen übergeordneten Zielen und Handlungszielen. Während diese Unterscheidungen zwar die hierarchische Relation zwischen unterschiedlichen Typen von Zielen ausdrücken, tritt bei der Unterscheidung zwischen Organisationsziel, Kampagnenziel und Hilfsziel (Sepstrup/Fruensgaard 2010: 206ff.) die hierarchische Tiefe deutlicher zum Vorschein: Das Organisationsziel (oberstes Ziel, finales Ziel) wird durch ein sehr konkretes und im Prinzip in der Zielhierarchie sehr weit unten angesiedeltes Kampagnenziel (instrumentelles Ziel) mit erfüllt, das wiederum durch ein noch weiter unten angesiedeltes Hilfsziel (instrumentelles Ziel) mit beiträgt (vgl. dazu auch Stöckl 2004: 243).

In seiner konkreten Ausgestaltung sieht eine Zielhierarchie in etwa folgendermaßen aus:

Finales Ziel:							
Langfristige Gewinnmaximierung							
↳*Instrumentelle Ziele:*							
	↳Steigerung der Einnahmen						
		↳Absatzsteigerung					
			↳Ausbildung von Präferenzen				
				↳Marketingeinsatz (Preis, Produkt, Distribution, Kommunikation)			
					↳Kommunikation/ Promotion (vgl. Sepstrup 1999: 133)		
						↳ Kampagne	
							↳ Texte

Abb. 1: Ziel-Mittel-Hierarchie kommerzieller Kampagnen (Nielsen 2008: 143).

Die Relationen zwischen den einzelnen Zielebenen stellen sich wie folgt dar:

> „Bei kommerziellen Kampagnen ist das Ziel der Kommunikation, die Markenpräferenz der Zielgruppe zu beeinflussen, so dass die Zielgruppe die Markenwerte kennt, die Marke bevorzugt und die Marke kauft. Dies führt zur Absatzsteigerung, zur Umsatzsteigerung und damit zur Gewinnsteigerung. Graphisch sieht eine Ziel-Mittel-Hierarchie damit folgendermaßen aus, wobei das oberste Ziel die langfristige Gewinnmaximierung das endgültige, das finale Ziel darstellt, während alle übrigen Ziele als instrumentelle Ziele unterschiedlicher hierarchischer Ebene zu charakterisieren sind, die keine Ziele an sich darstellen, sondern die immer nur ein Mittel zum jeweils hierarchisch nächsthöheren Ziel sind." (Nielsen 2008: 143).

4 Adaption – Übersetzung

Nun ist bei den obigen Ausführungen lediglich die Zielhierarchie entwickelt worden, ohne dass dabei die die transkulturelle, adaptive Dimension angesprochen wäre. Dies soll in diesem Abschnitt erfolgen.

Bisher wurde bei der interkulturellen Kommunikation, also bei der Kommunikation, die über Kultur- und Sprachgrenzen hinweg erfolgt, immer die Übersetzungstheorie als theoretisches Fundament bemüht. Oder besser gesagt: Weil an der Textebene angesetzt wurde, lag die Übersetzungstheorie auf der Hand.

4.1 Übersetzung

Die Übersetzungstheorie hat in vielen Belangen eine ähnliche und parallele Entwicklung durchgemacht wie die Linguistik, durch die sie sich sehr stark speist. Weil sich die Linguistik seit der pragmatischen Wende – sinnvoller- und konsequenterweise – außerordentlich stark dem Text (anstatt dem Satz) als Forschungsgegenstand zugewandt hat, kann in vielerlei Hinsicht auch die Übersetzungstheorie als eine Wissenschaft gelten, bei welcher der Text im Mittelpunkt steht und grosso modo als die wichtigste und übergeordnete Übersetzungseinheit gilt. Insgesamt ist das Primat des Textes in der Linguistik durch die Übersetzungswissenschaft übernommen worden, so dass Übersetzungstheorien heute kaum die Vormachtstellung des Textes als Übersetzungseinheit in Frage stellen (vgl. Stolze 2005: 85-149).

Für die Zwecke des vorliegenden Beitrags ist nun aber der Umstand bedeutsam, dass als oberste Übersetzungseinheit eben der Text angesehen wird. Diese Auffassung bzw. dieses Axiom hat zwei wesentliche Konsequenzen: Zum einen bedeutet sie, dass über der Textebene keine weitere, abstraktere oder umfassendere Ebene angenommen wird. Es wird somit – was übrigens auch in der Textlinguistik generell wenig bzw. gar nicht diskutiert wird – bei den häufigen und immer wiederkehrenden Ansätzen zur Abgrenzung und Definition von Text immer an der „unteren Grenze“ (wie gering und inkohärent kann ein sprachliches Gebilde sein, bevor man nicht mehr von einem Text sprechen kann) von Text angesetzt, während die „obere Grenze“ (wie umfassend und komplex muss ein sprachliches Gebilde sein, bevor man nicht mehr von einem Text sprechen kann) nie oder kaum thematisiert wird (vgl. dazu Nielsen/Ditlevsen 2008). Zum anderen bedeutet diese Auffassung, dass immer ein Ausgangstext vorausgesetzt wird, also eine Übersetzungseinheit, die Textcharakter und den Stellenwert eines Textes hat. Wie bereits angeklungen ist und wie unten noch weiter zu erörtern sein wird, erschweren diese beiden Konsequenzen letztlich, dass sich die Übersetzungstheorie im engeren Sinne als theoretischer Ansatz sinnvoll einsetzen lässt, um Werbekampagnen zu übersetzen.

4.2 Textadaption im übersetzungstheoretischen Rahmen

Die Adaption wird i.d.R. als eine (sehr stiefmütterlich behandelte) Variante der Übersetzung angesehen, obwohl sie der Übersetzung eher nebengeordnet ist: Beides sind „Formen der Textverarbeitung“ (Schreiber 2004). Adaption ist ein schillernder Begriff. Definitionen von Adaption ist i.d.R. gemein, dass sie ein Textbearbeitungsverfahren bezeichnen, bei dem der Zieltext einem vom Ausgangstext abweichenden Kontext angepasst wird. Diese situative bzw. kontextuelle Äquivalenz bezieht sich dabei i.d.R. auf begrenzte Textpassagen (lokale Adaption) und eher selten auf Gesamttexte (globale Adaption) (vgl. Schreiber 2004: 272; Bastin 2009: 5). Darüber hinaus beziehen sich Definitionen und Veranschaulichungen fast ausschließlich auf literarische Beispiele und kaum auf Fach- oder Gebrauchstexte wie z.B. Werbung.

Zur Adaption von Werbung äußern sich u.a. Adab 2001, Jettmarová 2004 und Torresi 2009, alle aus übersetzungstheoretischer Sicht und unter dem Blickwinkel der Adaption als einer Variante der Übersetzung. Sie erkennen jedoch – ohne dies allerdings explizit zu problematisieren – dass die Adaption von Werbung sich insofern von „klassischer“ Übersetzung unterscheidet, als dass bei Werbung oft kein fest definierter und zu identifizierende Ausgangstext vorliegt. So spricht Adab (2001: 141) von der Situation „where the target text is produced on the basis of a set of information and concepts rather than on a source text“. Ähnlich gibt Jettmarová (2004: 659) an, dass z.B. Werbeanzeigen ohne eigentlichen Ausgangstext in die Fremdsprache bzw. -kultur übertragen werden: „A different advertisement may also be produced on the basis of a creative brief only, which is a case falling outside the scope of conventional translation.“

Auf den entscheidenden Unterschied schließlich weist Torresi hin. Laut ihm ist Werbung

> „a current practice, adopted by several multinational companies, of developing local campaigns simultaneously from a brief that avoids culture-specificity as much as possible. In this process […] there is no single advertisement or campaign that can be easily recognized as a ‚source' text." (Torresi 2009: 7).

M.a.W. werden in der Praxis – auch wenn diese Feststellung nicht empirisch untermauert wird – laut Torresi nicht Texte der Werbung übersetzt, sondern Texte produziert, die sich an einer Vorlage orientieren. Diese Vorlagen sind laut Torresi so kulturunspezifisch wie möglich und wären in der in Abschnitt 3 genannten Zielhierarchie wohl auf der Ebene des Marketinginstrumentariums anzusiedeln. Torresi ist zwar der Auffassung, dass nicht einmal Kampagnen eindeutig als Vorlage zu identifizieren sind. Hier ist Torresi m.E. jedoch zu widersprechen, da die Kampagne durchaus als solche bei Werbeagenturen so gedacht und konstruiert wird, dass sie als Vorlage identifiziert werden kann. Gerade die Kampagne als integrierte (vgl. Abschnitt 2) Kombination von unterschiedlichen Textsorten ist das Scharnier zwischen den linguistisch und übersetzungstheoretisch zu erfassenden Texten und den marketingökonomisch und betriebswirtschaftlich zu erfassenden Marketinginstrumenten mit ihren Zielsetzungen.

5 Kampagne

Eine theoretische Auseinandersetzung mit dem Phänomen Kampagne aus der Sicht der Linguistik, Übersetzungstheorie oder der interkulturellen Kommunikation hat bisher noch nicht stattgefunden. Zwar postulieren Sepstrup/Fruensgaard (2010: 20) die Existenz einer „Kampagnentheorie" im englischsprachigen Raum („campaign theory", vgl. auch Rice/Aktin 2002: 428; Paisley 2001: 4), bescheinigt ihr aber zugleich den Stellenwert einer „lose abgegrenzten Teilmenge der Medien- und Kommunikationstheorie mit besonderer Relevanz für die Planung strategischer Kommunikation" (Sepstrup/Fruensgaard 2010: 20) sowie mangelnde Präzision. Während also schlüssige Theorien zu Unternehmensstrategien, die Integration von Marketinginstrumenten und die Beschaffenheit von Texten existieren, ist der zentrale Begriff der Kampagne theoretisch relativ unterbelichtet. Im Folgenden sollen daher einige der vorzufindenden Definitionen von Kampagnen verglichen werden, um die Gemeinsamkeiten herauszuarbeiten und einen ersten Schritt in Richtung eines Konsens über die Definitionsmerkmale einer Kampagne zu unternehmen.

5.1 Definition Kampagne

Die meisten Kampagnendefinitionen stammen aus dem Marketing und den Kommunikationswissenschaften. Eine einfache Definition aus dem Marketing lautet:

> „An advertising campaign is not a single ad, no matter how explosive. A campaign is a series or sequence of advertisements, carefully planned, coordinated, and executed over a period of time." (Krum/Culley 1983: 59-60).

Ähnlich definieren Rogers und Storey die Kampagne:

> „To summarize, a minimal definition of campaign would have to state that (1) a campaign intends to generate specific outcomes or effects (2) in a relatively large number of individuals (3) usually within a specified period of time and (4) through an organized set of communication." (Rogers/Storey 1987: 818ff. zitiert nach Sepstrup/Fruensgaard 2010: 23).

Etwas eingehender als das Marketing hat sich die öffentliche (Gesundheits-) Kommunikation mit der Definition von Kampagnen auseinandergesetzt:

> „Public communication campaigns can be broadly defined as (a) purposive attempts; (b) to inform, persuade, or motivate behavior changes; (c) in a relatively well-defined and large audience; (d) generally for noncommercial benefits to the individual and/or society at large; (e) typically within a given time period; (f) by means of organized communication activities involving mass media; and (g) often complemented by interpersonal support." (Rice/Atkin 2002: 427 unter Berufung auf Rogers/Storey 1987)
> „[...] communication campaigns can be defined as an *integrated* series of communication activities, using *multiple operations and channels*, aimed at populations or *large target audiences*, usually of *long duration*, with a clear *purpose* [gesperrte Hervorhebungen im Original, M.N.]" (Flay/Burton 1990: 130).

Schließlich fassen die dänischen Medien- und Kommunikationswissenschaftler Sepstrup und Fruensgaard einige der zentralen Kampagnenmerkmale in ihrer Definition zusammen:

> „Kampagnen werden traditionell festgelegt als geplante *Kommunikation* an eine abgegrenzte *Empfängergruppe* während einer bestimmten *Periode* mit einer Gesamtheit an *Kommunikationsprodukten* und mit einem bestimmten *Zweck* [Übersetzung M.N., gesperrte Hervorhebungen im Original]." (Sepstrup/Fruensgaard 2010: 23).

Gemeinsam ist den obigen Definitionen, dass sie – mit Sepstrup und Fruensgaard als rühmlicher Ausnahme – sich nur sehr kurz mit der Kampagne als Gegenstand beschäftigen und dass sie die Bestandteile der Kampagne in keiner Weise berühren. Die Bestandteile werden allenfalls als Kommunikationsinstrumente wahrgenommen, verbleiben aber unthematisiert und undefiniert. Im Gegensatz dazu befasst sich die Linguistik, und dort selbstverständlich die Textlinguistik, ausgiebig mit Texten.

Aus der Sicht der wohl prominentesten Vertreterin der Werbesprachenforschung Nina Janich wird dabei nicht nur der Werbetext behandelt, sondern auch die Kampagne (Janich 2010: 109f.). Dabei nähert sich Janich der Kampagne sozusagen „von unten“, also von der Textebene her, während die oben genannten Marketingtheoretiker sich der Kampagne eher „von oben“, also von der Seite der übergeordneten Unternehmens-, Marketing- und Werbekommunikationszielsetzungen nähern würden.

Janich erkennt dabei den Stellenwert der Kampagne als eine Zwischenebene zwischen dem Text und den Marketing(kommunikations)zielen. Die Kampagne macht somit einen „Mesokosmos“ (Janich 2010: 110) aus, der durch „Mehrmedialität und Textsortenvernetzung“ geprägt wird. Es werden „verschiedene Werbeträger und Werbemittel eingesetzt, begleitet ggf. durch Maßnahmen des Direktmarketing und Sponsoring” (a.a.O.)

Noch deutlicher auf den Punkt bringt es die Genfer Textlinguistin Kirsten Adamzik:

> „Zur Bewältigung einer kommunikativen Aufgabe können verschiedene Textsorten benutzt werden (diesen stehen also in paradigmatischer Relation wie z.B. eine Werbeanzeige, ein Werbeplakat oder ein Werbebrief); häufig muss man auch eine ganze Reihe von Textsorten nacheinander bzw. grob gesprochen 'gleichzeitig' produzieren, um eine komplexe kommunikative Aufgabe zu erfüllen.” (Adamzik 2000b: 109).

Der Schnittpunkt zwischen Text bzw. Textsorte auf der einen Seite und der „komplexen kommunikativen Aufgabe“ auf der anderen Seite thematisiert den Zusammenhang zwischen der Funktion eines Textes und den Zielsetzungen einer Kampagne, also eines Diskurses oder Textkonglomerats.

Aus den oben aufgeführten Definitionen lässt sich nun ein Kanon herauskristallisieren, der die folgenden konstitutiven Merkmale einer Kampagne enthält:

1. Strategische Zielsetzung, Zweckgebundenheit
2. Strategische Planung/Koordinierung
3. Zielgruppe
4. Zeitbezug
5. Kommunikation
6. Intertextualität, Textsortenvernetzung, Medienpluralität

Diese Liste führt Definitionsmerkmale aus der Perspektive strategischer Führung, BWL und marketingökonomischer und -planerischer Sichtweise (1.-4.) mit Definitionsmerkmalen aus medien- und kommunikationswissenschaftlicher sowie textlinguistischer Perspektive (5.-6.) zusammen. Damit dürfte eine etwas solidere Grundlage für die Entwicklung einer wie auch immer gearteten Kampagnentheorie geschaffen sein (vgl. zu einer Diskussion dieser Definitionsmerkmale auch Nielsen 2011, im Erscheinen).

6 Konsequenzen

Die obigen Ausführungen fokussieren vor allem den Unterschied zwischen einem Werbetext und einer Werbekampagne. Der Werbetext ist ein abgegrenzter, kohärenter Text, der für eine etwaige Übersetzung als Ausgangs*text* dienen kann, d.h. der einer solchen Übersetzung einen Ansatzpunkt liefern kann. Eine Werbekampagne dagegen besteht aus einer Reihe von jeder für sich abgeschlossenen Werbetexten und ist eher als ein komplexes kommunikatives Instrument zur Erreichung werbe- und marketingkommunikativer und -strategischer Ziele auf einer höheren Ebene in der Zielhierarchie anzusehen. In ihrer Gesamtheit kann die Kampagne nicht einen unmittelbaren Ansatzpunkt für eine Übersetzung liefern; sie ist dafür aber gut – und wohl auch erheblich besser – geeignet, eine Vorlage für eine Adaption oder gar Neutext- bzw. Ersttextproduktion abzugeben. Konkret manifestiert sich dies in den unterschiedlichen Textverarbeitungsformen, Kompetenzen und organisatorischen und auftraggeberischen Arten der Einbeziehung von „KampagnenadaptorInnen“: Die Fachsprachenübersetzerin wird für die Textverarbeitungsform ‚Übersetzung‘ herangezogen. Ihre Aufgabe ist es, einen oder mehrere Texte zu übersetzen, und ihre Textproduktion erfolgt auf der Vorlage eines Ausgangstextes. Als Kompetenzen bringt sie i.d.R. hauptsächlich Muttersprachkenntnisse in der Zielsprache und (exzellente) Fremdsprachenkenntnisse in der Ausgangssprache sowie übersetzungstechnische und -theoretische und kulturelle Kenntnisse mit. Ihr theoretisches Wissen über strategische Werbe- und Marketingziele ist, falls vorhanden, ausschließlich eine wünschenswerte, aber wahrscheinlich selten vorzufindende Zusatzqualifikation. Darüber hinaus werden Übersetzungsleistungen bei der Adaption und Produktion von interkultureller Marketingkommunikation oft als der letzte Produktionsschritt und zudem sehr spät in den Planungs- und Durchführungsprozess eingeschaltet (vgl. Pedersen 2011). Weder von Seiten der Fachsprachenübersetzerin noch von Auftraggeberseite werden daher (rechtzeitig) Informationen über Zielsetzungen der Kampagne und deren Einbettung in die unternehmerische Zielhierarchie nachgefragt noch angeboten.

Die Übersetzung setzt somit notgedrungen so gut wie allein am Text an (vgl. Abb.2).

Die Werbefachfrau ist hingegen sehr wohl mit dem Marketinginstrumentarium vertraut. Sie wird mit der „Kampagnenoperation" ‚Adaption' betraut und bringt für diese Aufgabe ihre werbefachlichen Kompetenzen mit. Ihre Kenntnisse und Fähigkeiten auf Textebene, d.h. ihr Wissen über Sprachsystem und Sprachgebrauch in Ziel- und womöglich auch in Ausgangssprache dürften weitaus geringer sein als die der Fachsprachenübersetzerin. Auch die Werbefachfrau wird sich vornehmlich mit ihrem Fachgebiet auseinandersetzen und weder Wissen über Spezifika auf Textebene nachfragen noch diese angeboten bekommen (vgl. Abb. 2).

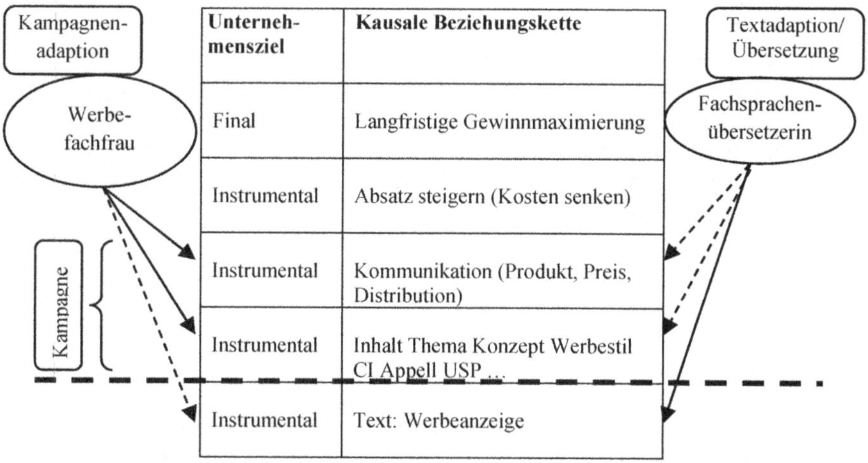

Abb. 2: Kampagnenadaption vs. Textadaption/Übersetzung

Insgesamt sind also die organisatorische Einbeziehung und der Kenntnisstand der jeweiligen Fachpersonen komplementär, ohne dass die Wahrnehmung der Perspektive, des Kenntnisstandes und der Beschränkung auf die Aufgabenlösung auf zwei verschiedenen Ebenen der jeweils anderen Fachperson weder in Theorie noch in Praxis zu der Erkenntnis geführt zu haben scheint, dass die jeweiligen Kenntnisse und Fähigkeiten jede für sich genommen u.U. lückenhaft sind.

Für die Entwicklung einer Kampagnentheorie, die gleichermaßen die textuelle wie die marketingstrategische Dimension berücksichtigt, deuten sich vor dem Hintergrund der obigen Überlegungen einige Konsequenzen an.

Zunächst dürfte klar geworden sein, dass der Ansatz am neu oder auf jeden Fall präziser und detaillierter und reflektierter zu definierenden Untersuchungsgegenstand ‚Kampagne' festzumachen ist. Inwiefern die Kampagne als Sonderfall eines Textsortennetzes (Adamzik 2000b: 109), Textverbunds (Adamzik 2001: 332), Text-Konglomerats (Heinemann/Heinemann 2002: 112) oder etwa Diskurses (vgl. z.B. Warnke 2002: 127) anzusehen ist, wird die künftige Erforschung des Gebiets zu klären haben. Die Fokussierung des Einzeltextes muss somit, nicht ganz ungleich der Ausweitung des Blickes der Linguistik vom Satz auf den Text in den 70er Jahren, überwunden und erweitert werden.

Dies bedeutet wiederum, dass bei der Adaption von Kampagnen zusätzliche Kompetenzen notwendig werden: Nicht nur nicht nur Wissen über Sprache, Texte, Textsortenkonventionen und Kultur, sondern auch über strategische Unternehmenskommunikation, Integrierte Marketingkommunikation und unternehmerische Zielhierarchien gehören dann zum Anforderungsprofil derjenigen Fachperson, die für die Adaption von Kampagnen verantwortlich ist, um bei der Adaption anhand von vorgelagerten, übergeordneten Zielsetzungen die richtigen Entscheidungen treffen zu können (vgl. auch Ditlevsen et al., im Erscheinen).

Schließlich noch bleibt abzuwarten, welche Erkenntnisse noch zu leistende empirische Studien über die tatsächliche Adaptionsarbeit zu Tage fördern werden: Erfolgt die Adaption in Übersetzungsbüros, in Werbeagenturen oder in den Unternehmen selbst, und welcher Art sind die kooperativen Beziehungen zwischen diesen Wirtschaftseinheiten?

7 Schlussbemerkungen

Die oben dargelegten Überlegungen zur Adaption von Kampagnen sind in keiner Weise ausgereift und bedürfen mit Sicherheit weiterer Erforschung um eine Theorie zur Kampagnenadaption zu entwickeln. Es dürfte aber mit der Thematisierung und Problematisierung des Phänomens Kampagnenadaption zunächst ein erster Schritt in diese Richtung unternommen worden sein. Etliche Fragestellungen sind in diesem Zusammenhang noch zu untersuchen. Die folgende, diesen Beitrag abschließende Auflistung von Desiderata reicht von übergeordneten und theoretischen Problemstellungen zu eher spezifischen und empirischen potenziellen Forschungsvorhaben, die alle die Kampagnenadaption einer solideren theoretischen Fundierung und einer empirischen Absicherung zuführen können. Dazu gehören: eine generelle Qualifizierung der Diskussion über die Interkulturelle Marketingkommunikation durch eine viel stärkere Kombination von betriebswirtschaftlichen und marketingökonomischen mit textlinguistischen Ansätzen; ferner eine Klärung der Relation zwischen dem

Konzept der Integrierten Kommunikation und dem Corporate-Communications-Konzept, die u.a. eine dramatische Verstärkung der gegenseitigen Wahrnehmung von Arbeiten im jeweils deutschsprachigen und im englischsprachigen Raum erfordert; darüber hinaus der präzise Stellenwert der Einbettung von Texten in Kampagnen; des weiteren empirische Studien zur nahezu völlig unterbelichteten Praxis der Kampagnenadaption in der Wirtschaft; die Entwicklung einer konsistenten Theorie zum Adaptionsansatz an der Kampagne; und schließlich die Identifikation von den erforderlichen Kompetenzen und die Herausbildung entsprechender Studienprogramme, die womöglich mit einer theoretischen Umorientierung des Begriffs des Übersetzens einher gehen wird.

Literatur

Adab, Beverly (2001): The Translation of Advertising. In: BABEL 47. 2001. 133-157.

Adamzik, Kirsten (Hrsg.) (2000a): Textsorten. Reflexionen und Analysen. Tübingen: Stauffenburg.

Adamzik, Kirsten (2000b): Was ist pragmatisch orientierte Textsortenforschung? In: Adamzik (2000a): 91-112.

Adamzik, Kirsten (2001): Sprache: Wege zum Verstehen. Tübingen/Basel: Francke.

Alexander, Tim (2005): Integrierte Markenkommunikatin – Oder was hat „immer in die gleiche Kerbe hauen" mit Budget sparen zu tun? In: Gaiser et al. (Hrsg.) (2005): 325-345.

Argenti, Paul A. (2009): Corporate Communication. 5. Auflage. New York: McGraw-Hill.

Atkin, Charles/ Wallack, Lawrence (Hrsg.) (1990): Mass Communication and Public Health. Complexities and Conflicts. Newbury Park/ London/ New Delhi: Sage.

Baker, Mona/ Saldanha, Gabriela (Hrsg.) (2009): Routledge Encyclopedia of Translation Studies. 2. Auflage. London: Routledge.

Bastin, Georges L. (2009): Adaptation. In: Baker/ Saldanha (Hrsg.): 3-6.

Baumann, Klaus-Dieter (Hrsg.) (im Erscheinen): Fach – Translat – Kultur: Interdisziplinäre Aspekte der vernetzten Vielfalt. Berlin: Frank & Timme.

Bentele, Günter/ Fröhlich, Romy/ Szyszka, Peter (Hrsg.) (2008): Handbuch der Public Relations. Wissenschaftliche Grundlagen und berufliches Handeln. Mit Lexikon. 2. Auflage. Verlag für Sozialwissenschaften: Wiesbaden.

Bentele, Günter/ Piwinger, Manfred/ Schönborn, Gregor (Hrsg.) (2001ff.): Kommunikationsmanagement. Strategien, Wissen, Lösungen. Luchterhand: Neuwied/ Kriftel.

Berger, C./ Chaffee, S. (Hrsg.) (1987): Handbook of communication science. Newbury Park: Sage.

Bogner, Franz (2003): Die Wiener Schule der Vernetzten Kommunikation. In: Public Relations Forum 9. 2003. 86-94.

Brønn, Peggy Simcic/ Berg, Roberta Wiig (2005): Corporate Communication. A Strategic Approach to Building Reputation. 2. Auflage. Oslo: Gyldendal Akademisk.

Bruhn, Manfred (2003): Integrierte Unternehmens- und Markenkommunikation. Strategische Planung und operative Umsetzung. 3. Auflage. Stuttgart: Schäffer-Poeschel.

Bruhn, Manfred/ Ahlers, Grit Mareike (2004): Der Streit um die Vormachtstellung von Marketing und Public Relations in der Unternehmenskommunikation – Eine unendliche Geschichte? In: Marketing. Zeitschrift für Forschung und Praxis 2004. 26. 71-80.

Bruhn, Manfred/ Schmidt, Siegfried J./ Tropp, Jörg (Hrsg.) (2000): Integrierte Kommunikation in Theorie und Praxis. Betriebswirtschaftliche und kommunikationswissenschaftliche Perspektiven. Wiesbaden: Gabler.

Bryant, Jennings/ Zillmann, Dolf (Hrsg.) (2002): Media Effects: Advances in Theory and Research. 2. Auflage.. Mahwah: Lawrence Erlbaum.

Cornelissen, Joep P. (2008): Corporate Communication. A guide to theory and practice. Thousand Oaks: Sage.

Cornelissen, Joep P./ Rock, Andrew R. (2000): Theoretical Concept or Management Fashion? Examining the Significance of IMC. In: Journal of Advertising Research 40. 2000. 7-15.

Ditlevsen, Marianne Grove/ Engberg, Jan/ Kastberg, Peter/ Nielsen, Martin (im Erscheinen): Hochschullehre im Spannungsfeld zwischen Fachsprachenforschung und Kompetenzennachfrage der Wirtschaft. In: Baumann (im Erscheinen).

Eiberg, Kristian/ Karsholt, Erich/ Torp, Simon (Hrsg.) (2008): Integreret Markedskommunikation. Frederiksberg: Samfundslitteratur.

Esch, Franz-Rudolf (2004): Strategie und Technik der Markenführung. 2. Auflage. München: Vahlen.

Esch, Franz-Rudolf (Hrsg.) (2005): Moderne Markenführung: Grundlagen – Innovative Ansätze – Praktische Umsetzungen. Wiesbaden: Gabler.

Esch, Franz-Rudolf/ Roth, Simone/ Kiss, Greg/ Hardiman, Marco/ Ullrich, Sebastian (2005): Markenkommunikation im Internet In: Esch (Hrsg.) (2005): 673-705.

Fix, Ulla/ Adamzik, Kirsten/ Antos, Gerd/ Klemm, Michael (Hrsg.) (2002): Brauchen wir einen neuen Textbegriff? Frankfurt a.M.: Lang.

Flay, Brian R./ Burton, Dee (1990): Effective Mass Communication Strategies for Health Campaigns. In: Atkin/Wallack (1990): 129-146.

Framson, Elke (2009): Transkulturelle Marketing- und Unternehmenskommunikation. Wien: Fakultas.

Freeman, Edward (1984): Strategic Management. A Stakeholder Approach. Boston: Bitman.

Fuchs, Wolfgang/ Unger, Fritz (2007): Management der Marketing-Kommunikation. 4. Auflage. Berlin: Springer.

Gaiser, Brigitte/ Linxweiler, Richard/ Brucker, Vincent (Hrsg.) (2005): Praxisorientierte Markenführung. Neue Strategien, innovative Instrumente und aktuelle Fallstudien. Wiesbaden: Gabler.

Genest, Christina/ Goodman, Michael (Hrsg.) (2011, im Druck): Proceedings of the Conference on Corporate Communication 2011. New York: Corporate Communication Institute.

Held, Gudrun/ Bendel, Sylvia (Hrsg.) (2008): Werbung – grenzenlos. Frankfurt a.M.: Lang.

Heinemann, Wolfgang/ Heinemann, Margot (2002): Grundlagen der Texlinguistik. Interaktion – Text – Diskurs. Tübingen: Narr.

Janich, Nina (2010): Werbesprache. 5. Auflage. Tübingen: Narr.

Janich, Nina (im Erscheinen): Handbuch Werbekommunikation. Tübingen: Narr-Francke-Attempto/UTB.

Jettmarová, Zusana (2004): Linguistic aspects of the translation of advertisements. In: Kittel et al. (2004): Übersetzung. Ein internationales Handbuch. Berlin/New York: de Gruyter: 655-662.

Kitchen, Philip J./ de Pelsmacker, Patrick (2004): Integrated Marketing Communications: A Primer. New York: Routledge.

Kittel, Harald/ Frank, Armin Paul/ Greiner, Norbert/ Koller, Werner/ Lambert, José/ Paul, Fritz (Hrsg.) (2004): Übersetzung. Ein internationales Handbuch zur Übersetzungsforschung. Berlin: de Guyter.

Knapp, Karlfried/ Antos, Gerd/ Becker-Mrotzek, Michael/ Deppermann, Arnulf/ Göpferich, Susanne/ Grabowski, Joachim/ Klemm, Michael/ Villiger, Claudia (Hrsg.) (2004): Angewandte Linguistik. Ein Lehrbuch. Tübingen/Basel:Francke/UTB.

Kotler, Philip/ Bliemel, Friedhelm (1999): Marketing-Management. Analyse, Planung, Umsetzung, Steuerung. 9. Auflage. Stuttgart: Schäffer-Poeschel.

Krum, James R./ Culley, James D. (1983): Advertising-Campaign Change: Lessons from Leading Cigarettes and Liquor Brands. In: Percy/ Woodside (1983): 57-73.

Kunczik, Michael/ Zipfel, Astrid (2002): Public Relations. Konzepte und Theorien. 4. Auflage. Wien: UTB.

Langner, Tobias/ Esch, Franz-Rudolf (2004): Integriertes Branding neuer Marken. Techniken zur wirkungsvollen Verknüpfung von Markenname, Markenbild und Produkt. In: Marketing. Zeitschrift für Forschung und Technik 26. 2004. 7-23.

Mayer, Hans/ Illmann, Tanja (2000): Markt- und Werbepsychologie. 3. Auflage. Stuttgart: Schäffer-Poeschel.

Meffert, Heribert (2000): Marketing. Grundlagen marktorientierter Unternehmensführung. Konzepte – Instrumente – Praxisbeispiele. 9. Auflage. Wiesbaden: Gabler.

Müller, Stefan/ Gelbrich, Katja (2004): Interkulturelles Marketing. München: Vahlen

Nielsen, Martin (2008): 5 auf Deutsch = 6 auf Dänisch. Gesundheitskampagnen im Kontrast. In: Held/ Bendel (2008): 125-147.

Nielsen, Martin (2011, im Druck): The adaptation task between copywriter and advertising campaign manager: re-conceptualizing levels of abstraction in intercultural integrated marketing communication. In: Genest/Goodman (Hrsg.) (2011, im Druck).

Nielsen, Martin (im Erscheinen): Werbekommunikation kulturkontrastiv. In: Janich (im Erscheinen): Handbuch Werbekommunikation. Tübingen: Narr.

Nielsen, Martin/ Ditlevsen, Marianne Grove (2008): Ein Text ist ein Text ist ein Textkonglomerat – zur Texthaftigkeit des Geschäftsberichts. In: Szurawitzki/Schmidt (2008): 185-201.

Paisley, William J. (2001): Public Communication Campaigns: The American Experience. In: Rice/ Atkin (2001): 3-21.

Pedersen, Lars Hedegaard (2001): Styrer 70 sprog fra Danmark. In: Markedsføring 4. 2011. 29-29.

Percy, Larry/ Woodside, Arch G. (Hrsg.) (1983): Advertising and Consumer Psychology. Lexington: D.C. Heath & Co.

Pickton, David/ Broderick, Amanda (2005): Integrated Marketing Communications. 2. Auflage. Harlow: Prentice Hall.

Rademacher, Lars (2001ff.): Positionen der Integrierten Kommunikation – Ansprüche, Reichweite und Grenzen. In: Bentele et al. (2001ff.): 1-34.

Rice, Ronald E./ Atkin, Charles K. (Hrsg.) (2001): Public Communication Campaigns. 3. Ausgabe. Thousand Oaks: Sage.

Rice, Ronald E./ Atkin, Charles K. (2002): Communication Campaigns: Theory,Design, Implemtnation, and Evaluation. In: Brygant/Zillmann (Hrsg.) (2002): 427-451.

Rogers, E./ Storey, J.D. (1987): Communication Campaigns. In: Berger/ Chaffee (1987): 814-846.

Rokeach, Milton (1973): The Nature of Human Values. New York: Free Press.

Röttger, Ulrike (2008): Kampagnen. In: Bentele et al. (2008): 598-599.

Schmidt, Siegfried J. (2000): Kommunikation über Kommunikation über Integrierte Unternehmens-Kommunikation. In: Bruhn et al. 2000: 121-141.

Schönborn, Gregor/ Kebbel, Phoebe (2001ff.): Start-up – Der PR-Business-Plan für die Gründerzeit. In: Bentele et al. (2001ff.): 1-40.

Schreiber, Michael (2004): Übersetzung und andere Formen der Textverarbeitung und Textreproduktion in sprachwissenschaftlicher Sicht. In: Kittel et al. (Hrsg.): 268-276.

Schwarz-Musch, Alexander (2005): Von der Standardisierung zur Integration der internationalen Kommunikationspolitik. In: Marketing. Zeitschrift für Forschung und Praxis 27. 135-145.

Schweiger, Günter/ Schrattenecker, Gertraud (2001): Werbung. 5. Auflage. Stuttgart: Lucius & Lucius/ UTB.

Sepstrup, Preben/ Fruensgaard, Pernille (2010): Tilrettelæggelse af information. Kommunikations- og kampagneplanlægning. 4. Auflage. København: Academica.

Smith, Paul Russell / Taylor, Jonathan (2004): Marketing Communications: An Integrated Approach. 4. Auflage. London: Kogan Page.

Stöckl, Hartmut (2004): Werbekommunikation – Linguistische Analyse und Textoptimierung. In: Knapp et al. (2004): 233-254.

Stolze, Radegundis (2005): Übersetzungstheorien. Eine Einführung. 4. Auflage. Tübingen: Narr.

Szurawitzki, Michael/ Schmidt, Christopher S. (Hrsg.) (2008): Interdisziplinäre Germanistik im Schnittpunkt der Kulturen: Festschrift für Dagmar Neuendorff zum 60. Geburtstag. Würzburg: Königshausen & Neumann.

Tietz, Bruno (1982a): Die Werbung. Handbuch der Kommunikations- und Werbewirtschaft. Landsbech am Lech: moderne industrie.

Tietz, Bruno (1982b): Das Konzept der integrierten Kommunikation. In: Tietz (1982a): 2265-2297.

Torresi, Ira (2009): Advertising. In: Baker/Saldanha (Hrsg.) (2009): 6-10.

van Riel, Cees B.M. (1995): Principles of Corporate Communication. London: Prentice Hall.

Vergossen, Harald (2004): Marketing-Kommunikation. Ludwigshafen: Kiehl.

Warnke, Ingo (2002): Adieu Text – bienvenu Diskurs? Über Sinn und Zweck einer poststrukturalistischen Entgrenzung des Textbegriffs. In: Fix et al. (Hrsg.): 125-141.

Wöhe, Günter/ Döring, Ulrich (2002): Einführung in die Allgemeine Betriebswirtschaftslehre. 21. Auflage. München: Vahlen.

Secrets de chez nous: Die Vermittlung von Lokalität in Markennamen

Antje Zilg

1 Einleitung

Markennamen stellen einen wichtigen, allgegenwärtigen Teil unserer Sprachumgebung dar. Sie gelten als Neuschöpfungen unseres eigenen Zeitalters, gleichsam als Reflex bestimmter gesellschaftlicher und wirtschaftlicher Bedingungen. So schreiben Botton, Cegarra, Ferrari (2002: 39): „*Il «mondo» dei nomi commerciali è lo specchio del mondo economico.*" Selten zeigt sich so deutlich, wie Sprache sich im Zusammenhang mit gesellschaftlichen Veränderungen wandelt und wie sprachliche Neuerungen dazu dienen, konkrete gesellschaftliche Erfordernisse zu bewältigen (Lötscher 1992: 323 ff.).

Aktuell sind eine dem Globalisierungstrend entgegenwirkende Hinwendung zu Regionen und eine wachsende Bedeutung der Herkunft von Produkten zu beobachten (Geigenmüller 2003: 2). Im Kontext gesättigter Märkte, die eine erschwerte Produktdifferenzierung bedingen, übernimmt die Herkunftsangabe zunehmend die Funktion eines Qualitätssignals (Leitow 2005: 23).

Vor dem Hintergrund der skizzierten Entwicklung wird im vorliegenden Beitrag die Vermittlung von Lokalität in Markennamen auf verschiedenen linguistischen Beschreibungsebenen dargestellt. Im Blickpunkt stehen Markennamen des italienischen, spanischen und französischen Lebensmittelmarktes. Die italienischen Belege entstammen einem Korpus aus 950 in einer Feldforschung zusammengetragenen Namen (Zilg 2006). Die spanischen Belege sind im Rahmen einer kleinen Feldforschung im Jahr 2008 in Madrid gesammelt worden sowie der Datenbank der *Oficina Española de Patentes y Marcas* entnommen. Die französischen Namen, schließlich, stammen aus der Datenbank des *Institut National de la Propriété Industrielle.*[1]

---

1 Die Registrierung einer nationalen Marke erfolgt in Italien beim *Ufficio Italiano Brevetti e Marchi* (www.uibm.it), in Spanien bei der *Oficina Española de Patentes y Marcas* (www.oepm.es) und in Frankreich beim *Institut National de la Propriété Industrielle* (www.inpi.fr). Für die Lebensmittelbranche relevant sind die Klassen 29-33 der Klassifikation von Nizza.

2 Die Bedeutung der Herkunft im Spannungsfeld von Globalisierung und Tendenzen der regionalen Orientierung

In der heutigen Zeit der Globalisierung, die charakterisiert ist durch eine zunehmend internationale Aktivität von Markenherstellern und Handel, eine hohe Mobilität der Konsumenten sowie durch moderne Informations- und Kommunikationstechnologien, wird der Typus des ‚globalen Konsumenten' mit homogenen Bedürfnissen und international ähnlichen Markenpräferenzen gefördert (Geigenmüller 2003: 2). Markenführung findet immer häufiger in einem internationalen Umfeld statt, in dem ein globaler Markenwert verstärkt mit der Standardisierung von Strategien geschaffen wird (Geigenmüller 2003: 2). In Bezug auf die Namensgebung schlägt sich eine derartige Standardisierungsstrategie in der Wahl eines einheitlichen Namens für verschiedene Absatzgebiete nieder (z.B. NUTELLA). Diese Strategie impliziert in der Regel die Verwendung der englischen Sprache, allgemein bekannter Ausdrücke oder freier Erfindungen (Latour 1996: 166). Über die Bedeutung der Marke im Kontext der Globalisierung schreibt Platen:

> *Global branding*, das Etablieren einer weltweit anerkannten Marke, ist der kommerzielle Mythos unserer Zeit und in Produzentenaugen zur magischen Formel modernen Marketings geworden. (Platen 1997: 147)

Geigenmüller zufolge ist jedoch schon über einen längeren Zeitraum zu beobachten, dass entgegen dem Globalisierungstrend Tendenzen einer regionalen Orientierung der Menschen, im Sinne einer Hinwendung zu Regionen als Orientierungspunkte und Identitätsanker, zunehmen (Geigenmüller 2003: 2).

Die Begriffe ‚Region' und ‚regionale Produkte' sind recht unscharf und werden in Abhängigkeit vom jeweiligen Kontext unterschiedlich interpretiert und verwendet (Sauter/Meyer 2004: 29). Leitow, der den Einfluss der Produktherkunft auf die Kaufentscheidung untersucht, versteht Region als geografische Einheit, die durch relativ einheitliche anthropogene und natürliche Faktoren gekennzeichnet ist, sich in der Summe der Faktoren von anderen Regionen unterscheidet und ein konsistentes und deutliches Image bei den Konsumenten besitzt (Leitow 2005: 26).

Wenn Regionen zu Orientierungspunkten von Individuen in einer globalen Welt werden, hat dies sowohl Auswirkungen auf das Konsumenten- und Markenverhalten als auch auf die Führung regionaler und überregionaler Marken (Geigenmüller 2003: 2 f.). Über diese in der Praxis zu beobachtende und zunehmend an Bedeutung gewinnende Marktstellung regionaler Marken gegenüber internationalen und globalen Marken formuliert Latour:

> Denn keineswegs werden es in Zukunft nur Weltmarken sein, die strategische Unternehmensziele erreichen helfen. Regionale Marken wie auch zunehmend Produkte, die länderübergreifend Angehörige bestimmter Kulturkreise ansprechen sollen, werden über eine entsprechende Positionierung (…) neben Globalmarken existieren. (Latour 1992: 143)

Die Herkunft eines Nahrungsmittels wird von den Verbrauchern in wachsendem Maße als ein bestimmender Faktor der Kaufentscheidung angesehen. So hat eine Reihe von Verbraucherbefragungen ermittelt, dass das Ursprungsland bzw. die Ursprungsregion einer der wichtigsten Faktoren für die Kaufentscheidung der Verbraucher ist (Becker/Benner 2000: 1). Insbesondere im Kontext zunehmender Marktsättigung, bei der die Differenzierungsmöglichkeiten im Produktkern abnehmen und es schwierig ist, die tatsächliche Qualität von Lebensmitteln zu beurteilen, kann das Zugehörigkeitsgefühl zu einer Region Präferenzen für ein Produkt hervorrufen (Leitow 2005: 1). Grienberger (2003: 87) zufolge handelt es sich beim so genannten ‚Regionalchauvinismus' um eine schwer fassbare Größe, die sich in erster Linie als emotionale Zustimmung zu einem Erzeugnis, seinem Produktionsverfahren und den Herstellern auswirkt. Die Herkunftsangabe stellt somit ein geeignetes Marketinginstrument im Sinne eines Qualitätssignals im Bereich des formalen Produktes dar (Leitow 2005: 23; Herrmann/Anders/Thompson 2005: 171). Sie wird dem Verbraucher denn auch durch ihre Herausstellung als Verkaufsargument in der Einkaufssituation, in der Werbung und durch die Presse vermittelt (Becker 2002: 22).

Exkurs: Der mediterrane Herkunftsschutz

In den Mittelmeerländern hat der Herkunftsschutz für regionale Produkte eine lange Tradition, zum einen als wettbewerbsrechtliches Instrument, aber auch im Bewusstsein vieler Verbraucherinnen und Verbraucher (Grienberger 2003: 12). Bereits vor der Implementierung eines europaweit einheitlichen Schutzsystems für Herkunftsangaben bei Lebensmitteln und Agrarprodukten durch die EU im Jahre 1992 bestand in Frankreich und Italien im nationalen Rechtssystem ein Schutz der geographischen Herkunftsangaben (Becker 2002: 72).[2] Herkunft wird nicht nur als Ort der Erzeugung verstanden, sondern in einem umfassenderen Sinn als Ort, Landschaft oder Region, in der ein Lebensmittel seine wesentlichen Eigenschaften erhält, und zwar durch den natürlichen Rohstoff und/oder durch seine traditionelle und charakteristische Art und Weise der Verarbeitung, Reifung oder Lagerung (Grienberger 2003: 10). Das mediterrane Konzept der Schutzkonsortien, die als Herstellervereinigungen gemeinsame Richtlinien zur

2 In Frankreich geht der Schutz der qualifizierten geographischen Herkunftsangabe bis auf das 14. Jahrhundert zurück (Becker 2002: 71).

Erzeugung und Verarbeitung einhalten, fungiert gleichsam als Ersatz für den Markenartikler (Grienberger 2003: 12). Auch Herkunftsbezeichnungen wie in PROSCIUTTO DI PARMA, CORDERO DE NAVARRA und LE FIN GRAS DU MÉZENC können die Funktionen von Marken übernehmen, z.B. die Identifizierung, die Orientierung, die Differenzierung und die Garantie.

In der Europäischen Union sind inzwischen insgesamt 585 Produkte herkunftsgeschützt. Produkte aus Frankreich und Italien sind am häufigsten registriert, gefolgt von solchen aus Portugal, Griechenland, Spanien und Deutschland (Becker 2002: 68). Während die Zahl der EU-geschützten geographischen Angaben von November 1999 bis November 2002 in Spanien um 68%, in Frankreich um 24% und in Italien um 20% gestiegen ist, beträgt dieses Wachstum in Österreich, Großbritannien und Deutschland nur 9-7%. Dies verdeutlicht, dass die Kluft zwischen Staaten mit vielen Eintragungen und denjenigen mit wenigen Eintragungen in den vergangenen Jahren zugenommen hat (Becker 2002: 70). Die Länder zeichnen sich durch unterschiedliche Produktschwerpunkte aus: Frankreich weist viele Registrierungen in den Kategorien Käse und frisches Fleisch auf, Italien in den Bereichen Käse, Obst, Gemüse und Getreide, bei Fleischprodukten sowie bei Ölen und Fetten. Spanien ist führend bei Obst, Gemüse und Getreide, hat aber auch verschiedene Käsesorten registrieren lassen (Becker 2002: 110).

3 Die Vermittlung von Lokalität in Markennamen

Gegenstand dieses Kapitels ist die Darstellung, wie auf verschiedenen linguistischen Ebenen Lokalität vermittelt werden kann. Zum einen werden hierzu Elemente der diatopischen Sprachvariation verwendet, zum anderen bestimmte Toponyme, Appellativa, Pronomen und Lokaldeiktika eingesetzt.

3. 1 Regionalsprachliche und dialektale Markennamen

Durch die Verwendung regionalsprachlicher oder dialektaler Elemente kann ein Ortsbezug im Sinne einer Herkunftsangabe signalisiert werden. Viele Ausdrücke werden als Träger eines bestimmten Lokalkolorits angesehen und gewissermaßen als Erkennungszeichen einer Region verwendet, z.B. das neapolitanische *sfizio* ‚Laune, Lust' (Lepschy/Lepschy 1986: 45), auf dessen Grundlage die

Markennamen LE SFIZIOSE und SFIZIOLÌ gebildet worden sind.[3] An dieser Stelle soll zunächst die diatopische Varietätendimension des Italienischen, Spanischen und Französischen skizziert werden.

Bezogen auf die italienische Sprache unterscheiden Dardano/Trifone vier linguistische Varietäten, das *italiano comune*, das *italiano regionale*, den *dialetto regionale* und den *dialetto* (Dardano/Trifone 1985: 32). Das *italiano regionale* wird definiert als *varietà di italiano che possiede delle particolarità regionali, avvertibili soprattutto nella pronuncia* (Dardano/Trifone 1985: 33). In Italien werden hauptsächlich folgende vier regionale Varietäten unterschieden: *settentrionale, toscana, romana, meridionale* (Dardano/Trifone 1985: 33). Als *dialetto regionale* wird eine *varietà del dialetto che ha subito l'influsso dell'italiano regionale su uno o più livelli: fonologico, lessicale, morfologico e sintattico* verstanden (Dardano/Trifone 1985: 33). Die italienischen Dialekte werden in der Regel in vier Gruppen klassifiziert: 1. norditalienische Dialekte, 2. toskanische Dialekte, 3. mittelitalienische Dialekte und 4. süditalienische Dialekte. Zumeist separat aufgeführt werden das Sardische, das Ladinische und das Istrische (Lepschy/Lepschy 1986: 44).

In Spanien werden vier Sprachen in folgenden Kerngebieten gesprochen: Galicisch im Nordwesten, Baskisch im Baskenland und Nordnavarra, Katalanisch in den Regionen Katalonien, (Ost)Valencia, Balearen und Spanisch oder Kastilisch im Zentrum, Süden sowie auf den Kanarischen Inseln (Berschin et al. 1995: 39). Dominante Sprache in Spanien ist Spanisch, während Galicisch, Baskisch und Katalanisch den Status einer Minderheitensprache haben und über die Landesgrenze hinausreichen: Das Galicische bildet typologisch betrachtet mit dem Portugiesischen einen einheitlichen Sprachblock, das baskische und katalanische Sprachgebiet setzen sich nach Frankreich fort (Berschin et al. 1995: 42). Spanien lässt sich charakterisieren als dominant einsprachiges Land mit regionaler Zweisprachigkeit. Dies bedeutet, dass das Kastilische als nationale Amtssprache eine Vorrangstellung hat, die übrigen Sprachen aber regional, also im Sprachgebiet der jeweiligen Minderheit, neben Spanisch als Amtssprache gelten können (Berschin et al. 1995: 42). Über die regionale Identität der Minderheitenregionen formulieren Berschin et al.:

> Die Minderheitenregionen des spanischen Staates haben nicht nur eine sprachliche Sonderstellung, ihre regionale Identität beruht auch auf einer eigenständigen Tradition und sozio-

3 Teilweise artikuliert sich die ‚Regionalität' lediglich in einem Morphem. So ist das Substantiv *tegolo* ‚Ziegel', das dem Markennamen TEGOLINO (Gebäckschnitte) zugrunde liegt, die toskanische Variante des Substantivs *tegola* (Zingarelli 1998: 1826). In der Bildung TRE FORNARI wiederum erscheint die als *regionale* gekennzeichnete Form *fornaro* des Substantivs *fornaio* ‚Bäcker' (Zingarelli 1998: 710).

ökonomischen Struktur. Am stärksten ausgeprägt ist das Regionalbewusstsein in Katalonien und im Baskenland, den klassischen Industrieregionen Spaniens. (Berschin et al 1995: 44)

Das Kastilische ist im Vergleich zum Deutschen dialektal nicht gefächert, sondern bildet einen relativ einheitlichen Sprachblock mit einer gewissen Variationsbreite im lexikalischen und phonetischen Bereich (Berschin et al. 1995: 62).

Das Französische überdacht das gesamte Gebiet des französischen Nationalstaates als einzige offizielle Amtssprache. Diatopisch markierte Varietäten bestehen allerdings noch in drei Ausprägungen.[4] Neben lokal begrenzten stärkeren Färbungen, meist im Umfeld historischer Kleinzentren (sog. *parlers locaux*), finden sich schwindende Reste alter Dialekte, vor allem aber großräumige diatopische Färbungen in Form von Regiolekten (*français régionaux*), die charakteristisch sind für größere Gebiete. Deutlich diatopisch markiert ist z.B. das *français régional* im Süden der französischen Republik, das okzitanisches Substrat enthält (Sokol 2007: 253 f.). Über die *français régionaux* in Frankreich formuliert Oesterreicher (2008: 21):

Auch in Frankreich gibt es inzwischen eine Reihe von *français régionaux*, die einem neuen Typ von diatopischer Varianz zuzurechnen sind; man vergleiche etwa ein *français d'Alsace*, ein *français du Midi* usw. (entsprechend auch die *italiani regionali* oder die verschiedenen Formen eines *español regional*).

In Gebieten, in denen über Jahrhunderte andere Sprachen als das Französische verwendet wurden, haben über den Bilinguismus der Sprecher Regionalsprachen (*langues régionales*) im Nähebereich überlebt. Diese autochthonen Minderheitensprachen sind Bretonisch, Baskisch, Okzitanisch, Katalanisch, Korsisch, Elsässisch und Flämisch (Sokol 2001: 209).

Oesterreicher unternimmt den Versuch einer Zusammenschau der Varietätenräume der drei romanischen Sprachen Französisch, Italienisch und Spanisch mit einer Charakterisierung der Auslastung der einzelnen Varietätendimensionen (diatopisch, diastratisch, diaphasisch). Er stellt fest, dass der starken Auslastung der diatopischen Dimension im Italienischen im Französischen und Spanischen ein uneinheitliches Bild der Diatopik gegenübersteht (Oesterreicher 1995: 11).

Das italienische Korpus enthält folgende dialektale und regionalsprachliche Elemente:[5]

4 Nach Weinhold (2008: 84) ist die Vitalität der Dialekte im französischen Zentralstaat stärker bedroht als in Sprachgemeinschaften dezentraler Tradition, wie der deutschen oder der italienischen.

5 Hervorhebungen durch Unterstreichung durch die Autorin.

Markennamen	Lexikalischer Status
BECHÈR	*Bechér*, cioè *beccaio*, così viene chiamato il macellaio nei dialetti Lombardo-Veneti. (www.becher.it)
BUFFLÒ	*bufalo*, (dialettale) *buffolo*: sostantivo maschile 1 Genere di mammiferi ruminanti dei Bovidi (...). (Zingarelli 1998: 259)
CASCINA D'ORO *CASCINA* SAN CASSIANO LE *CASCINE* DEL SOLE	*cascina*: [voce di area settentrionale] sostantivo femminile (...)/(settentrionale) Azienda agricola a prevalente indirizzo zootecnico per la produzione del latte/(settentrionale) Fattoria, casolare. (Zingarelli 1998: 313)
CREMERIA DEL LATTAIO LA *CREMERIA*	*cremeria*: [francese *crémerie*, da *crème* 'crema'] sostantivo femminile (*regionale*) Latteria in cui si vendono anche gelati, dolci e simili. (Zingarelli 1998: 462)
PAGNOTTELLE	*pagnottella*: sostantivo femminile 1 Diminutivo di *pagnotta*. 2 (*romano, romanesco*) Panino, specialmente ripieno. (Zingarelli 1998: 1220)
PUMMARO'	*pummarola*: [voce napoletana, probabilmente variante di *pummadora* 'pomodoro'] sostantivo femminile (*meridionale*) Pomodoro/(*estensione*) Salsa di pomodoro, specialmente usata come condimento (...). (Zingarelli 1998: 1410)
LE *SFIZIOSE* *SFIZIO*LÌ	*sfizioso*: [da *sfizio*] aggettivo (*regionale*) Che diverte o attrae/Che soddisfa un capriccio, fatto per capriccio. (Zingarelli, 1998: 1664) *sfizio*: [voce meridionale di etimologia incerta] sostantivo maschile (*regionale*) Voglia, capriccio, divertimento (...). (Zingarelli 1998: 1664)

Tabelle 1: Dialektale und regionalsprachliche Elemente in der italienischen Markennamenbildung

Zahlreiche italienische Lexeme sind dialektalen oder regionalsprachlichen Ursprungs, haben aber eine landesweite Verbreitung erfahren, in gleichem Maße wie die durch sie bezeichneten Referenten überregional bekannt wurden. Ein Phänomen, das Bruni insbesondere im gastronomischen Wortschatzbereich ausmacht, wenn ein ursprünglich lokales Produkt auf nationaler Ebene angeboten wird (Bruni 1984: 82). Derartige Substantive, deren regionaler Ursprung zumeist heute nicht mehr als solcher wahrgenommen wird, werden auch zur Bildung von Markennamen herangezogen:

Varietät	Substantiv	Belege in Markennamen
Piemontese	*grissino*	GRISSINBON
Lombardo	*risotto*	RISOTTERIA
Emiliano-lombardo	*parmigiano, reggiano*	PETALI DI PARMA
Napoletano	*provola, provolone*	PROVOLETTI

Tabelle 2: Ursprünglich lokale und regionale Lebensmittelbezeichnungen in Markennamen

Aus Galicien stammt die Marke DELICIAS DO SOUTO. Für das Katalanische kann in diachronischer Perspektive der Markenname DANONE für Milchprodukte angeführt werden. *Danon* ist die katalanische Diminutivform von Daniel, Sohn des Firmengründers, die Letzterer nach Anfügen eines ‚e' im Jahr 1919 als Marke eintragen ließ.[6]

Für das Französische wird in folgenden Markennamen regionalsprachliches Material verwendet: Die von Louis Raison gegründete Firma RAISON, die Cidre herstellt und vertreibt, wurde 1983 umbenannt in LOÏC RAISON. *Loïc* ist die bretonische Variante des Vornamens *Louis*.[7] Ebenfalls aus der Bretagne stammt die Bildung LE KOUIGN DES ROIS zur Bezeichnung eines bretonischen Kuchens. Korsischen Ursprungs ist die LIMUNATA CARINA. LE FLAMMKUECHE DES COPAINS und SCHLUCK stammen aus dem Elsass, und der Markenname LA SARDANE, eigentlich Bezeichnung für einen traditionellen katalanischen Tanz, dient als Name für Obst und Gemüse.

3.2 Semantisch vermittelte Lokalität

Bei der Markennamenbildung kann mittels Toponymen ein konkreter Ortsbezug hergestellt werden, sei es zu einem Land, zu einer Region, zu einer Stadt oder einem Dorf, zu einem Fluss, einem Berg oder zu einem Tal. Demgegenüber werden durch die Verwendung bestimmter Appellativa, Pronomen und Deiktika Lokalität und Regionalität explizit verbalisiert. Die Vermittlung von Nähe wird hierbei in einem weiteren Sinne betrachtet, d. h. räumlich und sozial. Die folgenden Übersichten enthalten Belege für den Einsatz von Toponymen in der italienischen, spanischen und französischen Markennamenbildung.

---

6 http://www.journaldunet.com/management/dossiers/0707198-histoires-marques/3.shtml (10.08.2010)

7 www.loicraison.fr (10.08.2010)

Ländernamen	Belege
Italienisch	*ITAL* NATURE, SURG*ITAL*
Spanisch	*ESPAN*UT
Französisch	DOUCE *FRANCE*, KRUSTI *FRANCE*, PÂTISSERIE DE *FRANCE*, REINE DE *FRANCE*, SOLEIL DE *FRANCE*

Tabelle 3: Ländernamen in der Markennamennamenbildung

Weitere Toponyme	Belege
Italienisch	BIO*DOLOMITI*, *TIGULLIO*
Spanisch	DELICIAS DEL *PISUERGA*, LA ROSA DE *EXTREMADURA*, PERLAS DEL *GUADALQUIVIR*, POSTRES TRADICIONALES DE *ULTZAMA*[8]
Französisch	COCHON D'*ACQUITAINE*, *FRANCHE-COMTÉ* COCHON, *RHÔNE* LAPINS

Tabelle 4: Die Verwendung weiterer Toponyme in der Bildung von Markennamen

Zahlreiche Markennamen vermitteln auf explizite Weise das Konzept der ‚Regionalität' und werden mittels des Substantivs ‚Region' gebildet:

Die ‚Region'	Belege
Italienisch[9]	I SAPORI DELLE *REGIONI*
Spanisch	*REGIO*LIVA, MONTE *REGIO*
Französisch	L'ÉPICIER DE NOS *RÉGIONS*

Tabelle 5: Namensbildung mittels des Substantivs ‚Region'

Neben den Bildungen, die explizit das Substantiv ‚Region' enthalten, gibt es im Italienischen, Spanischen und Französischen auch Markennamen, in denen das Konzept der ‚räumlichen Begrenzung' metonymisch aufgegriffen wird.[10] Die verwendeten Bildungsmuster reichen von einfachen asyndetischen Nominal-

8 ULTZAMA es vocablo que según los lingüistas se utiliza para designar a un valle y también a un río que recoge las aguas salpicadas de cascadas y pozos junto a brezos y arándanos y que entre alisos y sauces, robles y manzanos silvestres, discurre por el valle, hasta encontrarse con el río Arga, afluente del Ebro. (http://www.postresultzama.com/castellano.htm) (10.08.2010)

9 Italien hat, wie Deutschland, erst spät seine nationale Einheit in einem Staat gefunden. Mit der italienischen Vereinigung im 19. Jahrhundert gingen zahlreiche Versuche einher, aus den vielen regionalen und lokalen Küchen eine nationale zu machen (Klüver 2004: 20 ff.).

10 Die Metonymie bezeichnet den Ersatz einer Benennung durch eine verwandte Bezeichnung, die mit dem Gemeinten durch einen sachlichen (z.B. räumlichen, zeitlichen, kausalen) Zusammenhang bzw. durch semantische Kontiguität verknüpft ist (Bußmann 2002: 434).

komposita, über Komposita, deren Konstituenten mittels Präposition miteinander verbunden sind, und Nominalsyntagmen bis hin zu komplexen Typen, in denen das Konzept phraseologisch realisiert wird. Auch lexikalische Übernahmen sind möglich, z.B. in LE TIPICHE. So gibt der Zingarelli unter anderem für *tipico* folgende Definition an: *„Caratteristico di un determinato luogo o regione: (...) prodotti tipici; cucina tipica; vino tipico“* (Zingarelli 1998: 1859). Die folgenden Übersichten enthalten Belege, in denen räumliche und soziale Nähe zum Ausdruck kommen. Letztere wird durch den Einsatz lexikalischen Materials zur Bezeichnung von Familienmitgliedern und Freunden vermittelt oder auch durch Personalpronomen wie in der koordinativen Bildung *TU Y YO*.

Räumliche Nähe	Belege
Italienisch	SAPORI & *DINTORNI*
Spanisch	COCINA DE *PUEBLO*, DELICIAS DEL *CAMPO*, DELICIAS DE LA *HUERTA*, TUTORTI....YA COMO *EN CASA*
Französisch	COMME *À LA MAISON*, RECETTE DE *MAISON*, LES RECETTES DE NOS *VILLAGES*, LES RECETTES DU *MARCHÉ*, EXPERT DE NOS *TERRITOIRES*

Tabelle 6: Die Vermittlung räumlicher Nähe in Markennamen

Soziale Nähe	Belege
Italienisch	*AMICI* MIEI, *MAMMA* ANTONIA, *NONNA* MARIA
Spanisch	LOS TRES *AMIGOS*, VIEJO *AMIGO*, VIT*AMIGO*, *TU Y YO*, LAS PATATAS DEL *ABUELO*, LA BOTICA DE LA *ABUELA*, RECETA *CASERA* DE LA *ABUELA PRIELA*
Französisch	LES RECETTES DES *COPINES*, RECETTE DES *FAMILLES*

Tabelle 7: Die Vermittlung sozialer Nähe in Markennamen

Beliebt ist auch der Einsatz des Possessivpronomens. Über dessen besondere Rolle in der Werbesprache im Sinne der Fähigkeit, Nähe zu schaffen, schreibt Perugini (1994: 607):

> „L'aggettivo, in particolare il possessivo, lega il produttore al consumatore in una sfera affettiva e personalizza un prodotto creato invece per tutti.“

Possessiva	Belege
Italienisch	CA' *NOSTRA*, *NOSTRA*NELLE, *NOSTRO*LIO
Spanisch	*MIS* DELICIAS CAMPO*NUESTRO*, EL GUSTO ES *NUESTRO*, LO FRESCO ES LO *NUESTRO*, *NUESTRO* MAR

Französisch	PINTADE DE *MA* RÉGION, POULET DE *MA* RÉGION CHEVREAU DE *NOS* CAMPAGNES, COULEURS ET SAVEURS DE *NOS* RÉGIONS, LA VIE DE *NOS* PRAIRIES, LE LAIT DE *NOS* PRÉS, L'ÉPICIER DE *NOS* RÉGIONS, SAVEURS DE *NOS* CAMPAGNES, SAVEURS DE *NOS* FERMES, SOUVENIRS DE *NOS* MONTAGNES

Tabelle 8: Possessiva in der Markennamenbildung

Auch der Einsatz des Lokaldeiktikums ‚hier' transportiert in der Markennamenbildung einen Ortsbezug.

Lokaldeiktika	Belege
Italienisch	COSE DI *QUI*, I NATI *QUI*, *QUI* PER TE
Spanisch	EL PAN HECHO *AQUI*, TODO EMPIEZA *AQUI*
Französisch	JARDIN D'*ICI*, LA BIO D'*ICI*, LA CRÈME D'*ICI*, LES FERMES D'*ICI*, LES PRÈS D'*ICI*, LES RECETTES D'*ICI*, SAVEURS D'*ICI*, UN GOÛT D'*ICI*

Tabelle 9: Der Einsatz von Lokaldeiktika in der Namensbildung

Im Französischen stellt die Kombination Präposition + Personalpronomen *chez nous* ‘bei uns’ ein beliebtes deiktisches Mittel zur Vermittlung der lokalen Produktherkunft dar.

Chez nous	Belege
Französisch	AUTOUR DE *CHEZ NOUS*, LE BON COCHON BIEN DE *CHEZ NOUS*, LE POULET DE *CHEZ NOUS*, LE VEAU BIEN DE *CHEZ NOUS*!, LES DESSERTS DE *CHEZ NOUS*, LES FROMAGES DE *CHEZ NOUS*, SAVEURS DE *CHEZ NOUS*, SECRETS DE *CHEZ NOUS*

Tabelle 10: Die französische Wendung *chez nous* zur Vermittlung der lokalen Herkunft

Abschließend seien die Gruppen der Markennamen angeführt, in denen die Aspekte der ‚Tradition' sowie der ‚Zubereitung nach einem bestimmten Rezept' vermittelt werden. Während die Tradition ihren Ursprung in einem eng umgrenzten räumlichen Gebiet hat, führt die ‚Zubereitung nach einem bestimmten Rezept' von der länderübergreifenden, massenindustriellen Produktion weg.

Tradition	Belege
Italienisch	"COME *UNA VOLTA*!!", *ANTICA MACINA*, *ANTICA* PASTERIA, IL *VECCHIO MULINO*

Spanisch	*TRADICIÓN* DE NUESTRO CAMPO, EL GRAN *TRADICIONAL*, LA *TRADICIONAL* DE JOSE PEÑA
Französisch	RECETTES *D'ANTAN*, RECETTES *DE TOUJOURS*, RECETTES NATURE ET *TRADITION*, C'EST NOTRE *HISTOIRE*

Tabelle 11: Der Ausdruck der Tradition in der Markennamenbildung

Zubereitung	Belege
Italienisch	ANTICHE *RICETTE* MEDITERRANEE, LE *RICETTE* DI NONNA GIOVANNA, *RICETTE* DI UNA VOLTA
Spanisch	LA *RECETA* DE LA ABUELA, *RECETA* DE FAMILIA, *RECETAS* DE CONVENTO, LA VIEJA *RECETA*
Französisch	LES *RECETTES* DE MON MOULIN[11], *RECETTES* DE NOS RÉGIONS

Tabelle 12: Das Lexem 'Rezept' in der Markennamenbildung

4 Zusammenfassung

Wenn auch im Zuge der Globalisierung und Europäisierung der Marken und Märkte Phantasienamen wie YUMA oder JOCCA, die die Anforderungen an eine Standardstrategie erfüllen, zunehmen, schlägt sich doch auch die entgegengesetzte Tendenz einer Hinwendung zu Regionen und zu begrenzten räumlichen Gebieten nachweislich in Markennamen nieder. So hat die Analyse gezeigt, dass im Kommunikationsfeld Werbung die Konzepte ‚Regionalität' und ‚Lokalität' eine wichtige Rolle spielen und in Markennamen des italienischen, spanischen und französischen Lebensmittelmarktes auf verschiedenen linguistischen Ebenen nachgewiesen werden können. Aufschlussreich wären in diesem Zusammenhang eine weitere, nach Produktarten aufgeschlüsselte Untersuchung sowie eine umfangreiche kontrastive Analyse nach Ländern.

Literatur

Becker, Tilman (2002): Bedeutung und Nutzung geschützter Herkunftszeichen. Gutachten im Auftrag des Deutschen Bundestages. Stuttgart

11 Beachte den Anklang an *Lettres de mon moulin* von Alphonse Daudet.

Becker, Tilman/Benner, Eckhard (2000): Zur Problematik der Herkunftsangabe im regionalen Marketing. Hohenheimer Agrarökonomische Arbeitsberichte Nr. 1. Institut für Agrarpolitik und Landwirtschaftliche Marktlehre der Universität Hohenheim

Berschin, Helmut/Fernández-Sevilla, Julio/Felixberger, Josef (^{2}1995): Die Spanische Sprache. Verbreitung, Geschichte, Struktur. Ismaning: Max Hueber Verlag

Botton, Marcel/Cegarra, Jean-Jack/Ferrari, Béatrice (^{3}2002): Il nome della marca. Creazione e strategia di naming. Mailand: Guerini e Associati

Bruni, Francesco (1984): L'Italiano. Elementi di storia della lingua e della cultura. Turin: Unione Tipografico-Editrice Torinese

Bußmann, Hadumod (^{3}2002): Lexikon der Sprachwissenschaft. Stuttgart: Kröner Verlag

Dahmen, Wolfgang/Holtus, Günter/Kramer, Johannes/Metzeltin, Michael/Schweickard, Wolfgang/Winkelmann, Otto (Hrsg.) (1995): Konvergenz und Divergenz in den romanischen Sprachen. Romanistisches Kolloquium VIII. Tübingen: Gunter Narr Verlag

Dardano, Maurizio/Trifone, Pietro (1985): La lingua italiana. Bologna: Zanichelli

Geigenmüller, Anja (2003): Regionale Marken und Konsumentenverhalten. Konsequenzen für die Markenführung. Wiesbaden: Deutscher Universitäts-Verlag

Grienberger, Regine (2000): Die Herkunftsangabe als Marketinginstrument. Fallstudien aus Italien und Spanien. Mainz: Fachverlag Fraund

Herrmann, Roland/Anders, Sven/Thompson, Stanley (2005): Übermäßige Werbung und Marktsegmentierung durch staatliche Förderung der Regionalvermarktung. Eine theoretische Analyse. In: Agrarwirtschaft 54. Heft 3. 171-181

Klüver, Henning (^{3}2004): Gebrauchsanweisung für Italien. München/Zürich: Piper Verlag

Kolboom, Ingo/Kotschi, Thomas/Reichel, Edward (Hrsg.) (^{2}2008): Handbuch Französisch. Sprache Literatur Kultur Gesellschaft. Berlin: Erich Schmidt Verlag

Latour, Susanne (1996): Namen machen Marken. Handbuch zur Entwicklung von Firmen- und Produktnamen. Frankfurt am Main/New York: Campus Verlag

Latour, Susanne (1992): Der treffende Name. Ein strategischer Faktor für den internationalen Erfolg. In: Markenartikel 54. Heft 4. 140-145

Leitow, Detmar (2005): Produktherkunft und Preis als Einflussfaktoren auf die Kaufentscheidung. Eine experimentelle und einstellungstheoretisch basierte Untersuchung des Konsumentenverhaltens bei regionalen Lebensmitteln. Dissertation. Humboldt-Universität zu Berlin

Lepschy, Anna L./Lepschy, Giulio (1986): Die italienische Sprache. Tübingen: Francke Verlag

Lötscher, Andreas (^{2}1992): Von Ajax bis Xerox. Ein Lexikon der Produktenamen. Düsseldorf/ Zürich: Artemis und Winkler Verlag

Oesterreicher, Wulf (2008): Das Französische als romanische Sprache. In: Kolboom et al. (^{2}2008): 19-25

Oesterreicher, Wulf (1995): Die Architektur romanischer Sprachen im Vergleich. Eine Programm-Skizze. In: Dahmen et al. (1995): 3-21

Perugini, Marco (1994): La lingua della pubblicità. In: Serianni et al. (1994): 599-615

Platen, Christoph (1997): «Ökonymie». Zur Produktnamen-Linguistik im Europäischen Binnenmarkt. Tübingen: Max Niemeyer Verlag

Sauter, Arnold/Meyer, Rolf (2004): Regionalität von Nahrungsmitteln in Zeiten der Globalisierung. Frankfurt a.M.: Deutscher Fachverlag

Sokol, Monika (²2007): Französische Sprachwissenschaft. Tübingen: Gunter Narr Verlag

Sokol, Monika (2001): Französische Sprachwissenschaft. Tübingen: Gunter Narr Verlag

Weinhold, Norbert (2008): Diatopische Varietäten des Französischen. In Kolboom et al. (²2008): 82-91

Zilg, Antje (2006): Markennamen im italienischen Lebensmittelmarkt. Wilhelmsfeld: Gottfried Egert Verlag

Zingarelli, Nicola (¹²1998): Lo Zingarelli. Vocabolario della lingua italiana. Bologna: Zanichelli Editore

Konsultierte Webseiten (10.08.2010):
http://www.journaldunet.com/management/dossiers/0707198-histoires-marques/3.shtml
www.loicraison.fr

Strategic Management of Knowledge Workers: Communicational Value of Balanced Scorecard

Outi Ihanainen-Rokio

1 Introduction

Knowledge-intensive firms (KIFs) are strategically dependent on knowledge. This knowledge can be found in two types: the knowledge based on the organization's members' expertise and the assimilated knowledge resources (eg. norms, routines, policies, and physical knowledge bases) (Kirjavainen 2001). When the company is operating in a constantly changing environment, the management of its knowledge resources becomes a crucial task. The competitive advantage of a knowledge-intensive firm "lies in its management capability to create relevant organizational knowledge" (Nonaka 1994: 33). The changes force the company to think strategically of as to what kind of knowledge and expertise create the company's competitive edge (Hamel & Prahalad 1994). Effective strategy implementation in KIFs means knowledgeable and empowered personnel (Lowendahl 2005). Management of a KIF, thus, is the multitasking development of individual, group level, and company level competencies (Un & Cuervo-Cazurra 2004, Scarso & Bolisani 2010).

Yet, we are lacking strategic management models and tools especially developed for KIFs. A grand shift from prevailing management paradigm into a new one requires notable changes in management tools (Barley & Kunda 1992). When looking at current strategic management many models and tools developed 15 years ago or more ago are still used for strategic management of companies, for example the Balanced Scorecard. Could it be so that the old tools can still deliver as Scarso & Bolisani (2010) suggest?

The study aims at gaining new knowledge of how communication of strategy is perceived in KIFs and what is the role of management tools in this. The data is collected from four Finnish companies operating in ICT field. Based on in-depth interviews of expert employees, the study seeks answers to the question of whether or not the Balanced Scorecard has any impact on the organizational communication of strategy in these firms. As the Balanced Scorecard claims to be developed for the information age and for the knowledge workers (Kaplan &

Norton 1996: 5), the study asks: As a strategy communication device for a KIF, does this tool still deliver?

2 BSC as strategic management and communication framework

The Balanced Scorecard (BSC) is perhaps a one of the best known management tools for companies in Finland today. Based on the ideas of management-by-objectives it has a very visible status in Finnish strategic management practices and handbooks (Näsi & Aunola 2002) as well as in business practices. According to Toivanen (2001), at that time 38% of the Finnish TOP500 companies were using or implementing the BSC. Consulting company Arthur Andersen's own study on Finnish TOP300 companies shows a BSC usage rate of 33% (Puiro 2001). The amount of academic theses on Balanced Scorecard and its implementation in various kinds of Finnish organizations is vast.

As the Finnish implementations of the BSC vary of from a simple management measuring system to a strategic change tool (Malmi 2001), the development of the BSC over recent the last 18 years has made it more of a system of strategic management (Cobbold, Lawrie & Issa 2004; Cobbold & Lawrie 2002; Bible, Kerr & Zanini 2006). Robert S. Kaplan and David Norton in 1992 introduced the Balanced Scorecard as a new approach to measure organizational performance. In the year 2006 after several articles and four books, Kaplan and Norton call the Balanced Scorecard "the strategy management system" (Kaplan & Norton 2006: vii). Today, the essence of the BCS is perhaps best described by the vast internet sources promoting it. The quote below is an example of how the BSC is acknowledged globally:

> "The balanced scorecard is a strategic planning and management system that is used extensively in business and industry, government, and nonprofit organizations worldwide to align business activities to the vision and strategy of the organization, improve internal and external communications, and monitor organization performance against strategic goals." (Balanced Scorecard Institute 2010)

For communication research the Balanced Scorecard as a strategic management framework provides interesting suggestions. It is argued that Balanced Scorecard is the key for driving performance in organizations by placing the emphasis on the performance enablers instead of on the performance results (Oyon, Mooraj & Hostettler 1999). With their focus on these enablers many companies turn to the Balanced Scorecard for a useful management communication tool (Littler, Aisthorpe, Hudson & Keasey 2000; Inamdar, Kaplan & Bower 2002). Yet, the evidence of BSC's effectiveness from organizational communication perspective is unknown (Neely 2008; Angel & Rampensad 2005; Nørreklit 2003) although some suggestions for this are presented (Atkinson 2006; Niven 2008). The role of communication is strongly present in Kaplan and Norton's writings of strategy implementation. For them, strategic management requires leaders to communicate the following critical management processes:

> "1. Clarify and translate vision and strategy
> 2. Communicate and link strategic objectives and measures
> 3. Plan, set targets, and align strategic initiatives
> 4. Enhance strategic feedback and learning" (Kaplan & Norton 1996b: 10).

The figure 1 below describes the essence of the BSC. Vision and strategy are the starting points of strategy creation and strategic management is based on objectives for four perspectives. The objectives are constantly communicated and measured, and the strategy evolves as the organization learns from its performance. Implementations of the BSC require the creation of company-specific content to this strategic picture and hence management of the whole process.

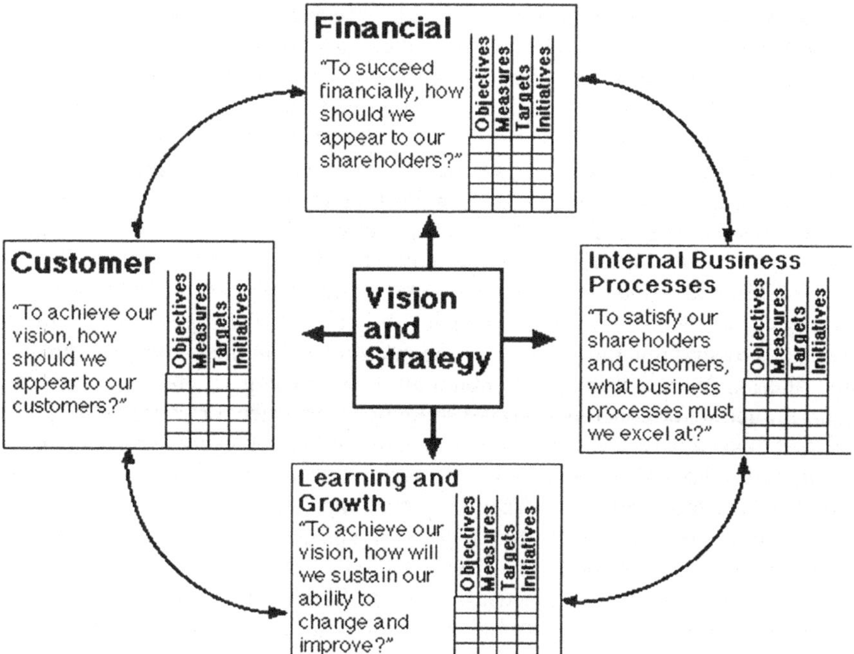

Fig 1: The Balanced Scorecard framework. (Kaplan & Norton 1996a).

Communicational steps are identified for the BSC implementing process. By 1) clarifying and translating the vision and strategy, (2) communicating and linking, (3) planning and target setting, and by enhancing (4) strategic feedback and learning the company builds itself a strategic management tool. (Kaplan and Norton (1996a, 1996b.) Based on feedback from companies using the BSC Kaplan and Norton (2006: 265) state also: "Communication by leaders is critical. Employees cannot follow if executives do not lead. Executives in our conferences regularly report that they could not over communicate the strategy; effective communication was critical for the success of their BSC implementtations". It is easy to conclude that the BSC as a framework emphasizes communication.

However, in regards to organizational communication issues related to strategic management there is little research on what the Balanced Scorecard actually delivers. In a vast literature study, Atkinson (2006: 1454) proposes that "It is clear however that the balanced scorecard can play a role. Whilst not being a panacea, it is argued that it can address identified strategy implementation issues including: communication, middle management issues clarification of priorities and improved coordination across functions, businesses and boundaries". Loch (2008) reports the cascading process of the goals and objectives are significant for the organization as they help in mobilizing change. Stemsrudhagen (2003) argues the BSC can visualize and thus communicate the objectives of the new direction of the organization. He continues the BSC does not as such help the process of strategic thinking and the management work of developing what should change and how though. Patton (2007) suggests the BSC and the metrics it provides can help the executives of project-based business to understand the processes related to the intellectual capital in the firm.

The feedback loop is often mentioned important element in BSC literature as it refers to revision of the strategic goals based on knowledge provided by the measures of strategic objectives. For top management in the strategy formulation and altering process it is vital to attain all the knowledge in the organization in order to get better coherence for the strategic cause-effect or cause-consequence relationships that will eventually formulate the strategic choices. de Haas & Kleinguld (1999: 254) conclude that "a recurring strategic dialogue is necessary from the viewpoint of fit between organizational behaviour and organizational goals." It is suggested the BSC focuses organizational attention on strategic priorities and stimulates dialogue (Henri 2005).

Dialogue is often mentioned as a tool to obtain this goal congruence and coherence within the organization (de Haas & Algera 2002). Nevertheless, a problem for the Balanced Scorecard is the dialogue is done mostly inside the top management, as only they take part in strategy creation (Nørreklit 2000). The participation of the rest of the organization can be a challenge. A case study of Malina and Selto (2001) on BSC and communication shows some interesting results. The studied company started a BSC implementation for the purpose of to renewing and communicate communicating a new retail distribution strategy to its distributors. As a result, distributors were frustrated with the BCS initiative because they saw it failing as in being a strategic communication tool. Researchers suggest that while BSC provided opportunities for strategic communication for the company, these might were lost in poor implementation and too little amountlack of dialogue. (Malina & Selto 2001.)

Kieser (1998) came to the conclusion that organizational rules and decisions need to undergo a process of interpretation before they can be transformed into action. In order to achieve a sufficient level of agreement in the interpretations necessary for common action (e.g. participate in a new strategic initiative), company members need to communicate continuously (Kieser 1998; Kieser 2002). Organizational communication processes are embedded in the organizations and the relations of the organizational members (McPhee & Poole 2001). Whether to see an organization broadly or in a more strict way, when studying organizational communication we are always studying the communication of organizational members. We could thus argue that in a firm using the Balanced Scorecard, the communication of strategy becomes an issue of every day work of all organization's members.

3 The proposed communicational value of BCS for KIFs

The motivation for developing the Balanced Scorecard in to a strategic management system resonates with Drucker's (1999) ideas on knowledge workers' productivity as the biggest challenge for modern companies. For Kaplan and Norton, the productivity of a company requires effective strategy execution:

> "In this era of knowledge workers, strategy must be executed in all levels of the organization. People must change their behaviors and adopt new values. The key to this transformation is putting strategy at the center of the management process. Strategy cannot be executed if it cannot be understood, however, and cannot be understood if it cannot be described" (Kaplan & Norton 2001, 65-66).

The basic idea behind the Balanced Scorecard model is to create a vision and a mission statement for the company, and from those, define the critical success factors of the organization. Within the BSC framework, there should be information and dialogue about not only about the success factors but about the common goal - the vision of the firm.

In this chapter, driven from the Balanced Scorecard literature four propositions are presented about the BSC's communicational value for a knowledge-intensive firm.

In knowledge work literature (e.g. Nonaka & Takeuchi 1996), there are strong arguments in favour of organizational vision. As knowledge work especially in ITC sector is mainly team work, communicating of a uniting vision is an important task of the leader in order to create coherence and a shared goal for the team's intangible work. Another task of the vision and mission is to enhance the idea of shared leadership in knowledge-worker teams (Pearce 2004). It is suggested that shared leadership might lead to more innovative knowledge creation (Bligh, Pearce & Kohles 2006).

According to Kaplan & Norton (1996b; 2000) communication of the vision and mission is critical to successful strategy implementation. In addition, a shared understanding of the vision is the starting point on BSC based strategy development. Among top management this shared understanding is gained through the participation in the strategy process. For a large corporation, this could require staff communication and education programs as the personal communication with and from the top leaders to all become hard to facilitate. At a minimum, the statements of vision and mission should be communicated throughout the organization.

From above we come to Proposition 1:

Proposition 1: When a BSC based management system is used, the vision and the mission are communicated clearly in the company.

Knowledge intensive firm operates on the capabilities of its people as production in knowledge work is converting knowledge into intangible structures (Sveiby 1997).With a clear focus the company is able to make this production efficient and profitable. To put it simple, in the producing of knowledge-intensive goods, management's job is to give a reason and a place to connect and collaborate with other knowledge workers for shared goal. Managing the knowledge worker thus becomes a job of giving meaning. For that a KIF needs communication mechanisms for goal setting as well as mechanisms telling how we are currently operating with our intangible assets. So the goal-oriented talk in a KIF should be more than just a review of past accounting period. The BSC discusses this as well:

> "The balanced scorecard includes financial measures that tell the results of actions already taken. And it complements the financial measures with operational measures on customer satisfaction, internal processes, and the organization's innovation and improvement

> activities-operational measures that are the drivers of future financial performance." (Kaplan & Norton 1992: 71)

When a firm uses a Balanced Scorecard based management system we can also presume to find rich communication and interaction about the organizational goals. As many BSC implementations still emphasize the financial perspective (Norton 2000) especially the financial goals but as well the other strategic goals should be communicated within everyday work and should be present in the life of any member of the organization. With a shared common goal, all the action in a firm becomes strategically guided:

> "The Balanced Scorecard provides the organizations with a powerful tool for communication and alignment. It focuses the energies and the talents of employees on the organization's strategic objectives (Kaplan & Norton 2001: 213)".

From above we come to Proposition 2:

> *Proposition 2. There is rich communication about organizational goals in organizations using BSC. Especially financial and strategic goals are communicated to the personnel.*

The strategy map is another powerful communication element the BSC framework. Typical for knowledge work is team-based problem-solving in contexts high level of uncertainty. Complex problems and solutions the workers deliver involve considerable elements of intangibility calling for subjective and uncertain quality assessment. (Alvesson 2004) For the worker the strategy map can thus operate like a real map: it shows where you are and how your own work contributes in the company's value creation process. 'The big picture' of the firm becomes then easier to communicate even if the workers' outputs are intangible. This gained meaningfulness in work is essential for knowledge worker as relates to the issue of identity: who am I, what I do in this company, and how am I related to others here (Åkerberg 1998). With the 'big picture' made visible by the strategy map the management can answer those questions from the company's viewpoint.

Kaplan & Norton introduced the strategy map as tool to communicate the big picture and each member's role in it. Bukh and Malmi (2005) suggest using the strategy map as internal communication device as the workers need to understand the strategy and one's own contribution to it. This interpretation about the function of the strategy map is common in prevailing BSC implementations.

Atkinson (2006) suggests the balanced Scorecard's four perspectives as manifested in strategy maps provide some level of granularity that improves clarity and focus for the strategic guidance. For a knowledge-intensive firm this sounds alluring: it is often mentioned that especially the fast growing high-tech firms are constantly balancing between chaos and organization in their management. Thereby creating clear direction and, through the development and publishing of the strategy map with cascading score sheets, the goals can be communicated across the organization. This is wished to leverage the understanding of the strategy and the coordination of action despite chaotic environments of a growing firm. But leveraging the understanding is just the first step in order to change the action.

The Balanced Scorecard literature claims the success factors of a firm should play as drivers of the strategy map that relate the strategy into everyone's work.

> "Communication of the Balanced Scorecard's objectives and measures is a first step in gaining individual commitment to the business unit's strategy. But awareness is usually not sufficient by itself to change behaviour. Somehow, the organization's high-level strategic objectives and measures need to be translated into actions that each individual can take to contribute to organization's goals." (Kaplan & Norton 1996b: 211-212).

What this citation continues with is the idea that not only the objectives but also the measures for the objectives are leveraged throughout the organization and thus, become part of everyone's job. The measures will tell whether the company is on the right path and contribution is given for the right action. We can argue the personnel working in BSC managed organizations should be able to tell what are the strategic objectives and the critical success factors of their organization, and how their own work contributes to these. It is presumable that examples of controls and measures used in their work for these objectives should be easy to mention as well.

The Proposition 3 is presented as such:

> *Proposition 3: Personnel in BSC managed organization can relate the organization's critical success factors and strategic objectives with measures to their own work.*

Fourth important aspect the BSC philosophy is the different perspectives of strategy. The initial questions for top management in the introduction of the Balanced Scorecard (Kaplan & Norton 1992) were

- How Do We Look to Shareholders?
- How Do Customers See Us?

- What Must We Excel At?
- Can We Continue to Improve and Create Value?

These critical management questions became the strategic themes for the strategy map in later work of Kaplan and Norton. The four themes are visualised in the strategy map as perspectives: the Innovation and Growth perspective describes how the firm builds knowledge and supports renewal of its personnel, the Internal processes focuses on the excellence of functions, the Customer perspective evaluates the value of the firm for its customers in the operating markets, and finally the Financial perspective measures the value creation of the firm for its stockholders. As Bukh and Malmi (2005) conclude, BSC with the strategic themes and critical areas shown in a strategy map can be very useful as a basis for communicating the elements of the strategy. For a knowledge-intensive firm, the business success comes from the successful production, based the on possessed knowledge, into supplies for certain selected markets (Naumanen 2002). Key issue for management is to understand the whole operating environment: customers, technological developments and possibilities, internal efficiency, competition, and so. Therefore, in a KIF, there is strategic relevance in everyone's job as self-organization is typical and authority is often scattered in KIFs (Alvesson 2004).Based on the BSC literature, we can propose that in BSC managed organizations the strategic themes are linked to daily work and communicated with the workers. Workers should relate the strategic themes as meaningful part of their work and progress of work in these themes should be measured and/or controlled. Ideally the feedback loops would be built into the organization's daily practices.

Proposition 4 is as such:

Proposition 4: Strategic themes (financial, customer, internal processes, learning and growth) are linked to daily work and communicated with the workers.

Next, we discuss how these propositions are used as research tools in this study.

4 Research setting

By interviewing experienced knowledge workers, we seek answers to the question does BSC based management system make a difference to the communication of strategy between selected four firms. The research setting consists of two firms using the Balanced Scorecard and two non-using firms, all

operating in the Finnish ICT business field. The interviews were semi-structured and the questions were designed to reveal respondents actions and practices in her every day work situations related to strategically relevant issues. The interviews were made during winter 2006-2007.
The companies participating in the research were chosen based on their orientation towards the Balanced Scorecard. The companies were hand-picked by the researcher, and their involvement in the Balanced Scorecard was discussed beforehand with a senior officer in management position. The respondents for a firm were chosen according to the criteria set by the researcher in this same discussion with the officer ('snowball-sampling' technique). Main criteria for them were to have at least ten years working experience as an expert in the ICT field. In the next table the companies are shortly described.

	Company A	Company B	Company C	Company D
Size	Company size 60, concern over 100	Concern size near 1000 people	Concern size 65 people	Company size 30 people
Local team's size	10 people	30-40 people	30-40 people	30 people
Listing	Publicly listed concern	Publicly listed concern	Private concern	Private company
Business idea	Professional services for ICT companies	Professional ICT services	Professional ICT services	Professional ICT services
Business environment at time on interviews	In a change	Has been someway turbulent, now slowly growing	Has been turbulent, now slowly growing	Growing
Role of the BSC in the company according to management	Uses mostly on management level	Uses a lot on many levels	Is interested, says: has tried to introduce BSC, not using it	Is interested in BSC, not using it

Table 1: Studied companies.

The data gathered consists of 13 transcribed interviews (3-4 interviews per firm), lasting from an hour to 1.5 hours. The data was classified and analyzed thematically according to the propositions. Multiple classification and analysis cycles were made to gain coherence and to insure validity of the data.

5 Findings

In the following chapter, the findings are presented by propositions and some conclusive remarks for their support are made. We begin with the proposition 1.

Proposition 1: When a BSC based management system is used, the vision and the mission are communicated clearly in the company.

In Company A, the vision and mission are communicated in company written materials. The respondents report that they know the vision and can communicate it to outsiders if needed. More interestingly, all the respondents state the yearly company-wide meeting called the Strategy Day. Then the vision and as well the strategy are issues of development and communication with top management. The mission, however, is considered as an internalized idea of the company. As one interviewee put it:

> "[the mission] ...it's in our spine; there's a baseline for what our mission is and why we exist."

Company B's respondents also claim to know their company's vision, not word by word but rather by the meaning. As they all report the written material on vision exists (in the intranet, in the power point presentations) they also state the vision is a bit too abstract to remember word by word. It has also changed during the years. The commonly shared idea is that *"everyone should know [the vision]"*. The mission is not as clearly stated in the company's materials but respondents state that there is material on the mission as well. However, the mission seems to be less communicated and thus not clearly known.

One of Company C's respondent's claims to know the vision, two others say that, at the moment, they cannot specifically tell the vision. It seems as the definition of the vision is currently under the development and the current version of it is unknown. However, there has been company material on the vision according to one, the other respondent says she knows where to ask about the vision and the third says he doesn't know "enough" about the vision. Asked about the mission, it seems to be an internalized idea about the company's purpose for existing. A vague reference to some situations where the respondent has himself presented the mission is given by one interviewee.

A distinct difference is seen in Company D. It seems the vision is unknown, as only the interviewee who participates on the management board reports knowing the vision and continues to tell that it's written on the company's public website. Like some communication exists but it has not reached the internal audience. This contradicts another interviewee's story as he claims to have been asking about the vision and not getting any answers from the management. Shared communication about the mission is also lacking. Every respondent has their own idea of the company's raison-d'être.

The data supports Proposition 1 on some level. There is more communication of the vision reported in BSC-managed companies A and B than in non-BSC-managed companies C and D. What is more interesting, the respondents of A and B seem to be demanding a shared vision and mission – they have a more personal relation to these issues than respondents in C and D. The vision and mission are clearer issues of communication in those firms than in C and D. Next, we look at the proposition 2.

Proposition 2: There is rich communication about organizational goals in organizations using BSC. Especially financial and strategic goals are communicated to personnel.

Respondents in Company A report continuous and repeated communication on financial goals. However, due to the nature of their work, these goals are perceived less monetarily and more based on count and quality. The main channel is a weekly team meeting. Information on financials is reportedly delivered in various ways:

> "Superiors take care that we know where we are at [as a company]"
> "We follow the number of customer cases all the time. It's discussed weekly with measures by us."
> "There are team meetings once a week where all running issues are dealt with, sure we discuss the financials when it's time for that as well"

The team's own goals are perceived clearly as local goals and their linkage to main corporation's goals is mentioned by all respondents.

In Company B, the cycle of financial information communication is typically monthly. A member of the board visits the site every month in a staff meeting to tell about the company's status. The respondents give examples of situations where they gain knowledge of the company's economic developments. These are typically project meetings and local steering groups as there you also meet colleagues from other sites. These situations, however, are not the sources of official financial information. The local team's goals are seen to be linking back to the whole organizations goals. This hasn't always been the situation as one respondent describes:

> "Now that we are on a kind of a strategic map, we manage issues in our own area as stated in all official Group/Concern presentations. Through this, it is expected that we help the

> company grow and succeed according to company goals. So this is a good thing for our area."

Company B's concern communication is also mentioned with notions to quarterly reviews communicated by email or on the intranet. A notion hints that the company's financial success (or failure) can also be an issue of national media broadcast: *"if something major has happened, we certainly hear it from the media"*.

Company C's situation is interesting. There used to be a monthly staff meeting but no longer. Those who participate in management board meetings or project meetings believe they can get information on the company's economical state. There is clearly communication on financials via unofficial channels like the grapevine. Local goals seem to mirror the company's goal – that is to grow. No other goals for the company were mentioned.

Again, the respondents in Company D differ a lot in their answers. There is a group working on customer sites who has semi-regular staff meetings. Information on company financials is a subject once a year in the meetings. Other workers report ad hoc based communication on financials. One notes the company's CRM system as a source of financial information: "*I can always look into the CRM and see how we are doing*". However, there is no lack of the financial information. As one respondent puts it "*I can always ask if I want to know it*".

It is clear that in Company D there is no shared communication with the workers on company goals. As every respondent answered differentially when asked their perspective on the company's goals we could presume the goal setting process was in the beginning stages in the company.

When looking at the Proposition 2 the overall results show the goal communication is much more visible in companies A and B. The richness of communication differs especially when comparing A and C. As in companies C and D no official communication channels were mentioned besides the internal IT systems, there might be rich communication between peers or between some workers and the management. However the practises reported in the data from companies C and D show very little traditional, top-down management communication about the goals. For Proposition 2 this means that in BSC-managed companies the goal communication might be richer but at least it is done in a more top-down way.

Proposition 3: Personnel in BSC managed organization can relate the organization's critical success factors and strategic objectives with measures to their own work.

The overall discussion about the critical success factors of the company is clearly present Company A's every day practices. There is a sense of common sharing about the knowledge of company's success factors.

Also, everyone reports having financial objectives for one's own work in company A. Mostly objectives were numerical rather than financial. The objectives are discussed with colleagues and within the team as the discussion is also needed for task sharing and task management.

The objectives come from the concern management. The process of setting and adjusting the objectives was presented in all the interviews. At the local level, there is discussion and commentary on set objectives and thus, these comments are sent back to the concern management. Often the local comments get noted in the final objectives. There is also a yearly meeting for the whole company where strategic issues and visions for further work are discussed widely. There is thus a participation process to company's objective setting and lots of talk about the success factors. The whole process is based on scalar chain type channel but the amount of local discussion and perhaps between sites is perceived as a strong way of affecting the top management. Like many voices together can make a difference to objectives.

Company B's internal discussion about the objectives of work is very much action-oriented, like informal or even critical evaluation of company's development project or a state of a process. Workers recognize some shared success factors but the factors are rarely discussed as such. Everyone states having set financial objectives and other quite concrete objectives related to one's own work but influencing the set objectives is perceived as being difficult. A reason for this is that there are plenty of objectives to fulfil. Thus, with multiple working roles, it is hard for the expert to meet all the targets set for the projects, for the customer, for service quality, for internal processes, and for superior work. One reports it is hard to find time to fill the measures in to all computer systems. The inflation of measuring is clearly a risk in the company B.

Another distinct issue in Company B is the multiple situations where the meeting of targets are evaluated. Quarterly evaluations and annual or bi-annual superior-subordinate discussions are mentioned as examples. The discussions serve also as a validating vehicle for numerical measures based on various systems. However, the participation in deciding about the measures is seen as difficult and no direct channel for it exists.

The company's success factors in Company C are perhaps topics of unofficial lunch discussion with peers. There is no official discussion on critical success factors. The respondents seem to think everyone in the company shares the idea what the success factors are however, no sharing interaction officially exists.

The main indicator and a single measure for one's own work is the amount of billable customer working hours. There is a reward system build on this measure. Other objectives for one's own work are set by the expert himself. There is no communication about these other objectives as the management is the one responsible for having the discussion on the economical state of the company. An annual superior-subordinate discussion is held and there might be discussion on education needs etc. of the worker but this discussion also serves as a checkpoint for the billable hours measure and for any possible reward.

In Company D, the critical success factors are also an issue of non-communication. Factors are not as such a 'taboo' but perhaps the reason for non-communication lies in these comments from two different respondents:

> "[in company D] thinking is outsourced to some and the rest of staff is doing what they are doing"
> "I wonder how many of us need a mission statement or anything like that internally communicated"

Objectives for one's work come very directly from the customers in Company D. Interaction with the management about the objectives are best described as 'when needed'. If needed, it is easy to contact and discuss but if things are going well, there is no need for this.

Participation on a voluntary basis is also shown when talking about development initiatives in the company. There are some structures for development within the company but participation requires personal interest. The communication of objectives is thus mainly two-way communication with one's superior. This interaction is dialogue when the expert's job relates to development of new client work or new business opportunities. However, in more stable jobs this interaction is less frequent and based more on an ad hoc basis.

Proposition 3 is thus mainly supported, as based on the data it is obvious that in BSC-managed companies A and B the company's strategic objectives are more shared among workers. However, the respondents in C and D can articulate clearly their objectives as well. The distinction is that strategic objectives are perceived by knowledge worker in companies C and D something that has more importance for the worker himself than for the company.

Proposition 4: Strategic themes (financial, customer, internal processes, learning and growth) are linked to daily work and communicated with the workers

For Proposition 4 four different tables present the findings of communication on each strategic theme.

Company A	Team-based innovation and its dissemination via organizational networks. Discussions both with superior and one's own team about performance. Team shares individual learning experiences.
Company B	No visible channel for innovation dissemination, however innovations are developed for new services. Plenty of semi-official discussions where the workers performance is evaluated. Learning at work happens mostly in peer-to-peer interaction.
Company C	No visible channel for innovation dissemination. Learning is individual-driven, although some learning happens in peer-to-peer interaction.
Company D	So called brown-bag meetings to share work related innovations and new technologies. Participation in innovation is individual-driven. Learning at work happens in peer-to-peer interaction.

Table 2: Communication on the Learning and Growth theme

It is notable that the respondents in none of the companies reported any measures or objectives related to one's work on the Learning and Growth theme. Also, communication on this theme in all companies is based on peer-to-peer networks, although some official processes are mentioned in A (cross-company product development teams), B (development meetings), and D (the brown bag meeting a.k.a lunch with common discussion theme for development).

Company A	Some formal processes. Some formal shared guides and documentation for work.
Company B	There are formal processes, documentations and guidelines in the company. Process development is vast activity but participation in it requires personal interest.

	The superior's role is to know the communication channels of internal processes.
Company C	Some organizational routines. Little shared documentation, guiding comes from management or more experienced peers– they serve as examples of how-to-behave.
Company D	Few routines. Customer provides guidance and documentation for work. If not, those are up to the worker himself.

Table 3: Communication on the Internal Processes theme

There linkage of internal processes to daily work of knowledge worker varies a lot in this data. Some explanation give the concern size as in larger companies B and A there are clearly more mentions of shared guidelines and formal processes. However, the measures linked to these processes a invisible to the interviewed knowledge workers. Kaplan and Norton's initial question *What Must We Excel At(* in internal functions) is certainly not communicated with measures for the workers. Perhaps in company B this question is answered by action (respondents reported many ongoing process development initiatives) while in the other companies the question is left for the workers themselves to answer at.

Company A	Customer cases are discussed constantly. Market environment is monitored in collegial discussions.
Company B	Customer-based objectives can 'out rule' other objectives – worker concentrates on customer satisfaction first. No active market monitoring at worker-level.
Company C	Customer-work is single objective of one's work. No active market monitoring at worker-level.
Company D	Customer signals are quickly delivered to management. Market monitoring is part of someone's work, not everyone's.

Table 4: Communication on the Customer theme

Between the previous theme and this Customer theme there are significant differences in practises. In this data good customer relationships are the most meaningful objective for all the interviewed workers. The customer is part of everyone's job so everyone is also an expert on the theme. But only workers in A and B state some customer-based objectives with measures exist. Strategically, however, in none of these companies there are no cascading-up or other formal reporting processes on customer and market signals at the worker-level. Yet there are 'hidden rules' like in company D where the policy seems to be: You should inform the management about any market signal you've received.

Company A	Theme is a normal issue at work. Everyone knows one's contribution to figures.
Company B	Theme is active issue at work. Financial performance is near work with measures set for projects and customers.
Company C	Theme is invisible at company-level. Individually everyone knows exactly how much money or billable hours they make for the company.
Company D	Theme is quite invisible at company-level communication. Implicitly everyone knows 'the firm is about making money'.

Table 5: Communication on the Financial theme

It is apparent that in companies A and B there is internal communication on firm's financial situation and results. In both companies the respondents were able to state even some personal financial objectives that were measured. Most of all, they have a sense of how their own contribution would relate the company's figures.

As for companies C and D this relation was officially invisible as none of respondents reported regular communication on company's financials. Still, for the workers the relation of one's work to figures was straightforward. The concept of 'billable hours' was relevant for all in C and D although there were little communication on it.

6 Discussion

When we look at the organizational communication of financial objectives the data shows differences between the BSC-managed and non-BSC-managed companies. As the company size and listing can explain the visible role of concern communication, especially in B, still it does not explain the importance of team-based communication for A. The Balanced Scorecard ideology is visible in management communication practices especially for financial goals in both company A and B. There is still a significant difference in practises between A and B. Let's look at it in more detail as a rooting issue.

Nørreklit (2000) argues the hierarchical and top-down control and implementation procedure of the Balanced Scorecard does not provide enough support to rooting the strategic management system to managers or to employees. According to her, rooting is essential in successful implementation and the system implemented needs to be aligned to a company's own strategy formulation methods, even to be 'translated' to the language of management in that company. The system must also work as a backup tool for managerial decision-making. As there is a two-way communication process for the formulation of objectives in company A but not a such in B, the respondents in B claim that it's difficult to participate in objective-setting. In company B as the evaluation discussions happen mostly with ready-made objectives and after measuring, the respondents mention of discussions on the validity of measures. For top management, the feedback loop can thus be longer than in company A, where the rooting the objectives is done while setting them.

However, there is no trace of strategy rooting in companies C and D. The main question is: does a KIF need visible strategic management system or can the strategic management of a KIF rely solely on personal communication? The communicational climate is distinctively different between the companies C and D. With little communication, it can be hard to enhance the strategy guidance of a firm. Huebner, Varey and Wood (2008) state that strategy implementation should support personal communication by giving voice to decisions and opportunities for their legitimization. At least, strong unofficial communication and interaction is needed for proper strategy implementation. A similarity also is found for companies C and D . The proximity to management probably explains why some respondents seem to know better the company's goals. This proximity is present in this data in two ways: the worker himself being part of the management or having a close personal relationship with someone from the top. More close the management you get, the more you know.

The strong role of the customer in knowledge-intensive work (Alvesson 2004, Lovendahl 2005) is very well confirmed by this data also. For every interviewee the customer is the main source and substance of one's own work. Thus, we should not worry about the need for effective organizational communication processes in order to ensure that employees meet the needs of customers as Nelson, Brunetto, Farr-Wharton & Ramsay (2007) in their study on BSC for Australian SME's identified as a need for companies. The interviewed workers in this study will meet the customer's need undoubtedly. Nevertheless, it remains open whether with the BSC the company could gain better strategic position in its markets. As it is the workers who have close relations with customers, none of them reported measures or systematic practices for market monitoring as part of their work.

As an ideal, the modern corporation should be visualized as a mosaic of distinct communities of practice, whose bases of knowledge are relatively opaque to other communities within the organization (Heaton & Taylor 2002). There is a clear direction towards this ideal in company A, as there are clear descriptions of team communication and networking with teams and individuals in other sites. In the three other companies, there are clearly some problems in effective knowledge sharing, such as:

- In company B the location sets problems for participation in companywide development initiatives ("all development happens at the main office")
- In company C the lack of communication structures (rare ad hoc meetings between people working in different projects, no official management communication) hinder work-based learning possibilities
- In company D some the workers don't have opportunities to participate in development initiatives as they work in customer's sites and their linkage to company is weak.

Thus we could argue that innovation and learning from peers is fostered within proximity of colleagues. The role of explicit communication in fostering innovation and learning is problematic. Hoogervorst (2004) argues little is done with explicit organizational communication if the company's culture and behaviour do not support the wanted direction. Learning environments in KIFs are hardly built with the BSC only. At the same time, in the process of creation of measures for a BSC, the learning and growth perspective has been reported to be the most difficult one of the perspectives (Norton 2000; Toivanen 2001). There could be a linkage. As proper measures for learning and growth are often missed in organizations, so are the examples of well working implementations organizational communication that foster knowledge creation. Ideally these two issues should be contributing to each other.

In the light of this study the biggest difference between a BSC-managed company and a non-BSC-managed company is that, in non-BSC-managed companies the strategic guidance (communication on organizational goals and objectives) relies much on the activity of the knowledge worker himself. Thus Katz and Kahn's (1978) rule - the closer one gets to the centre of organization control and decision making, the greater is the emphasis on information exchange and transmittal – is perhaps often applied. The interviewees with access to management board meetings in C and D were overall more knowledgeable about the company's financials as well as about the vision or mission. The contrast to A and B was big: in those companies all the respondents said they know the vision.

The knowledge worker in his everyday work is confronted by situations of independent decision-making at the customer interface of the company. If the Balanced Scorecard is the main strategy communication vehicle for the company, a risk arises. As Lipe and Salterio (2002) conclude, an information overload caused by BSC can be counterproductive to decision making. This risk is present in this data. If there are too many measures for meeting them all like an interviewee claims in company B, how do we make sure the knowledge worker makes the decisions and takes the actions that are critical for the company? The management system used in a company becomes a repository and carrier of cognitive, regulative and normative dimensions of organizational culture (Busco, Riccaboni & Scapens, 2004). This risk of over-measuring must be noted when BSC in used for the strategic management of a KIF.

7 Limitations and conclusion

In this study, organizational communication is approached at the employee level. We are seeking the processes and practices of strategy communication in the studied firms by not only asking employees' own perceptions of communication but also asking about the practices they participate in. With this approach from micro to macro level (Fairhurst 2001), a holistic view on organizational communication in KIFs could be achieved.

A key conclusion of this study is that when managed with the BSC, the organizational strategy communication is visible. The Balanced Scorecard might be valuable tool for communication the vision and mission as making them more tangible. However, we did not study whether this communication has any impact on firm's success. Another important finding is that for the knowledge worker, the personal relations with customers are perhaps more important than the personal objectives set by the firm. This makes the overall communicational value of the Balanced Scorecard questionable. What is the meaning of shared vision or joint action if, at the end of the day, the workers are loyal only to a customer's demands?

The study is based on a qualitative analysis approach based on a limited amount of interviews. The method is based on assumption from the theory where the theory does not work as the tool of classification or to be tested in a simple manner, but rather it is a background against which the key concepts and findings are interpreted, with the help of subjects of the study (Alvesson & Deetz 2000). Thus the results reported are at best interpretative, and not to be generalized. Still, some conclusions as presented above and more of all, some ideas for further research can be built. The knowledge worker is yet a rare subject of study in the research of organizational strategy communication. Overall, with its limitations, this study adds to our understanding of the communication of strategy in knowledge-intensive work.

References

Alvesson M. 2004. Knowledge work and Knowledge-Intensive Firms. Oxford University Press, Oxford UK.

Alvesson M. & Deetz S. 2000. Doing Critical Management Research. Sage, London UK.

Angel, R. & Rampensad, H. 2005. Do scorecards add up? CAmagazine.com, May 2005 Print Edition.

Atkinson, H. 2006. Strategy implementation: a role for the balanced scorecard?, Management Decision, Vol. 44 No.: 10,1441 – 1460.

Balanced Scorecard Institute 2010. Available online [http://www.balancedscorecard.org]. Accessed 30th January 2011.

Barley, S.R. & Kunda, G. (1992). Design and Devotion: Surges of Rational and Normative Ideologies of Control in Managerial Discourse. Administrative Science Quarterly 37:3, 363-399.

Bible, L., Kerr, S. & Zanini, M. 2006. The balanced scorecard: here and back: from its beginnings as a performance measurement tool... Management Accounting Quarterly, (Summer), 18-23.

Bligh, M. C., Pearce, C.L. & Kohles, J.C. 2006. The importance of self- and shared leadership in team based knowledge work: A meso-level model of leadership dynamics. Journal of Managerial Psychology, Vol. 21 No. 4, 296 – 318.

Bukh, P.N. & Malmi,T. 2005. Re-examining theCause-and-Effect Principle of the Balanced Scorecard, in Accounting in Scandinavia - The Northern Lights, S. Jönnsson and J. Mouritsen, (Eds.), Liber and Copenhagen Business School Press, Copenhagen.

Busco C., Riccaboni A., Scapens R. W. 2000. Management Accounting Systems and Organizational Culture: An Institutional Framework and its Linkages and Processes of Change. Paper prepared for 2nd Workshops on Management Accounting Change, Oslo, Norway 11-14 May 2000.

Cobbold, I., Lawrie, G & Issa, K. 2004. Designing a strategic management system using the third-generation balanced scorecard. International Journal of Productivity and Performance Management, Vol. 53 No. 7, 624-633.

Cobbold, L., & Lawrie, G. 2002. The development of the balanced scorecard as a strategic management tool. Proceedings of PMA2002, Boston, 23-35.

Drucker, P.F. 1999. Knowledge-Worker Productivity: The Biggest Challenge. California Management Review, Vol. 41 No. 2., 79-94.

Fairhurst, G. T. 2001. Dualism in Leadership Research. in New Handbook of Organizational Communication. F. M. Jablin and L. Putnam (Eds.), 379-339. Sage, Thousand Oaks CA.

de Haas M. & Kleingeld A. 1999. Multilevel design of performance measurement systems: enhancing strategic dialogue throughout the organization. Management Accounting Research, 10, 233-261.

de Haas M. & Algera J. 2002. Demonstrating the effect of the strategic dialogue: participation in designing the management control system. Management Accounting Research, 13, 41–69.

Hamel G. & Prahalad C. K. 1994. Competing for the Future. Harvard Business School Press, Boston MA.

Heaton, L. & Taylor J. R. 2002. Knowledge management and professional work. A Communication Perspective on the Knowledge-Based Organization. Management Communication Quarterly, Vol. 16, No. 2, 210-236.

Henri, J. F. 2006. Management control systems and strategy: A resource-based perspective. Accounting, Organizations and Society, Vol. 31, 529–558.

Hoogervorst, J. 2004. Enterprise architecture: Enabling integration, agility and change. International Journal of Cooperative Information systems, Vol. 13 No. 3., 213-233.

Huebner, H., Varey, R. & Wood, L. 2008. The significance of communicating in enacting decisions. Journal of Communication Management, Vol. 12 No. 3, 204 – 223.

Inamdar N, Kaplan RS, & Bower M. Applying the balanced scorecard in healthcare provider organizations. Journal of Healthcare Management.Vol. 47, No. 3, 79-95.

Katz, D. & Kahn, R. L.1978. The social psychology of organizations. Wiley, New York.

Kaplan R. S. & Norton D. P. 1992. The Balanced Score Card. Measures that Drive Business Performance. Harvard Business Review, January-February, 71-79.

Kaplan, R. S. & Norton, D. P. 1996a. The Balanced Scorecard Translating Strategy in Action. Harvard Business School Press, Boston MA.

Kaplan, R. S. & Norton, D. P. 1996b. Using the Balanced Scorecard as a Strategic Management System. Harward Business Review, January-February,75-85.

Kaplan, R. S. & Norton, D. P, 2000. Having trouble with your strategy? Then map it. Harvard Business Review, September-October,167-176

Kaplan, R. S. & Norton, D. P. 2001. The strategy-focused organization: how balanced scorecard companies thrive in the new business environment. Harvard Business School Press, Boston MA.

Kaplan, R. S. & Norton, D. P. 2006. Alignment. Using the Balanced Scorecard to Create Corporate Synergies. Harvard Business School Press, Boston MA.

Kieser, A. 1998. ber die allmähliche Verfertigung der Organisation beim Reden, Organisieren als Kommunizieren. Industrielle Beziehungen, Vol. 5, No. 1., ,45-75.

Kieser, A. 2002. On Communication barriers between management science, consultancies and business organizations. In Critical consulting: new perspectives on the management advice industry. T. Clark and R. Fincham (Eds.), 206-227. Blackwell, Oxford UK.

Kirjavainen P. 2001. Strategic Learning in a Knowledge-intensive Organization. In Rethinking Strategy, eds. H.W. Volberda and T. Elfring, 172-190. Sage, London UK.

Lipe, M. G & Salterio, S. 2002. A note on the judgmental effects of the balanced scorecard's information organization. Accounting, Organizations and Society, Vol. 27, 531–540.

Littler K., Aisthorpe P., Hudson R. & Keasey K. 2000. A new approach to linking strategy formulation and strategy implementation: an example from the UK banking sector. International Journal of Information Management, 20 (2000), 411-428.

Loch, C. H. 2008. Mobilizing an R&D Organization Through Strategy Cascading. Research-Technology Management, Vol. 51, No. 5, 18-26.

Lowendahl, B. 2005. Strategic management of professional service firms (3rd ed.). Copenhagen Business School Press, Copenhagen, Denmark.

Malina M. A. & Selto F.H. 2001. Communicating and controlling strategy: an empirical study onf the effectiveness of the balanced scorecard. Journal of Management Accounting Research. Vol. 13. No. 1., 1-53.

Malmi, T. 2001. Balanced scorecards in Finnish companies: A research note. Management Accounting Research, Vol. 12, No. 2., 207-220.

McPhee, R. D & Poole, M.S. 2001. Organizational structures and configurations. in New Handbook of Organizational Communication. F. M. Jablin and L. Putnam (Eds.), 503-543. Sage, Thousand Oaks CA.

Naumanen, M. 2002. Nuorten teknologiayritysten menestystekijät. Sitra, Helsinki.

Neely, A. 2008. Does the balance scorecard work: an empirical investigation. RP 1/08, Cranfield University School of Management.

Nelson, S., Brunetto, Y., Farr-Wharton, R. & Ramsay, S. 2007. Organisational effectiveness of Australian fast growing small to medium-sized enterprises (SMEs), Management Decision, Vol. 45 Iss: 7, 1143 – 1162.

Niven, P. R. 2008. Balanced scorecard step-by-step for government and nonprofit agencies. 2nd edition. John Viley & Sons, Hoboken NJ.

Nonaka I. & Takeuchi H. 1996. The Knowledge-Creating Company. Oxford University Press, New York.

Nonaka I. 1994. A dynamic theory on organizational knowledge-creation. Organizational Science Vol. 5. No.1, 15-37.

Nørreklit H. 2000. The balance on the balanced scorecard— a critical analysis of some of its assumptions. Management Accounting Research 11, 65-88.

Nørreklit H. 2003. The Balanced Scorecard: what is the score? A rhetorical analysis of the Balanced Scorecard. Accounting, Organizations and Society 28, 591–619.

Norton, D.P. 2000. Beware: the unbalanced scorecard. Balanced Scorecard Report, Reprint #B0003E, Harvard Business School Publishing.

Näsi, J. & Aunola, M. 2002. Strategisen johtamisen teoria ja käytäntö. Metalliteollisuuden kustannus, Helsinki.

Oyon D., Mooraj S., Hostettler D. 1999. The Balanced Scorecard – a Necessary Good or an Unnecessary Evil? European Management Journal. Vol. 17, No. 5, 481–491.

Patton, J.R., 2007. Metrics for knowledge-based project organizations. SAM Advanced Management Journal, Vol. 72, No. 1., 33.

Pearce, C. L. 2004. The future of leadership: Combining vertical and shared leadership to transform knowledge work. Academy of Management Executive, Vol. 18, No. 1., 47–57.

Puiro J. 2001. Balanced Scorecard toiminnan seuraamisen ja ohjaamisen väline. Balanced Scorecard Seminar, Arthur Andersen. Helsinki 6.3.2001.

Stemsrudhagen, J. I. 2003. The structure of balanced scorecards: empirical evidence from Norway. Working Paper No. 24/03, Institute for Research in Economics and Business Administration, Bergen, Norway.

Sveiby, K. E. 1997. The new organizational wealth: managing & measuring knowledge-based assets. Berrett-Koehler Publishers, Emeryville CA.

Scarso E. & Bolisani, E. 2010. Knowledge-Based Strategies for Knowledge Intensive Business Services: a Multiple Case-study of Computer Service Companies. Electronic Journal of Knowledge Management, Vol. 8 No. 1, 151 – 160.

Toivanen J. 2001. Balanced Scorecardin implementointi ja käytön nykytila Suomessa. Lappeenrannan teknillinen korkeakoulu, Lappeenranta.

Tucker M. L., Meyer G. D. & Westerman J. W. 1996. Organizational communication: Development of Internal Strategic Competitve Advantage. The Journal of Business Communication, Vol. 33, No. 1, 51-69.

Un C. A. & Cuervo-Cazurra A. 2004. Strategies for Knowledge Creation in Firms. British Journal of Management, Vol.15, No. S1, 27–41.

Åkerberg, A. 1998. Meanings of relationships in knowledge-intensive work contexts. Dissertation. Publications of the Swedish School of Economics and Business Administration Nr 70.

Wortspiele als sprachliches Mittel der Werbewirksamkeit

Viktoria Umborg

1 Werbesprache und Slogan

Die Werbesprache ist eine „geplante öffentliche Kommunikation zum Zweck einer ökonomisch wirksamen Information, Persuasion und Entscheidungssteuerung“ (O.W. Haseloff zitiert nach Sowinski 1979:41). Die Sprache der Werbung kann als eine stark zweckbestimmte, ausschließlich auf Anwendung konzipierte Sonderform der sprachlichen Verwendung mit beschreibenden, anpreisenden und überredenden Funktionen charakterisiert werden (vgl. Sowinski 1979:89).

Hier wird nur ein Teilbereich der Werbeanzeigen – der Slogan – untersucht. Der Slogan hat den Zweck, neben der Identifizierung des Produkts einen Wiedererkennungswert zu schaffen und imagebildend zu wirken (vgl. Baumgart 1992: 42). Er soll also die Ware kennzeichnen, für sie werben und ihren Namen ins Gedächtnis einbrennen (vgl. B. Sowinski 1979:81). Durch sehr allgemeine, positive und oft unkonkrete Aussagen soll Slogan mit dem Produkt in Verbindung gebracht werden.

Der Mehrdeutigkeit in der Funktion entspricht die Vielfalt der sprachlichen Formen der Slogangestaltung. Erst durch die Sprache gelangt er zur Wirksamkeit, erreicht erhöhte Aufmerksamkeit und grösseren Erinnerungswert (B. Sowinski 1979:83). Diese Wirksamkeit entsteht aufgrund reicher Differenzierungsmöglichkeiten durch verschiedene Werbetechniken (Abkürzungen, Komposita, Satzverkürzungen u.a.) und Stilformen (Wiederholung, Metapher, Personifikation, Alliteration, Endreim, Antithese, Anspielung u.a.), nicht zuletzt durch Wortspiele (vgl. B. Sowinski 1979:33, 121).

Die Anwendung von Wortspielen ergibt sich aus dem gemeinsamen Zweck aller Werbetexte, mögliche Konsumenten für die Werbeobjekte zu interessieren und zum Kauf zu veranlassen (vgl. B. Sowinski 1979:121). Nach dem sogenannten AIDA-Modell (Attention, Interest, Desire, Action) werden die kommunikativen Mittel so miteinander verbunden, dass das Produkt beim potentiellen Kunden auf positive Resonanz stoßen soll, z.B. im Slogan *Lebensart - Lebenskunst - Lebenslust* wird die positive Botschaft durch die Wiederholung und Alliteration klanglich nahe stehender Begriffe verstärkt. Eine positive Wirkung kann auch durch andere rhetorischen Stilmittel erreicht werden, z.B. durch Wortspiele. Dank ihrer ungewohnten, originellen Wortform oder unerwartetem Sinn erfüllen sie oft nicht nur die Attraktivitätsfunktion, sondern auch die Teilfunktionen der Aufmerksamkeitserregung und der Erinnerungserleichterung (vgl. N.Janich 2010:130).

2 Definition des Begriffs „Wortspiel"

Das Wortspiel steht für einen speziellen, meistens humorvollen und geistreichen Umgang mit der Sprache. Da mit Hilfe von Witz und Humor die Attraktivität und Wirksamkeit der Werbung am ehesten erreicht werden kann, ist es verständlich, warum das Wortspiel ein verbreitetes sprachliches Mittel in Werbetexten ist. Bei der verbalen Verwirklichung des Komischen in Wortspielen herrscht der pragmatische Faktor vor, weil das Komische immer mit einem konkreten Effekt im kommunikativen Aspekt rechnet, es ist immer konkret gezielt, enthält Bewertung, hat einen hohen Erinnerungswert (vgl. N. Naer 2006:236) und enspricht damit den wesentlichen Zielen der Werbeslogans.

Absicht des Wortspiels in Werbeslogans ist es also, Aufmerksamkeit zu wecken, positive Einstellung zum Produkt hervorzurufen, und dazu zu helfen, dass die Werbung besser im Gedächtnis haftet (vgl. S. Lauber 2007).

Es gibt noch keine allgemeingültige Definition des Begriffs Wortspiel. Das Wortspiel wird oft mit der rhetorischen Figur Paronomasie gleichgesetzt, das heisst die Wortumbildung (oder Wortveränderungen) zur Erreichung eines Nebensinns, die auf einer Klangähnlichkeit beruht, z.B. *Eile mit Weile*. Dabei wird nur eine Seite des Wortspiels berücksichtigt, nämlich Zusammenstellung ähnlich lautender Wörter mit verschiedenem Sinn. So dient die Paronomasie häufig zur Formulierung von wohlklingenden eingängigen Wortpaaren, wie *„rastlos und ruhelos"* (S. Lauber 2007). Manchmal wird ein Wort durch ein anderes klanglich ähnliches Wort ersetzt, z.B. *Wir leben Autos* (Opel).

Der Begriff „Wortspiel" beruht aber nicht nur auf ähnlich klingenden Wörtern (Paronomasie), sondern auch auf Mehrdeutigkeit (bzw. Polysemie und Homonymie) sprachlicher Zeichen (vgl. B. Sowinski 1979, H.Glück 2000, S. Lauber 2007). Im Metzler Lexikon werden die Paronomasie und die Polysemie als Arten bzw. als Unterbegriffe des Wortspiels definiert (vgl. H. Glück 2000). Es werden auch die Homonymie und ihre Arten (Homographie, Homophonie und Paronymie) als die wichtigen Techniken für das Erzeugen des Wortspiels hervorgehoben (vgl. Nord 1999). Nach Meinung anderer Wissenschaftler ist der Unterschied in Polysemie und Homonymie für Wortspiele irrelevant, deshalb werden diese zwei Begriffe unter einem Begriff „Plurivalenz„ oder „Ambiguität“ aufgefasst (D.W. Halwachs 1994:76).

Als Wortspiele werden auch solche Spiele mit Wörtern verstanden, wenn gängige Wörter auf verborgene Bedeutungen untersucht werden und ihnen dann andere, aber grundsätzlich denkbare Bedeutungen zugeschrieben werden, hier handelt es sich um die sogennate Etymologie ad hoc, z.B. *McDonald's SMS - schnell mal sparen* (S =schnell, M=mal, S=sparen).

Einerseits, wird ein Wortspiel auf Grund der Veränderung der formativen Seite des Wortes (oder der Wendung) gebildet (Paronomasie), andererseits, auf Grund der semantischen Relationen zwischen den Wörtern (Polysemie und Homonymie). Diese Auffasung ähnelt sich der von H. Grassegger (1985:33) vorgeschlagenen Unterscheidung von Wortspielen in Sinnspiele und Klangspiele.

Zu Klangspielen zählt Grassegger phonetisch Gleiches und Ähnliches, Alliteration, Stab- und Endreime, etc., für deren sprachspielerischen Effekt im Gegensatz zum Sinnspiel die semantische Ebene irrelevant ist.

Sinnspiele dagegen beruhen auf wörtlicher Interpretation von Redewendungen und auf lexikalische Plurivalenz (Polysemie, Homonymie). Dazu gehören auch „diejenigen Fälle von (vollständiger, partieller und Quasi-) Homophonie, die semantisch akzentuiert sind.“ (H. Grassegger 1985:33, zitiert nach Halwachs 1994:72).

Das Wortspiel wird in dieser Untersuchung als eine rhetorische Figur, als Oberbegriff für verschiedene Änderungen in Formativ (Wortkörper) und/oder Semantik der sprachlichen Zeichen verstanden, die zum Zweck der Auffälligkeit, Einprägsamkeit und oft auch zu humoristischen Zwecken durchgeführt werden. Dank dieser Eigenschaften stellen Wortspiele ein wirksames sprachliches Mittel für Werbetexte dar.

In der wissenschaftlichen Literatur finden sich verschiedene Typologien von Wortspielen, hier wird ein Versuch unternommen, die Wortspiele erstens, nach der Art der eingesetzten rhetorischen Stilmittel, und zweitens, nach der Art der verwendeten sprachlichen Zeichen (Lexeme und feste Wortverbindungen) zu klassifizieren.

3 Wortspielarten

Es werden meistens nur drei Arten von Wortspielen betrachtet, die auf Paronomasie, Polysemie und Homonymie beruhen. Die Untersuchung hat gezeigt, dass den meisten Wortspielen (50 aus 64) neben diesen Hauptmitteln:

Paronomasie: *Fahren und sparen* (Energie);

Polysemie: *Wasser, wir wissen, wie`s läuft* (Energie);

Homonymie: *Wer bauen will muss bauen lesen* (Zeitschrift Bauen),

noch andere rhetorische Stilmittel zugrunde liegen, wie z.B. Wiederholung, Alliteration, Endreim, Parodoxon, Zeugma u.a. Es wurden dreizehn Varianten festgestellt, wie diese drei Hauptmittel in Verbindung mit anderen Stilmittel für das Erzeugen von Wortspielen verwendet werden. Ausserdem gibt es noch eine Mischform, bei der gleichzeitig Veränderungen in der Wortform und Wortbedeutung zu beobachten sind (*Lesen und leben lassen* - Buchhandlung). Darauf wird später eingegangen.

3.1 Paronomastische Wortspiele

Zunächst werden Wortspiele behandelt, die als Paronomasie bekannt sind und oft auch als Wortspiele im eigentlichen Sinne verstanden werden. Die Paronomasie verbindet Wörter miteinander, welche semantisch und etymologisch nicht zusammengehören, sich jedoch im Klang ähneln (vgl. H. Bussmann 1990:560). Das sind lautlich ähnliche Wörter mit demselben Grundbestand an Vokalen und Konsonanten. Meistens unterscheiden sie sich nur durch einen Vokal oder einen Konsonanten voneinander: *Jedes Gericht ein Gedicht*, *wer rastet, rostet.* Oft haben die sich ähnelnden Wörter gegensätzliche – zumindest unterschiedliche– Bedeutung (vgl. H.Glück 2000, S. Lauber 2007).

Aus verschiedenen Definitionen der Paronomasie (Meyers Konversations-Lexikon 1888, Metzler-Lexikon 2000, Lexikon der Sprachwissenschaft 1990 u.a.) geht hervor, dass es sich um eine heterogene Redefigur handelt, die sich noch in sieben Unterarten gliedern lässt:

1. Ähnlich lautende Wörter mit unterschiedlicher Bedeutung (26 Beispiele);
2. Kontamination bzw. Amalgamierung bzw. Kofferwort (2 Beispiele);
3. Ficura etymologica (3 Beispiele);
4. Polyptoton (1 Beispiel);
5. Allusion bzw. Anspielung auf eine Person, Örtlichkeit, Begebenheit oder Sitte;
6. Paronomastischer Intensitätsgenitiv (z.B.: *der König der Könige; das Buch der Bücher*);

7. Schüttelreime, bei denen in den Reimwörtern die Buchstaben oder Silben vertauscht werden (z.B.: *Auf den diesjährigen Bachfesten sangen leider nicht die Fachbesten.*).

Da die drei letzten Untergruppen der Paronomasie in untersuchten Wortspielen nicht vorkommen, werden sie hier nicht betrachtet. Auf die ersten vier Untergruppen der Paronomasie wird im folgenden ausführlicher eingegangen:

1. Die Grundlage für die erste Untergruppe sind zwei ähnlich lautende, aber der Bedeutung nach verschiedene Wörter : *Alle Welt wählt Wella; Actimel aktiviert Abwehrkräfte* (26 Beispiele).

Die erste Gruppe von paronomastischen Wortspielen lässt sich noch in fünf weitere Untergruppen gliedern. Bei etymologisch voneinander unabhängigen Wörtern beruht die Paronomasie auf:

a) der Klangidentität der Vokale bei leicht abweichendem Konsonantenbestand (vgl. S.Lauber 2007). (11 Beispiele) Der erste Fall setzt in der Regel die Übereinstimmung von zwei oder drei Basiskonsonanten voraus. Die dafür illustrativsten Beispiele sind:
CO2 senken – an die Zukunft denken → snk-dnk
Me het de Wernli eifac → *h gernli* → wnl-gnl
Kopfstützen schützen sttz-schtz
Nur der Narr, der krasser, trinkt in München Wasser! → krssr-wssr
Bei diesen Preisen muss man reisen → prs-rs

b) der unterschiedlichen Vokalisation von Wörtern mit gleichen (oder nahe verwandten) Konsonanten (S. Lauber 2007). Für diese Untergruppe wurden im untersuchten Korpus keine Beispiele gefunden.

c) dem Umtausch von Buchstaben oder Silben (Buchstaben- oder Silbendreher). Alle Beispiele dieser Untergruppe spielen auf das Produkt oder auf das Firmenlogo an. (4 Beispiele):
WC-Ente. Ente gut, alles gut: t→d statt Ende gut, alles gut.
Z Zurich Versicherung because change happenz: s→z statt happens

d) der Klagähnlichkeit der Wortsegmente. (5 Beispiele):
Alsfelder. Als wär`s ein Stück vom Glück;

Perwoll. Pflege für Wohlfühlmomente.

e) der Klangidentität der Wortsegmente (6 Beispiele):
Brilliante Brillen;
RWE geht voRWEg.

2. Kontamination bzw. Amalgamierung ist ein Kunstwort, das aus mindestens zwei Wortsegmenten besteht, die zu einem inhaltlich neuen Begriff verschmolzen sind (2 Beispiele): *Einfach geleenial!* (Katzenfutter) Aus der Vereinigung von zwei Wörtern „Gelee" und „genial" entstand das Kunstwort „geleenial". Diese Kontamination führt dazu, dass beide Wörter gleichzeitig ihre Bedeutungen realisieren und mit einem neuen Kunstwort werden gleichzeitig zwei Botschaften mitgeteilt: erstens, dass das Futter geleeformig ist und zweitens, dass das Produkt genial bzw. sehr gut ist. Oder die Kontamination von zwei Wörtern „Elefant" und „fantastisch" im Slogan einer Reisewerbung: *Nordthailand. Einfach elefantastisch!*
3. Figura etymologica (3 Beispiele), d.h. zwei Wörter von demselben Stamm, aber verschiedener Gattung, z. B. Adverb + Substantiv: *Wer zügig fahren will, fährt mit dem Zug* (Deutsche Bahn). Nach einer anderen engeren Definition ist das ein Verb verbunden mit einem stammverwandten Substantiv: *Wer bauen will muss Bauen lesen* (Zeitschrift „Bauen").
4. Der figura etymologica liegt sehr nah das rhetorische Stilmittel Polyptoton, d.h. die Wiederholung eines Wortes bzw. Wortstammes mit Abwandlung der Flexionsform (1 Beispiel):
Geschütz. Geschützter. G Data (Computer).

Die paronomastischen Wortspiele der ersten Gruppe sind besonders verbreitet: 26 Beispiele. Für die zweite Untergruppe wurde im untersuchten Korpus nur 2 Beispiele gefunden, für die dritte Untergruppe gibt es 3 Beispiele und für die vierte 1 Beispiel. Insgesamt wurden 32 Beispiele für paronomastische Wortspiele gefunden.

Bei der Paronomaise wird die Umdrehung bzw. die Abwandlung des Wortkörpers (Formativs) so durchgeführt, dass der primäre Wortkörper und seine Bedeutung noch erkennbar sind, z.B.: *Copyleft-* von *Copyright*. Es wurde fetsgestellt, dass der Wortkörper auf verschiedene Weise verändert werden kann:

a) durch die Bildung von Zusammensetzungen: *Mehr Ideen. Mehr Leistung. Mehrwert* (AVW Immobilien); *Österreich ist frei. Faltenfrei* (Kosmetik);
b) durch die Auflösung von Zusammensetzungen (bzw. Silbentrennung). Da man die Silbentrennung nicht hört, ergibt sich der spielerische Effekt nur in

der schriftlichen Version: *Dein Wohnzimmer ist keine Abstellkammer! Hier wirst du alles los. Kosten los* (Ebay Kleinanzeige);

c) durch die Ableitung (Derivation), es findet eine Umkategorisierung, d.h. ein Wortartenwechsel statt: *Heidelberger Leben. Lieber länger leben* (Versicherung);

d) durch leichte Veränderung der graphischen und lautlichen Gestalt durch die Buchstabenumstellung: *Wir leben Autos* (Opel) („leben" statt „lieben");

e) die Umstellung von Wörtern oder ihrer Bestandteile: *Tee trinken, statt abwarten* (von: Abwarten und Tee trinken).

f) gleichzeitige Benutzung von Zahlwörtern in Form von Zahlen und Wörtern: *Das Fahrradfachgeschäft im Wald4tel.* (4=Viertel); *4You Nicht für Jeden. Just for you.*

Wenn die Paronomasie die Nebeneinanderstellung von ähnlich lautenden Wörtern oder die Veränderung des Wortkörpers bedeutet, so beziehen sich die Polysemie und Homonymie auf die semantischen Veränderungen der sprachlichen Zeichen. Im weiteren werden sie ausführlicher betrachtet.

3.2 Polysemantische Wortspiele

Zuweilen beruhen Wortspiele auf Polysemie und Homonymie, die oft verallgemeinernd unter dem Begriff Mehrdeutigkeit, Ambiguität oder Plurivalenz von Wörtern vereinigt werden, da eine eindeutige Abgrenzung zwischen Polysemie und Homonymie nicht immer möglich ist.

Polysemie als Grundlage für Wortspiele trifft sich im untersuchten Korpus vierzehn Mal. In Wortspielen mit polysemen Begriffen wird meistens dasselbe Wort in konkreter und in übertragener Bedeutung (Amphibolie) verwendet (vgl. S. Lauber 2007).

Im Slogan „*Für lichte Momente*" der Firma *Artluce*, einem Leuchtenproduktionsunternehmen, werden gleichzeitig zwei Bedeutungen vom Adjektiv „licht" (1) „*lichterfüllt*" und (2) „*erleuchtet werden*" realisiert, das heisst, dass die Beleuchter nicht nur die Helligkeit geben, sondern auch Leute erleuchten bzw. auf gute Ideen bringen.

Der Slogan einer Baufirma: *Aaton. Der bessere Beton. Da gibt's nichts dran zu rütteln* enthält ein polysemes Lexem „rütteln". Es werden gleichzeitig eine übertragene Bedeutung „daran kann nichts geändert werden" und eine direkte Bedeutung des Lexems „rütteln" = etwas heftig hin und her bewegen, (im Kontext – „den Beton mischen") realisiert.

Auch das Wortspiel im Slogan *„Reizt Frauen, nicht die Haut“*, der für ein Deodorant wirbt, werden gleichzeitig zwei Bedeutungen des Verbes „reizen“ aktualisiert: 1. *etwas reizt etwas:* den Körper durch bestimmte Stoffe reizen, 2. *etwas reizt jmdn.*bzw.*verlockt jmdn.* Also das Deodorant reizt Frauen, weckt ihr Interesse und positive Erwartungen zu denen, die dieses Deodorant benutzen und dabei die Haut nicht reizt.

3.3 Homonymische Wortspiele

Homonyme Begriffe, also Wörter, die von verschiedenen Wurzeln abgeleitet sind und unterschiedliche Bedeutungen haben, aber gleich ausgesprochen (Homophonie) oder geschrieben (Homographie) werden, können wortspielerisch miteinander in Verbindung gebracht werden (S. Lauber 2007).

Dem Wortspiel im Slogan der Zeitung BILD: *Bild Dir Deine Meinung!* liegen zwei Homonyme zugrunde: a) Imperativ des Verbes „bilden“ und b) das Substantiv „Bild“, deren Bedeutungen gleichzeitig realisiert werden.

Auf der Homonymie des Adjektivs und des Verbs „billigen“ beruht das Wortspiel: *Alle wollen billigen Strom. Keiner will Atomstrom billigen.* (Bundesverband der Energie- und Wasserwirtschaft).

Es gibt auch solche Wortspiele, die Unterschiede nicht nur in Bedeutungen von homonymen Lexemen, sondern auch in ihren Formativen aufweisen, z.B. im Slogan *Gemüse aus Holland. Ganz Europa isst begeistert* (Holland Gemüse) beruht das Wortspiel auf der Homophonie der Verben „essen“ und „sein“ in der 3. Person Singular „isst“ = „ist“). Das trägt zur gleichzeitigen Aktualisierung von Bedeutungen beider Verben bei. Auf demselben Prinzip ist das folgende Wortspiel aufgebaut: *Kann man trotz Krise 500 Mio Euro in Forschung und Entwicklung stecken? MAN kann* (MAN Gruppe).

Sinnverwandt zur Homonymie ist die Paronymie, das ist die Eigenschaft eines Wortes, das morphologisch teilweise mit einem anderen übereinstimmt, aber eine andere Bedeutung hat. „Sind zwei ursprungsverschiedene Wörter gleichlautend, so nennt man dies eine Homonymie, sind sie nicht ganz gleichlautend, eine Paronymie.“ (F.Kluge, E.Seebold 2002). Ein Beispiel für Paronymie trifft sich im Slogan einer Bäckerei *Mit Laib und Seel',* in dem das Wort „Leib“ durch das nicht ganz gleichlautende Wort „Laib“ ersetzt wurde. Auf diese Weise spielt es auf den bekannten Spruch an und ruft im Bewussstsein die Bedeutungen von beiden Paronymen gleichzeitig hervor.

Statistisch gesehen sind die Wortspiele, die auf Polysemie und Homonymie beruhen, ebenso verbreitet wie die Paronomasie. Im untersuchten Korpus gibt es dafür auch 32 Beispiele. Einen Hinweis darauf, dass man für das Erzeugen von

Wortspielen noch verschiedene andere Stilmittel benötigt werden, findet sich auch bei anderen Forschern (z.B. B.Sowinski 1979, O.Nord 1999 u.a.).

Im weiteren werden Kombinationen von Paronomasie, Polysemie und Homonymie mit solchen rhetorischen Stilmitteln aufgeführt werden, die für das Erzeugen von Wortspielen benutzt werden.

3.4 Gemischte Formen von Wortspielen

3.4.1 Paronomastische Wortspiele in Kombination mit anderen rhetorischen Stilmitteln

Im untersuchten Korpus von paronomastischen Wortspielen (insgesamt 32 Beispiele) wurden alle Wortspiele nicht nur auf Grund der Paronomasie erzeugt, sondern es wurden gleichzeitig auch andere rhetorischen Stilmittel verwendet. Die verbreitesten Stilfiguren waren dabei Alliteration, Endreim und Homonymie (darunter Homophonie): entsprechend 14, 14 und 7 Beispiele. Seltener kommen als Hilfsmittel solche Stilfiguren wie Parodoxon und Klimax vor:

a) Paronomasie+Alliteration: *Wuppertaler Stadtwerke. Wir wuppen das.* (14 Beispiele);
b) Paronomasie+Endreim: *Genuss am Fluss* (Gastronomie); *Modelust, ganz preisbewusst* (Bekleidung). (14 Beispiele);
c) Paronomasie+Homonymie: *Mit Laib und Seel'.* (Bäckerei) (7 Beispiele);
d) Paronomasie+Parodoxon: *Unbegreiflich begreiflich* (Computer); *Expect the unexpected* (Discovery) (2 Beispiele);
e) Paronomasie +Alliteration+Klimax: *Geschützt. Geschützter.G Data* (Computer) (1 Beispiel);

3.4.2 Polysemantische Wortspiele in Kombination mit anderen rhetorischen Stilmitteln

Polysemantische Wortspiele im Gegenteil zu paronomastischen beruhen fast ausschliesslich auf der Polysemie und nur in wenigen Fällen (in 5 aus 14) benötigen zusätzliche Stilmittel, wie Alliteration, Metapher, Zeugma, Chiasmus und Parodoxon:

a) Polysemie + Alliteration: *Freie Bahn der Bahn!* (Deutsche Bahn) (1 Beispiel);

b) Polysemie+ Metapher (Personifizierung) +Vergleich: *Glas – eine ehrliche Haut* (Glasverpackung) (1 Beispiel);
c) Polysemie+Zeugma: *Reizt Frauen, nicht die Haut* (Deodorant) (1 Beispiel);
d) Polysemie+Chiasmus: *Mehr als nur Sicherheit – mit Sicherheit mehr Geld* (Versicherung) (1 Beispiel);
e) Polysemie+Parodoxon+Metapher: *100% vegetarisch, aber tierisch gut.* (McDonalds) (1 Beispiel).

3.4.3 Homonymiesche Wortspiele in Kombination mit anderen rhetorischen Stilmitteln:

In Wortspielen, die auf der Homonymie beruhen, werden andere rhetorischen Stilmittel ziemlich oft gebraucht, in 12 Beispielen aus 18, aber die Palette dieser Stilmittel ist nicht so breit wie bei paronomastischen Wortspielen. Das sind Paronomasie, Alliteration, Metapher und Klimax. In den meisten Wortspielen ist auch die Umwandlung des Formativs vorhanden:

a) Homonymie + Paronomasie+ Alliteration:
Aus gutem Grund Grundig. Heidelberger Leben. Lieber länger leben (Versicherung);
b) Homonymie + Paronomasie+ Alliteration+ Klimax: *Mehr Ideen. Mehr Leistung. Mehrwert;*
c) Homographie+Paronomasie+Personifikation: *Gemüse aus Holland. Ganz Europa isst begeistert.*

Daraus kann man schlussfolgern, dass in paronomastischen Wortspielen im Vergleich zu Wortspielen, die auf Polysemie und Homonymie beruhen, (fast) immer auch andere zusätzlichen Stilmittel verwendet werden.

4 Feste Wortverbindungen als Grundlage für Wortspiele

Wie von mehreren Forschern schon bestätigt wurde, werden für Wortspiele nicht nur Lexeme, sondern auch verschiedene feste Wortverbindungen verwendet (vgl. Nord 1999). Als Lexeme werden in dieser Arbeit im Unterschied zur Untersuchung von O. Nord, auch Komposita und Abkürzungen verstanden und unter festen Wortverbindungen - phraseologische Einheiten, Sprichwörter, Zitate, Gemeinplätze u.ä.

Gebrauch von verschiedenen festen Wortverbindungen verdoppelt gewissermaßen die Wirkungsmöglichkeit der Slogans. Hier geht es oft um die

Wiederaufnahme oder Abwandlung bekannter Zitate, Sprichwörter oder Redewendungen, z.B. der Spruch der Autorenner „*In unseren Adern fliesst Benzin*“ wurde in der Werbung für Farbe umgewandelt in: „*in unseren Adern fliesst Farbe*“; der Slogan einer Buchhandlung *Lesen und und leben lassen* ist die Anspielung auf den bekannten Spruch *Leben und leben lassen.* Derartige Zitatslogans profitieren vom erhöhten Erinnerungswert der Primärzitate und von der Wiederholung oder Abwandlung des Bekannten (vgl. B. Sowinski 1979:85). Also, fast ein Drittel von in dieser Arbeit untersuchten Wortspielen enthalten feste Wortverbindungen, deren Formativ und Semantik mit Hilfe von verschiedenen rhetorischen Stilmitteln und Techniken geändert und auf diese Weise zum Erzeugen der Wortspiele verwendet wurden. Alle festen Wortverbindungen im untersuchten Korpus drücken positive Emotionen aus (*ein Stück vom Glück, etwas hört sich gut an*), Anteilnahme (*Ohr für jemanden haben*) und Hilfsbereitschaft (*Berge versetzen, etwas zu Füssen legen*). Es wurden folgende rhetorische Mittel für die Umwandlung von festen Wortverbindungen zu Wortspielen herausgefunden:

Paronomasie: *WC-Ente. Ente gut, alles gut; mit Laib und Seel'.*
Polysemie: *Arthofer Betonsteine. Wir legen Ihnen Schönes zu Füßen.*
Alliteration: *Aus gutem Grund Grundig.*
Endreim: *Alsfelder. Als wär`s ein Stück vom Glück.*
Parodoxon: *100% vegetarisch, aber tierisch gut.*
Antithese: *Tee trinken, statt abwarten*
Anspielung/Allusion: *Alpine Klinik Davos. Wir versetzen Berge.*

Dabei wurden folgende Techniken für Modifikationen des Konstituentenbestandes vorgenommen:

Verkürzung: Freie Bahn [geben] *der Bahn!*; *Mit dem Ohr am Kunden* [sein];
Kontamination: *Wir bringen Farbe ins Spiel*= Farbe gewinnen (Ausdruckskraft bekommen) + etw. ins Spiel bringen (etw. zur Wirkung bringen)
Erweiterung (Ergänzung): *Hauptsache hautgesund* (statt „Hauptsache gesund“)
Ersetzen eines Wortes durch das andere: *Wir leben Autos* (Opel); *WC-Ente. Ente gut, alles gut.*

Durch solche Modifikationen wird auch oft der humoristische Effekt und dadurch die Wirksamkeit der Wortspiele in Slogans erreicht.

5 Zusammenfassung

Einerseits ist das Wortspiel ein stilistisches Mittel, das meistens in Kombination mit anderen stilistischen Mitteln benutzt wird, andererseits ist es eine sprachliche Einheit, die in Form eines Wortes, einer Syntagma, eines Satzes oder sogar eines Kurztextes existieren kann.

Es wurden folgende Gruppen von Wortspielen festgestellt:

a) Wortspiele mit ähnlich lautenden Lexemen (Paronomasie): *Brilliante Brillen.*
b) Wortspiele, die nur auf der Abwandlung der Semantik (Polysemie, Homonymie) beruhen: *Freie Bahn der Bahn!, Bild Dir Deine Meinung!*
c) Wortspiele mit der gleichzeitigen Abwandlung des Wortkörpers und der Semantik (Paronomasie und Homophonie): *Kann man trotz Krise 500 Mio Euro in Forschung und Entwicklung stecken? MAN kann* (MAN Gruppe)

Paronomasie, Polysemie und Homonymie werden oft in Kombination mit Alliteration, Endreim, Klimax, Chiasmus, Wiederholung, Vergleich, Metapher, Parodoxon, Zeugma und Antithese verwendet.

Man gelang zum Ergebniss, dass in allen paronomastischen Wortspielen zusätzlich noch andere rhetorische Hilfsmittel benutzt werden, das belegen alle 32 Beispiele. Dabei gibt es paronomastische Wortspiele, die nur auf der Umwandlung des Formativs beruhen und solche, bei denen gleichzeitig die Veränderung im Formativ und in der Semantik stattfindet: *Ganz Europa isst begeistert.* Das sind Wortspiele, die mit Hilfe von Paronomasie und Homophonie gebildet sind.

In homonymischen Wortspielen werden auch sehr oft noch andere Stilmittel benutzt, die sogenannten Mischformen aus Homonymie und anderen Mitteln betragen 13 Beispiele aus 18. Im Unterschied zu paronomastischen und homonymischen Wortspielen werden in Wortspielen, die auf der Polysemie beruhen, nur selten andere Stilmittel verwendet: in 5 aus 14 Beispielen.

Also die Wortspiele im engeren Sinne (Paronomasie und Homonymie) sind weniger verbreitet als die sogenannten Mischformen. Aus insgesamt 64 untersuchten Wortspielen stellen 50 Wortspiele die sogenannten Mischformen dar.

Feste Wortverbindungen als Grundlage für Wortspiele machen fast ein Drittel der untersuchten Wortspiele aus: 20 Beispiele aus 64. Die häufigsten rhetorischen Stilmittel beim Erzeugen von Wortspielen, die auf festen Wortverbindungen beruhen, sind fast dieselben, wie in übrigen Wortspielen; Paronomasie, Polysemie, Homophonie, Alliteration, Antithese, Endreim, Parodoxon und Allusion. Es wurden keine Beispiele mit Chiasmus und Zeugma gefunden.

Die dargestellten Ergebnisse der Analyse von Wortspielen in Werbeslogans beanspruchen keine Endgültigkeit, weil dafür noch weitere Untersuchungen der grösseren Korpora benötigt werden.

Literatur

Buβmann, Hadumod (1990): Lexikon der Sprachwissenschaft. Stuttgart: Alfred Kröner Verlag

Grassegger, Hans (1985): Sprachspiel und Übersetzung. Eine Studie anhand der Comic-Serie Asterix. Tübingen: Stauffenburg-Verlag

Glück, Helmut (Hrsg.) (2000): Metzler-Lexikon Sprache. Stuttgart: J. B. Metzler Verlag

Halwachs, Dieter Wolfgang (1994): Am Anfang war das Wortspiel http://www.uni-graz.at/ling2www_glm11_halwachs.pdf

Kluge, Friedrich/Seebold, Elmar (2002): Etymologisches Wörterbuch der deutschen Sprache. Berlin/ New York: de Gruyter

Lauber, Stephan (2007): Wortspiel. http://www.bibelwissenschaft.de/

Meyers Konversations-Lexikon, 1888 (http://peterhug.ch/lexikon/paronomasie)

Möckelmann, Jochen/Zander, Sönke (1970): Form und Funktion der Werbeslogans. Untersuchungen der Sprache und werbepsychologischen Methoden in den Slogans. Göppingen

Nord, Oliver (1999): Über die Funktion von Wortspielen in Werbeanzeigen: Untersuchungen zur Werbewirksamkeit von Wortspielen anhand eines Zeitschriftenkorpus. Heidelberg, Univ. Magisterarb.

Sowinski, Bernhard (1979): Werbeanzeigen und Werbesendungen. Analysen zur Sprache und Literatur. München: R.Oldembourg

II. Kommunikation mit Ansprechgruppen

Stakeholder Dialogue and Corporate Identity
A Study of the Presentation of Stakeholder Dialogue in German and Danish Corporate Communication

Anne Grethe Julius Pedersen

1 Introduction

Today, a significant element of the corporate identity[1] and values of many companies consists of their being open and dialogue orientated in relation to stakeholders[2] in the society to which they belong (cf. Morsing/Pruzan 2002: 273, Sandstrøm 2006: 16f., van Huijstee/Glasbergen 2008: 299). That this is the case is in many ways an absolute necessity if they are to navigate appropriately through a landscape in which they are met by a diversity of requirements and expectations concerning socially, environmentally and economically responsible behaviour (cf. section 2). However, openness and dialogue also involve the partial exposure of the internal structures and prioritisations of companies. In fact, these aspects may even to a certain degree be rendered open to negotiation and hence seem risky to some, even stopping them from engaging wholeheartedly in a stakeholder dialogue in some cases. Therefore it is the aim of this article to provide insight into the extent to which, and manner whereby, German and Danish companies present their dialogue with stakeholders. This will be achieved with the help of sample cases and related analyses of corporate communication. In short, although an examination of the way in which stakeholder dialogue is communicated does not necessarily reflect the way in which companies act out and integrate the stakeholder dialogue in their strategic

---

1 'Corporate identity' is hereby understood as "the self presentation of an organization, rooted in the behavior of individual organizational members, expressing the organizations' "sameness over time" or continuity, "distinctiveness", and "centrality". Whereas distinctiveness comprises features that differentiate the organisation from other organisations, centrality consists of features that are perceived as the essence of the organisation and that are spread over all organisational units"(van Riel 1997: 290f.).

2 'Stakeholders' hereby refers to "any group or individual who can affect or is affected by the achievement of the firm's objectives" (Freeman 1984: 25).

endeavours, it can still provide us with a pointer as to what significance the companies attribute to stakeholder dialogue. The present study was carried out based upon a series of requirements and expectations that recommend that companies, in addition to taking social responsibility, also enter into dialogue with relevant stakeholders such as investors, customers, employees, suppliers and authorities. Following on from this, the framework conditions of corporate communication include both the need to come across positively and the need to stand out amongst the competition. These conditions are thought to increase the companies' incentive to include social responsibility and stakeholder dialogue in their communication activities with a view to promoting their corporate identity and ensuring their position as good corporate citizens.

2 Increased Expectations regarding CSR and Stakeholder Dialogue

The increasing focus that is being brought to bear on the business behaviour of companies and their Corporate Social Responsibility (CSR)[3] can be understood as being the result of a number of different factors. In particular, the following three social tendencies seem to be worth mentioning in this context. Firstly, from a sociological perspective one can observe both a greater awareness of environmental, social and technological risks such as global warming, avian influenza (bird flu), nuclear power, genetic engineering, poverty and terrorism, and a shift in the contingencies available to politicians and companies when attempting to solve such global problems. For example, the reach of decisions made by large multinational corporations is often much greater than that of national governments (Beck et al. 1999, Beck 2003, Brock 2008). Unlike governments, such corporations are not limited by national boundaries – instead, they often act within a global market. As a result, they are increasingly expected to contribute to solving social problems, both locally and globally.

Secondly, confidence in the actors on the capital markets has weakened since the stock market crisis in 2001, which in turn has led to an increase in expectations that companies behave ethically correct. In the wake of the 1990s, which have been described as the decade of the stock-market (Giesel 2002: 4), the overheating of the stock market resulted in the undermining of confidence in the capital markets and related growth of scepticism. On a political level, tougher auditing regulations were introduced with a view to protecting the interests of

3 A sign of the increasing focus on CSR, Corporate Citizenship (CC) and Corporate Responsibility (CR) is the extensive selection of literature covering this area, e.g. Zsolnai 2002, Frederiksen et al. 2003, Vallentin 2003, Bassen et al. 2005, Deix 2005, Morsing et al. 2006, May et al. 2007, Wieland 2007, Backhaus-Maul et al. 2008 , Braun 2008 and Hiß 2009.

investors and in order to avoid additional financial scandals and bankruptcies. The 2002 American Sarbanes-Oxley Act (SOX)[4] is just one example of such initiatives. The SOX introduced a stringent set of new rules for financial practice and corporate governance that demand considerable resources to fulfill. The Danish statutory requirements on reporting CSR is a more recent example of political regulation. It aims to promote ethically correct behaviour and social responsibility. Since 2009, the largest Danish enterprises have had to take a position on CSR in their annual report and account for their actual work on CSR (www.csrgov.dk). In other words, the reporting of CSR and stakeholder relations constitute a central communicative task especially for corporations orientated towards the stock exchange, in relation to (re)creating stakeholder confidence and a positive image.

Thirdly, the development and diffusion of the internet and the increasingly comprehensive electronic communication methods, i.e. via social media such as Facebook, have led to an increase in public access to information regarding individual companies. For example, consumers and NGOs worldwide can secure information on specific companies via the internet. Not only information put forth by the company itself, but also that supplied by other, more critical, sources. A sharp watch is often kept on production methods and working conditions with the increasing effect that such critical appraisal leads to the organising of virtual ad-hoc communities (Castells 2010), which for example aim to boycott particular products and companies. Hence, public interest is on the increase in relation to sustainable, ethically and politically correct products and services, even if this interest is not always reflected in the actual purchases made by consumers. That this is the case, is more a reflection of the fact that price is often the deciding factor in the latter instance, at least in times of crisis.

As mentioned earlier in connection with the expectation that companies must demonstrate socially, environmentally and economically responsible behaviour, companies are also expected to enter into dialogue with their stakeholders. For example, both the German and the Danish Corporate Governance Codes include a passage on stakeholder dialogue. In the Danish Recommendations for Corporate Governance the following is stated:

> "The management of the company should operate and develop the company with due consideration of its stakeholders and to a reasonable extent engage in active dialogue with its stakeholders to develop and strengthen the company. Such dialogue may take place at investor meetings etc." (Committee on Corporate Governance's Recommendations for Corporate Governance of April 2010: 8).

4 More information can be found on the Sarbanes-Oxley-website: www.soxtoolkit.com and on www.sarbanes-oxley-forum.com

The German Corporate Governance Code describes the tasks and responsibilities of management boards in the following terms:

> "The Management Board is responsible for independently managing the enterprise in the interest of the enterprise, thus taking into account the interests of the shareholders, its employees and other stakeholders, with the objective of sustainable creation of value." (Government Commission German Corporate Governance Code 2010: 6).

In the European context for example, the European Commission highlights the important, yet voluntary, nature of stakeholder interaction and dialogue in terms of company CSR activities:

> "The European Commission's definition of CSR is: A concept whereby companies integrate social and environmental concerns in their business operations and in their interaction with their stakeholders on a voluntary basis" (European Commission – Enterprise and Industry).
> "Dialogue with stakeholders helps companies to anticipate and deal with social and environmental issues which may affect future competitiveness" (Commission of the European Communities 2006: 10).

On a global level, the leading organisation UN Global Compact[5] is an important advocate of stakeholder dialogue. This is clearly evident in the following excerpt from its website:

> "A culture of dialogue and learning is crucial to continuous performance improvement. From its inception, the Global Compact has fostered and promoted dialogue between business and other stakeholders around critical challenges, covering a diverse range of sustainability issues" (www.unglobalcompact.org).

Participating companies commit themselves to comply with 10 approved principles within human rights, labour, environment and anti-corruption, even though there are no official sanctions connected with the failure to live up to these principles. Since its foundation in the year 2000, it has reached a membership of 8,000 participants, including more than 5,300 businesses in 130 countries worldwide. This includes 215 participants from Denmark along with 199 participants from Germany.

As is evident above, interaction with diverse stakeholder groups is a critical element of the official understandings of sound company leadership, even if it is not qualified in detail, a fact to which I will return in section 3.4.

5 The UN Global Compact network presents itself in the following terms: "The United Nations Global Compact is a strategic policy initiative for businesses that are committed to aligning their operations and strategies with ten universally accepted principles in the areas of human rights, labour, environment, and anti-corruption" (www.unglobalcompact.org).

The way in which a company relates to, and harnesses, stakeholder dialogue depends upon the company's self-knowledge in relation to its stakeholders. Following on from this, I will discuss various approaches to stakeholders and dialogue with these from a company, i.e. management, perspective. Subsequently, these approaches will be implemented in the ensuing analysis.

3 Understanding Stakeholders and Dialogue

The relationship between a company and its stakeholders may be illustrated in a variety of ways. As shown in fig. 1, the traditional approach to depicting this relationship and a company's self-knowledge is to place the company at the centre of a diagram with its stakeholders distributed in a circle around it. The lines drawn between the individual stakeholders and the company in the centre illustrate the connection between them in terms of either interest or influence (i.e. in keeping with the definition of stakeholder forwarded by Freeman, cf. section 1). However, the diagram does not illustrate any kind of reciprocal relations between the various stakeholder groups. This is because the company is its focus point and as such it is not particularly interested in the relations and transactions that might be taking place amongst the various stakeholder groups.

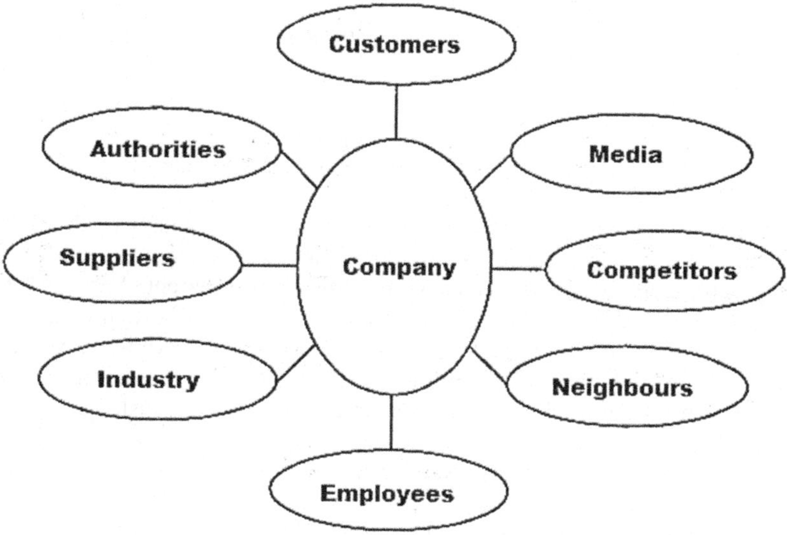

Figure 1: The traditional stakeholder model (Laljani et al. 2009: 33, translation AGJP).

In contrast to the traditional approach to stakeholders, which focuses upon the company itself, the company and its shareholders can also be viewed from a larger, and more equal, perspective whereby the company is merely one of a number of social actors as illustrated in fig. 2. Laljani et al. (2009) call this stakeholder model the sustainable stakeholder model, as it focuses on the reciprocal economic, social and environmental responsibilities that the various actors have towards each other.

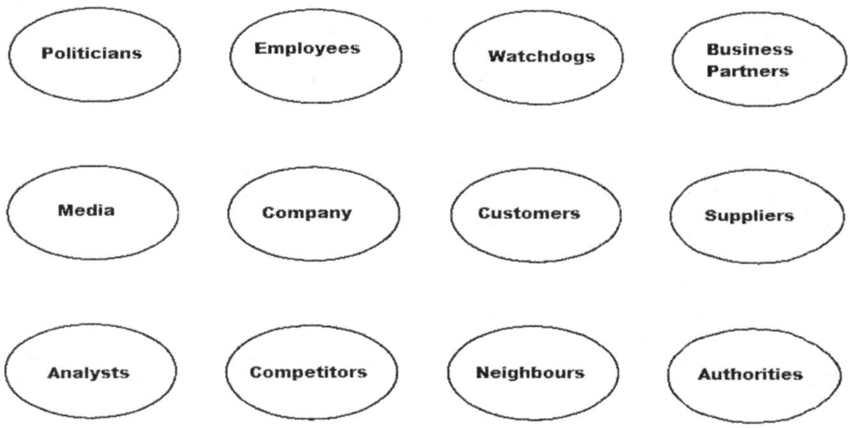

Figure 2: The sustainable stakeholder model (Laljani et al. 2009: 34, translation AGJP).

The notion of sustainable corporate communication (e.g. Laljani et al. 2009) is based upon seven principles or requirements that must be fulfilled by communication. It is thus expected to be ethical, transparent, based on fact, challenging, generating profit, consistent and original. In short, this approach aims at increasing the quality of corporate communication whilst reducing its quantity. Companies are to be more aware of, and loyal towards, their ethical guidelines and refrain from underhand operations, such as establishing fake grass root organisations or fictive letters to the editor, etc. They must keep to the facts regarding a product, production method etc. whilst retaining an open attitude in relation to the negative aspects hereof. From the perspective of both communicators and receivers, the purpose of challenging communication is to be innovative and to open the surrounding society's way of perceiving the world at large, even if this means going so far as to recommending the reduction of consumption. Meanwhile, communication is also supposed to aid the generation of profit on the part of the company. The difference here is that according to this approach profits are to result from the implementation of a sustainable growth concept, e.g. by promoting products with increased longevity, repair services, sustainable experiences and services. Finally, according to this approach, all communication must be in keeping with an overriding idea that is lived on a daily basis by the individual employees and, which sets the company apart from other companies.

In connection with the seven principles of sustainable communication, stakeholder dialogue plays a central role, both as input to and instrument in developing and communicating a sustainable corporate identity. However, the result hereof also depends to a large degree on how the company manages its stakeholder relations. The basic nature of three strategies within stakeholder management is described below. While one of the strategies will typically be seen to dominate within a given company, the combination of the various options is also possible.

3.1 Stakeholder Information Strategy

Stakeholder information strategy essentially builds on one-way communication from a company to its stakeholders. The company informs widely about its actions, decisions and plans for the future, without necessarily having a persuasive goal behind the information. The strategy builds upon the assumption that if one consistently provides enough information it will generate acceptance, sympathy and trust on the part of the receiver. While it is true that stakeholders are seen to be influential actors that could put up resistance against the company, it is also considered possible to avoid boycotts and other types of resistance merely by being informative. That this is the case is due to the company's conviction regarding its own moral integrity and relevance to society (Morsing/ Schultz 2006: 326f.).

3.2 Stakeholder Response Strategy

If the company follows the stakeholder response strategy, it will attempt to isolate and collect response from its stakeholders, e.g. in the form of questionnaires, market research and measurement of the degree to which communication has a positive effect on the surrounding world's understanding of and empathy towards the company. The goal, in this instance, is to influence public opinion and stakeholder attitudes to the advantage of the company. Thus, this may be described in terms of two way communication, even though communication between the various parties here takes place in the context of an asymmetrical balance of power. This is due to the fact that communication in this case is usually dictated by the company, even when originating from the stakeholders' response (Morsing/Schultz 2006: 327f.).

3.3 Stakeholder Involvement Strategy

The stakeholder involvement strategy is based on the inclusion of (key) stakeholders and dialogue between the company and its stakeholders. It may involve persuasion, but this can go both ways, as the company not only has to try to influence its stakeholders, it also has to be open to their influence. Here, stakeholders are invited to discuss and negotiate the concerns and practices of a given company, and as such they play a part in shaping the company's development. However, management must be selective when engaging with stakeholders, as it would be way too costly to enter into dialogue with all stakeholder groups (Morsing/Schultz 2006: 328f.). According to the sustainable communication approach, inclusion may be specifically directed towards a company's communication endeavours, i.e. interested parties are included in the planning, execution and evaluation phases with a view to increasing the likelihood of communication being successful (Laljani et al. 2009: 171).

3.4 Understanding Dialogue

In the same way that a given understanding of stakeholders in relation to a company is decisive, so too is the understanding of dialogue decisive in relation to a company's practical handling of its stakeholder dialogue. It is therefore quite remarkable that the reference to stakeholder dialogues in literature, recommendations and corporate communication tends not to specify what exactly is meant by a dialogue. This may of course reflect a desire to allow the individual actors to find the form that suits them best in a given situation and not be too rigid or potentially deterring in one's recommendations. However, it can give rise to problems if one does not give a precise account of one's concept of dialogue, in that the reciprocal expectations may not be sufficiently detailed between the various actors, giving rise to mutual confusion and frustration in the process. Therefore, in my opinion, if the recommendations regarding stakeholder dialogue are imprecise they may lead to the potential for a 'true' stakeholder dialogue not being used optimally and to the activity becoming merely a matter of form. Also, if the company itself fails to consider the matter in precise terms and thereby fails to render its concept of dialogue clear to its dialogue partner, this can lead to unnecessary misunderstandings and disappointed expectations.

Dialogue is a concept employed within many disciplines such as psychology, theology, organisation and management theory. As a result it is defined and employed in a number of different ways, for example as therapy or in facilitating the exchange of information. The concept of dialogue that is employed here stems from a Danish researcher and consultant specialising in organisational communication (Bloch-Poulsen 2006):

> "A dialogue is a joint exploratory conversation on a topic to which there is no pre-given answer; where knowledge and experience is shared; where one is prepared to question various hypotheses, both one's own and those of others; where all parties thrive due to the fact that they are equals in the setting at hand and therefore can broach otherwise sensitive subjects and reach a joint decision" (Bloch-Poulsen 2006: 9, translation AGJP).

According to this definition dialogue does not merely entail the transferral of information. Instead, a dialogue requires time, competency, open-mindedness, commitment, a sense of responsibility and willingness to engage in compromise and relations. Thus, it is a demanding and possibly idealised concept of dialogue, whereby the weaknesses of the involved parties may be exposed. Thus, the important thing is whether or not it is realistic to expect that all the criteria contained in this definition can be fulfilled in a conversation between the company and one or more stakeholders seeing as the balance of power between them is often asymmetrical. This is true for example, if the company feels under pressure to enter into dialogue with an environmental organisation following a crisis situation. In this case, the balance of power can be in favour of the stakeholder. Conversely, under normal circumstances the balance of power is in the company's favour, as at the end of the day it is up to the company to reach the final decision on a given matter, and to take full responsibility when answering to the board, owners and so forth. But regardless of the fact that the above definition probably describes an ideal situation, it still includes a number of the central and fundamental elements of a valuable dialogue, which could contribute to the creation and communication of a unique corporate identity – even when dialogue and communication is subject to the weighing up of openness and caution, not to mention secrecy.

4 The Presentation of Stakeholder Dialogue in Corporate Communication

The extent to, and manner in, which stakeholder dialogue is (re)presented in corporate communication is the focus of the ensuing study. The text corpus consists of annual reports from 2008 and 2009 (English versions) that are publicly accessible online, along with the corporate websites of five German[6] and five Danish[7] companies within the chemical industry. The fact that the chemical industry is subject to a greater degree of public interest than are other industries due to the nature of its production and products makes it a natural object of study. Because (many) chemical companies are constantly the target of criticism from watchdogs and other influential stakeholders who can potentially damage their image, it is assumed that they are more likely to enter into dialogue with their stakeholders and to recount these stakeholder dialogues.

Both the verbal and visual elements of the texts at hand are examined in terms of the following research questions:

1. To what extent is the stakeholder dialogue presented, and which types of information regarding stakeholder dialogue are or are not communicated in the respective texts?
2. How is stakeholder dialogue evaluated, linguistically speaking, in the various texts?
3. Which of the three above-mentioned approaches to stakeholders is expressed directly or indirectly in the texts at hand?

The answers to these questions will be found through the use of methods borrowed from text and discourse analysis and will subsequently provide us with insight into the way in which the companies at hand act communicatively in terms of stakeholder dialogue. The analysis is based on a linguistic framework that builds on a social constructivist approach and focuses on the (social) functions of language in use (cf. Halliday/Matthiessen 2004, Martin/White 2007).

4.1 The Extent and Types of Information

An initial indication of the extent of available information regarding stakeholder dialogue is provided by a quantitative study that corroborates the presence of the

6 BASF, Bayer, Evonik Industries, Henkel, Nanogate.
7 Auriga, Bavarian Nordic, Dyrup, Lundbeck, Novo Nordisk.

word 'dialogue' in all the annual reports and on all the corporate websites within the present study, while highlighting the fact that the companies vary greatly in comparison to one another (cf. figure 3).

The occurrence of the word dialogue varies greatly, from a single mention in Auriga 09 and Dyrup 09 respectively to 11 mentions in Novo Nordisk 09 and a grand-total of 41 mentions in BASF 09. Possible synonyms, such as meeting, conversation and contact are not included in the word count, since the connotations and associations that are connected to the word dialogue are not automatically connected to its synonyms.

Company	‚Dialogue' in AR 2008	‚Dialogue' in AR 2009	Stakeholder dialogue on website
BASF (G) www.basf.com	34	41	Yes
Bayer (G) www.bayer.com	3	3	Yes
Evonik (G) www.evonik.com	3	4	Yes
Henkel (G) www.henkel.com	3	6	Yes
Nanogate (G)www.nanogate.com	2	2	Yes
Auriga (DK) www.auriga.com	2	1	Yes
Bavarian Nordic (DK) www.bavarian-nordic.com	10	6	Yes
Dyrup (DK) www.dyrup.com	3	1	Yes
Lundbeck (DK) www.lundbeck.com	3	6	Yes
Novo Nordisk (DK) www.novonordisk.com	7	11	Yes

Figure 3: The number of times in which the word dialogue occurs in the German (G) and Danish (DK) annual reports (AR) from 2008 and 2009 and whether or not it is mentioned on the respective corporate websites (own source).

The varying frequency of the word in the annual reports may amongst other things be explained by the fact that BASF and Novo Nordisk have integrated their CSR communication within their annual reports. Some of the other companies, for example Henkel, have mentioned their stakeholder dialogue in their separate CSR-reports. However, separate CSR-reports are not included in the present study on the grounds that an annual report is a complete document that must be able to stand on its own without supplementary reports. Furthermore, the choice of an integrated or non-integrated means of reporting also says something about how a company prioritises and categorises its (CSR-) activities, i.e. integrated reporting suggests that CSR is a more integral part of the company's business activities.

The types of information that are noted regarding stakeholder dialogue in both the German and the Danish corporate communication consist primarily of information on the groups with whom they are in dialogue and the nature of the issues being discussed. Sometimes they also disclose details of when and where particular dialogues have taken place. The first dialogue partners to be mentioned are investors and financial analysts, employees and employee representatives. The next groups to be mentioned are customers and end-users, suppliers and other business partners, public authorities, politicians, journalists, neighbours, NGOs, scientists and the general public at large. Finally international dialogue forums such as the UN Global Compact and the World Economic Forum are also mentioned. It is worth noting that wording such as 'all relevant stakeholders', 'all our stakeholders' and 'and other stakeholders' are quite common, even though such inclusive and vague formulations are not particularly informative. For the most part dialogue partners are mentioned in generalised terms, i.e. in terms of the group to which they belong, which in turn is determined by their typical role in relation to the company at hand, e.g. employees, investors, neighbours. Stakeholder groups are rarely mentioned by name. Yet there are exceptions to the rule, such as BASF's reference to the German Federal Ministry for the Environment, Nature Conservation and Nuclear Safety (BASF 08: 41).

The dialogue topics discussed cover a vast subject matter ranging from new technologies, particularly issues regarding the benefits and risks involved in nano- and biotechnology, to climate changes, energy efficiency, chemical and environmental policy respectively and sustainability. While dialogues with actors on the capital market involve the highlighting of research findings, goals and strategies, dialogues with employees involve the discussion of topics such as workplace safety, further education, promotions, career options and corporate values.

However, one does not gain any indication as to what concrete results the dialogues have resulted in and what influence they have (had) on the decisions reached by management. BASF, Bayer and Novo Nordisk have proved to be exceptions to this rule as, without going into any details on the matter, their communication leads one to believe that their respective managements are open to influence,: "Our exchange with these stakeholder groups helps us to identify important issues and the ensuing opportunities and risks for BASF. The results of stakeholder dialogue are incorporated into our issue management for sustainability" (BASF 09: 29) and „when setting the target [for CO2 reduction], we shared internal data with WWF and had a very open dialogue. WWF challenged us to set the bar higher than we would have otherwise done" (Novo Nordisk 09: 33).

4.2 Linguistic Evaluation of Stakeholder Dialogue

In the following, the evaluative elements chosen by senders to (re)present and construct their dialogue with stakeholders will be addressed. This is achieved by examining the verbs, actors, adjectives, pronouns and rhetorical instruments they have chosen to employ. The verbs that are chosen are characterised by the fact that they describe actions that are considered to have positive connotations in a given company context, e.g. *involve*, *establish* and *participate*. In most instances the company itself is presented as the industrious actor, thereby creating the impression of an efficient, dynamic and committed company. In instances where the company acts as a player, it often does so in the form of the pronoun *we*, which on the one hand comes across in a more personal manner than when the company refers to itself by name and on the other hand signals its close affinity to the reader. Examples of this can be seen in the following: „we involve our employees in the dialogue on nanotechnology", „we have established a dialogue forum" (BASF 08: 41), „Bayer participates in the international dialogue" (Bayer 08: 102), "we constantly seek dialogue with our stakeholders at the local, regional and international level" (Henkel 09: 57). The linguistic choices represented in the examined texts closely resemble the linguistic choices evident in other texts, e.g. in Investor Relations Newsletters (cf. Pedersen 2008).

However, the language use employed in the Danish texts seems to differ in the sense that it contains a greater frequency of modifying verbs, such as *wish*, *hope*, *anticipate*. That this is the case is clear in the following examples: "Bavarian Nordic wishes to continue to develop its dialogue with the Company's shareholders, analysts, prospective investors and other stakeholders by providing open, honest and accessible information" (Bavarian Nordic 08: 23) and "we understand the need to be open about how we operate. I anticipate our engagement [*dialogue* in the Danish version] with stakeholders will intensify and hope this will increase understanding of what we are trying to accomplish" (Novo Nordisk 09: 8). While a lesser degree of certainty is hereby signalled in relation to what a dialogue can lead to, it also indicates an indirect acknowledgement of the mutual dependency that is inherent to dialogue.

The above examples also indicate that presuppositions are employed in both the German and Danish texts with a view to evaluating stakeholder dialogue in positive terms. They are also seen to be used in order to present stakeholder dialogue as an established element of the corporate governance and corporate culture of the respective companies. This is achieved through the frequent use of verbs such as *intensify*, *improve* and *continue to develop* along with adverbs such as *further, again* and *constantly* as demonstrated in the following examples: "to further improve and more tightly shape dialogue with our stakeholders" (www.bayer.com[8]) and "Dyrup continued the dialogue with its suppliers" (Dyrup 08: 19).

The choice of characterizing adjectives in both languages seems to have the following factors in common, i.e. emphasis on the regularity of dialogue activities and an attempt to define a given dialogue and associate it with a particularly (high) quality level, i.e. as a *good, open, close* and/or *intensive* dialogue. From a reader's perspective the latter evaluation seems problematic in that it is the manifestation of subjective evaluation on the part of one party and cannot therefore be considered completely valid in relation to the dialogue as a whole. Furthermore, the adjectives that are chosen are not particularly informative. By describing the dialogues as open, good, close and intensive, they also give off the impression that (their) dialogues can also be closed, bad, distant and/or extensive, an impression that does not fit in well with the concept of dialogue described in section 3.4.

All in all, the texts at hand create a picture of companies that are highly dialogue-orientated. That is, companies who rather than feeling forced into dialogue with their stakeholders, actually seek this dialogue proactively and willingly.

4.3 *Identified Stakeholder Strategies*

The strategies towards stakeholders and stakeholder dialogue described in section 3 above are reflected to varying degrees in the examined texts. While this is particularly true of the stakeholder information strategy, the stakeholder response strategy is also clearly evident in the texts. For example the companies write that they *inform* and *provide information*: "the Board of Management and Investor Relations department held over 400 one-to-one meetings in some 25 financial centers to provide information on current events in the Bayer Group" (Bayer 08: 20) and "we deploy a wide range of communication instruments in

8 http://www.nachhaltigkeit2009.bayer.de/de/bayer-im-dialog-mit-seinen-stakeholdern.aspx

order to meet the specific information requirements of our stakeholders" (Henkel 08: 57). Such formulations suggest the presence of an underlying assumption that stakeholders are (merely) interested in information. As concrete examples of investor dialogue one can mention *conferences*, *road shows* and *one-to-one meetings*. As a supplement to the verbal presentation of its stakeholder dialogue, BASF's annual report (09: 10f) includes a visual representation of dialogue orientation and stakeholder dialogue, i.e. a double page colour photograph of the BASF-group's management in dialogue with a group of employees. In the upper part of the photograph the eight top management members are shown standing alongside one another behind two press desks. While they are all wearing a white or light-blue shirt, none of them is wearing a jacket or tie. They are all smiling and standing in an open and accommodating pose facing the employees. However, since they are standing on a podium and thereby elevated in relation to their dialogue partners, their dialogue partners are (re)presented as not being on the same level as themselves (cf. the definition of dialogue included in section 3.4). Hence, the illustration may be interpreted as the expression of an informing approach on the part of BASF.

The clearest examples of the stakeholder response strategy are to be observed in the case of BASF, Evonik and Novo Nordisk. The fact that these companies have sent questionnaires to their employees (Evonik 09: 78) and readers (BASF 08: 2) is highlighted as being both positive and of value. The surveys are referred to in both cases as confirmation of the fact that what the company is doing is exactly what the respondents want it to do , e.g. compiling an integrated annual report. Similarly, Novo Nordisk refers to responsiveness and feedback as part of the company's accounting policies (Novo Nordisk 08: 119; 09: 93): „Stakeholder dialogue is an invaluable part of Novo Nordisk's efforts as a responsible business, and readers are encouraged to give their feedback". However it can be problematic if a company gives off the impression that the responses of all stakeholders are (equally) important. This is evident for example in the case of Auriga when they write: „We create results for our customers by being a sustainable and innovative world-class supplier of a broad range of quality crop protection products. Value creation shall match the best among peer companies to the benefit of all stakeholders" (Auriga 08: 4). The company hereby gives the impression that it is possible to create value that is of benefit to all stakeholders, without clarifying how this can be achieved. As higher prices are seldom in the interests of the customer it is also quite probable that the customers of this company will feel that their interests have not been taken into account if they read a little further on in the report, seeing as it is noted on the next page that the company was successful in effecting price increases on the market. This example, which is by no means unique, demonstrates clearly how it is impossible to please all stakeholders at once. Besides, the stakeholder response strategy has the added drawback that the desired response is not always readily attainable or clear. An example of this is the case of Nanogate (08: 11), where a frustrating disappointment with the (absent) response of the target audience group manifests itself in the following terms: „the pleasing development of the company, with a continual increase in the volume of its business activity, new projects and an expanded market presence with additional customers, is not reflected in the share price despite intensive financial communication" (Nanogate 08: 12).

The stakeholder involvement strategy is far less evident and expressed much more vaguely in the texts at hand. While the value of involving stakeholders is emphasised, the importance of actively cultivating stakeholder relations is depicted as something that is fundamentally anchored within corporate culture, as in the following example: "viable solutions for sustainability can only be developed through consultation and collaboration with all social groups" (Henkel 08: 57), "in order to assure society's acceptance of our business activities, we remain in constant exchange with relevant stakeholders" (BASF 08: 118) and "we know that social acceptance of business activities cannot be achieved without communication with stakeholders in transparent and open dialogue","it [the stakeholder dialogue] helps us to identify challenges" and "they [the stakeholders] help us to avoid risks" (www.bayer.com[9]). The cost-benefit value of stakeholder dialogue for the company is hereby indicated, perhaps with a view to demonstrating a true desire and/or to convincing skeptical investors of the fact that it is a good idea to spend resources on stakeholder dialogue.

In summary, it can be noted that the companies in the present study report their stakeholder dialogues to very different degrees. But the differences are not as great when one takes a closer look at the content of the various ways in which stakeholder dialogue is represented and the way in which it is formulated. In both cases, the texts in question lack concrete, company specific, details. Hence, the question to be answered is whether the representation of stakeholder dialogue is only geared to fulfilling the pre-given recommendations (cf. section 2) or whether it is also suitable as a means of communicating corporate identity, in order to achieve a positive image and stand out among competitors, or whether it is possible to achieve both goals.

9 http://www.sustainability2009.bayer.com/en/stakeholder-dialogue.aspx

5 Stakeholder dialogue as a differentiating parameter

It is clearly possible to see a difference if one compares the concept of dialogue described in section 3.4 with the descriptions of stakeholder dialogue presented in the examined texts. It is probably not always feasible to complete the relatively extensive and demanding (stakeholder) dialogue described in section 3.4 in practice. Yet it still seems that stakeholder dialogue holds a number of unexploited potentials both as a profile enhancing and as a differentiating parameter. A more specific and informative means of representation could be employed in order to communicate corporate identity and thereby contribute to differentiating the company from its competitors on both the commercial and capital markets. This is due to the fact that a 'true' dialogue is demanding in the sense that it requires courage and an open mind, whilst providing the chance to attain new knowledge and insight. A number of arguments speak in favour of a more detailed and concrete presentation:

- First of all the fact that stakeholders are company specific to some extent, i.e. different companies have different stakeholders depending upon their product(s), market position, site and other such factors. An example of this is the fact that patient associations belong amongst the stakeholders of pharmaceutical companies, but not usually amongst those of car manufacturers. Even more specific is the unique stakeholder status of employees, neighbours and investors in relation to the individual company. Dialogues with these groups must therefore lead to a diversity of processes, not to mention results that can be presented in more detailed terms than those presented in the texts treated in the present study.
- Secondly, it would probably be both interesting and relevant from an investor's point of view to know who the company is in dialogue with and what influence the respective dialogue partners can bring to bear on the activities of the company. It could also be relevant for other stakeholders to be familiar with the extent to which a stakeholder dialogue has led to changes in production methods or the choices made by management.
- Thirdly, a more concrete and detailed presentation of stakeholder dialogues would provide the reader with greater insight into the culture and personality of a given company. It would thereby be easier to form an image of the physical environment, atmosphere, tone (formal or informal) and the benefit of a stakeholder dialogue, if the dialogue setting was described more precisely and visualised.

- Fourthly, a more detailed presentation of stakeholder dialogue could strengthen the ability to evaluate the risks that are linked to the company's existence and activities. This is true, both when risks are to be evaluated within the company and when external stakeholders, such as investors, investment advisors, banks and journalists evaluate the company. For the most part the risks that are listed in the respective annual reports consist of financial risks. However, other risks, i.e. ones that may be considered non-financial at first sight, such as negative (press) coverage and consumer boycotts ought to be included in the evaluation. Furthermore, it may be possible to prevent and/or reduce precisely this type of risk through increased openness regarding stakeholder dialogues.

However it is worth noting that the degree of concretisation employed in narrating stakeholder dialogue will often be dependent upon the weighing up of secrecy regarding the internal conditions of a company against the need to differentiate itself from its competitors. What comes across as being the most reliable is probably experienced differently from reader to reader.

6 Concluding Remarks

The aim of this article was to provide insight into corporate communication on stakeholder dialogue and the use of this as a way of propagating corporate identity. The study has demonstrated that there is a big difference in the extent to which stakeholder dialogue is treated in the communication of various companies. Two companies in particular stand out from the rest in the selected body of texts, namely BASF and Novo Nordisk. This is due in part to their relatively extensive communication on stakeholder dialogue in their annual reports, and also to the fact that they express a stakeholder involvement approach in places. In addition, BASF has added a visual presentation of the stakeholder dialogue between management and employees in its 2009 annual report. The extended presentations of both BASF and Novo Nordisk may be linked to the fact that for them CSR and stakeholder dialogue comprise a more integrated element of their business. Particularly BASF and Bayer stand out in relation to the communication on stakeholder dialogue presented on the websites at hand. This is due to the fact that they have relatively informative subsites, dedicated specifically to their respective stakeholder dialogues. The communication activities of the remaining companies reflect a more traditional stakeholder approach, i.e. an approach whereby the company is at the centre and must both keep its stakeholders informed and incorporate the response of its stakeholders as an indicator of the direction its business activities must take and the success hereof. The study has not shown clear-cut differences between the communication of the German and Danish companies. However, it seems that the Danish companies have a greater tendency to employ modality and cautious expressions such as hope, wish and anticipate. All in all, the various presentations of stakeholder dialogue could be better, in that the selected information and wordings do not make it easy for the reader to differentiate between the corporate identities of the companies in question. It is for this reason precisely that the present author believes that an unexploited potential exists in the presentation of stakeholder dialogue for a more unique, specific and informative means of communicating corporate identity.

References

Backhaus-Maul, Holger/Biedermann, Christiane/Nährlich, Stefan/Polterauer, Judith (Hrsg.) (2008): Corporate Citizenship in Deutschland. Bilanz und Perspektiven, Wiesbaden: VS Verlag.

Bassen, Alexander/Jastram, Sarah/Meyer, Katrin (2005): Corporate Social Responsibility. Eine Begriffserläuterung. In: Zeitschrift für Wirtschafts- und Unternehmensethik 6. 2005. 231-236.

Beck, Ulrich/Hajer, Maarten A./Kesselring, Sven (Hrsg.) (1999): Der unscharfe Ort der Politik. Opladen: Leske und Budrich.

Beck, Ulrich (2003): World Risk Society. Cambridge: Polity Press.

Bloch-Poulsen, Jørgen (2006): Dialog – En Udfordring: Mellem Involvering og Demokratur i Organisationsudvikling. Aalborg: Aalborg Universitetsforlag.

Braun, Sebastian (2008): Gesellschaftliches Engagement von Unternehmen in Deutschland. In: Aus Politik und Zeitgeschichte 31. 2008. 6-14.

Brink, Alexander/Tiberius, Victor A. (Hrsg.): Ethisches Management. Grundlagen eines wert(e)-orientierten Führungskräfte-Kodex. Bern/Stuttgart/Wien: Haupt Verlag.

Brock, Ditmar (2008): Globalisierung. Wirtschaft – Politik – Kultur – Gesellschaft. Wiesbaden: VS Verlag für Sozialwissenschaften.

Castells, Manuel (2010): The Rise of the Network Society. 2nd ed. West Sussex. UK: Wiley-Blackwell.

Commission of the European Communities (2006): Implementing the Partnership for Growth and Jobs: Making Europe a Pole of Excellence on Corporate Social Responsibility, COM (2006) 136 final. Brussels. http://eur-lex.europa.eu/LexUriServ/LexUriServ.do?uri=COM:2006:0136:FIN:en:PDF.

Committee on Corporate Governance (2010): Recommendations on Corporate Governance. www.corporategovernance.dk.

Deix, Gerald (2005): Ethische Grundlagen von Unternehmenskommunikation und Stakeholderdialog, in: Brink/Tiberius (2005): 333-378.

Diegelmann, Michael/Giesel, Franz/Jugel, Stefan (2002) (Hrsg.): Moderne Investor Relations – Instrument der strategischen Unternehmensführung. Frankfurt/Main: Bankakademie Verlag GmbH.

European Commission – Enterprise and Industry, http://ec.europa.eu/enterprise/policies/sustainable-business/corporate-social-responsibility/index_en.htm.

Frederiksen, Jens/Honoré, Christian/Tost, Flemming (2003): Rapportering om bæredygtighed, Copenhagen: Børsen

Freeman, R. Edward (1984): Strategic Management. A Stakeholder Approach. Marshfield (MA): Pitman.

Giesel, Franz (2002): Investor Relations und Kapitalentscheidungen. In: Diegelmann et al. (2002): 1-20.

Government Commission German Corporate Governance Code (2010): German Corporate Governance Code, www.corporate-governance-code.de.

Halliday, Michael A.K./Matthiessen, Christian (2004): An Introduction to Functional Grammar. 3rd ed. London: Arnold.

Hiβ, Stefanie (2009): Corporate Social Responsibility – Innovation oder Tradition? Zum Wandel der gesellschaftlichen Verantwortung von Unternehmen in Deutschland. In: Zeitschrift für Wirtschafts- und Unternehmensethik 10. 287-303.

Laljani, Karen M./Ludvigsen, Lars (2009): Bæredygtig kommunikation. Copenhagen: Gyldendal Business.

Martin, J. R./ White, P.R.R. (2007): The Language of Evaluation – Appraisal in English. Basingstoke: Palgrave Macmillan.

May, Steven/Cheney, George/Roper, Juliet (eds.) (2007): The debate over corporate social responsibility. New York (NY): Oxford University Press.

Morsing, Mette/Pruzan, Peter (2002): Values-based Leadership. In: Zsolnai (Ed.) (2002): 259-293.

Morsing, Mette/Schultz, Majken (2006): Corporate social responsibility communication: stakeholder information, response and involvement strategies. In: Business Ethics: a European Review 15. 2006. 323-338.

Morsing, Mette/Thyssen, Christina (Eds.) (2003): Corporate Values and Responsibility – The Case of Denmark. Copenhagen: Samfundslitteratur.

Pedersen, Anne Grethe J. (2008): Investor Relations Newsletters. Funktion, Aufbau und Sprache. In: Siems et al. (Hrsg.) (2008): 371-385.

Sandstrøm, Lars (2006): Corporate branding. Et værktøj til strategisk kommunikation. 2. udg. Copenhagen: Samfundslitteratur

Siems, Florian U./Brandstätter, Manfred/Gölzner, Herbert (Hrsg.) (2008): Anspruchsgruppenorientierte Kommunikation. Neue Ansätze zu Kunden-, Mitarbeiter- und Unternehmenskommunikation. Wiesbaden: VS Verlag für Sozialwissenschaften.

Vallentin, Steen (2003): Socially Responsible Investing – Approaches and Perspectives. In: Morsing/Thyssen (2003): 257-267.

van Huijstee, Mariëtte/Glasbergen, Pieter (2008): The Practice of Stakeholder Dialogue between Multinationals and NGOs. In: Corporate Social Responsibility and Environmental Management 15. 2008. 298-310.

van Riel, Cees B. M. (1997): Research in Corporate Communication: An Overview of an Emerging Field. In: Management Communication Quarterly 11. 1997. 288-309.

Wieland, Josef (2007): Governanceethik und Diskursethik – ein zwangloser Diskurs. Marburg: Metropolis-Verlag.

Zsolnai, Laszlo (Ed.) (2002): Ethics in the Economy. Handbook of Business Ethics. Bern: Peter Lang.

Textual Analysis in the Crossroad of National and Corporate Culture

Christopher M. Schmidt

1 Introduction

During the last decades textual analysis has had a twofold problem to tackle. After years of trying to establish itself as an independent discipline with intrinsic methodological rules it has become very clear by now that the aim of establishing a universal text theory with a ubiquitous set of instruments for text analysis has failed to prove itself valid for analyses that go beyond genre border lines. Simultaneously globalisation not only of the corporate world but also of communicational networks as such has lead to a new interest in optimalising text production and dissemination in different markets and cultures. This has lead to a renewed interest in text based communication as well as analysis, now coming from outside the field of traditional text linguistics. The focus has now shifted towards optimalising text based communication in the intercultural realm, and not as much trying to establish criteria for textuality as was the chimerical aim of traditional text theory.

2 Overcoming the biases of textual analysis in the realm of corporate communication

It has become clear by now that focussing on the verbal dimension of text would not lead to answering the questions that social sciences outside the linguistic tradition of text theory as well as communication management in corporate communications put forward when they are dealing with text based communication – be it from a theoretical or practice based point of view. The once dominant 'logocentric' stance of textual analysis (Stöckl 2004) with its one-sided emphasis on the verbal dimension of textuality has proven to fail when meeting the challenges that the dynamic market communication in corporate life was facing, already long before the commercial inauguration of the internet (Kroeber-Riel/Esch 2004).

The one-sided emphasis of the verbal dimension of textuality found one of its most challenging alternatives in the works of Kress/van Leeuwen (2001). Understanding their axiomatic perspective of textual analysis as representing 'social semiotics', their focus of interest shifted from the verbal to the non-verbal dimension of texts. Their social semiotics claim to go far beyond text theory in the traditional sense as their realm of interest is expanded to all modes of societal artefacts, from written discourse to architecture, music, clothing etc. While putting the emphasis on the non-verbal dimension of human interaction, Kress/van Leeuwen put the semiotic focus on what they call the 'visual', attributing to it a prototypical text function. Verbal elements are set aside as they are considered to be ancillary text elements. Whereas traditional text analysis had a verbal bias, textual analysis in Kress/van Leeuwen (2001) is in its own way one-sided, shifting the bias to a non-verbal one while focussing on pictorial analysis.

At this point it has become clear that neither a bias on the verbal nor nonverbal dimension of communication can meet the domain of text based communication, seen from a functional perspective. In addition to that, the long-lived ideal of a ubiquitous text theory that would be able to embrace all modes of textuality while delivering ubiquitous tools for text analysis and production has to be revised into a text type oriented methodology of textual analysis. In the domain of today's corporate life this can only be done on an intercultural stance (Schmidt 2010), as both brand oriented aspects of corporate identity as well as national cultures of target groups mark the spectrum of today's so-called soft values of corporate management. Not only the concept of integrated corporate communication in economics (Bruhn 2003) but also the need for exploring optimal modes of text composition in the broadest sense in the area of communication management call for investigating further text specific aspects of communication. In the realm of business and corporate communication this can only be done by putting the focus on a holistic methodology that embraces not only verbal, para- and nonverbal dimensions of text but in addition integrates this methodology into an intercultural setting, asking both for the possible impacts that corporate or national cultures may have on text composition.[1]

On the basis of what has been said above it has become clear that text based communication as well as text research is a highly interdisciplinary field. At this point we arrive at a very crucial question: What relevance if any does textual analysis have for management in corporate communications? The answer is twofold, as it comprises both a principle aspect of corporate activity and a

1 Even other cultural dimensions are possible, e.g. branch cultures, but these will not be dealt with in this paper.

specific text (and communication) oriented aspect. Not only do culture related so-called soft facts of communication play a crucial role for corporate activities; intercultural research (Bolten 2007) has shown that corporate life can only be optimalised in combining so-called hard facts (e.g. production figures, working methods) with soft facts (e.g. culture-dependent aspects of the actors involved). This does have consequences for corporate communication tools, as the question of efficiency of communication is not linked only to the content aspects but in ever growing importance to the mode of presentation despite tendencies of globalisation. That again concerns textual composition as well as textual analysis.

In addition, the question of optimalising corporate activity is intrinsically linked to the intercultural stance as all communication activities (even of corporations) are embedded in textual traditions of different kinds and societies, be the latter naturally evolved national/regional cultures or multiculturally composed societies of corporate cultures. Doing research in the efficiency and adequacy of corporate communication can both shed light on how to optimalise communication in an international and intercultural spectrum as well as changing paradigms of text analysis and text theory that have proven not to be viable in today's world. Hence the interdisciplinary scope of this paper.

There is a growing interest in corporate life for establishing strong brands in the international area of globalising corporate activities. Especially global players are forced to establish strong brands as competition is no longer restricted to technical advances due to an ever growing similarity between exchangeable products. This puts a still growing stress on brand profiles as well as positioning strategies with a special impetus on communication tools. Those companies that try to position themselves as unique brands have to use both verbal and nonverbal modes of communication through established text types of different kinds. At the same time specific types of texts are products of specific traditions of text based communication in specific cultures. This puts corporate communication in a special kind of dilemma: if they want to address target groups in an optimal manner they will have to rely on established text types; but that again forces them to use established modes of text composition to a certain degree in order to maximise the acceptance with which target groups receive their tools. However, the more communication tools are developed according to national traditions the harder it can be to disseminate corporate identities in their uniquenesses through text based communication. In order to find a way out of this dilemma, we need more information about existing text strategies.

Before developing solutions for optimalising corporate identity strategies in text based communication, an analysis of ongoing practices in this area has to be undertaken. This is a wide project which cannot be completed in the context of this paper alone. Therefore this paper will rather concentrate on showing on what grounds text analysis with reference to corporate and national cultures can be undertaken, on the basis of an exemplary cross-cultural sample of texts.

3 Analytical tools for annual reports

Once the ideal of ubiquitous text criteria has been overthrown, the consequence is that textual studies will have to adhere to those criteria that are specific for the text type in question. As these cannot be criteria based on formal grounds from a constructivist point of view, these criteria will have to be based on interactive, functional grounds. With regard to annual reports, their function is far from one-dimensional in today's globalised markets. Corporate communication in the whole area of investor relations has changed dramatically since the last decades. This is both due to the global liberalisation of financial markets and the multitude of share holders because of digitalisation of the markets. The consequence is, that anyone can nowadays anywhere at anytime buy or sell stocks in real time through the internet. Especially since the Nineties the role of private investors has risen considerably which has had a big impact on corporate communications in the area of investor relations (Westermann 2004). That is why corporations today face a multitude of target groups for their communication management. One of the results in share holder policy is that companies cannot count on automatic share holder loyalty. The heterogeneous target groups result in more heterogeneous text functions in the case of annual reports in comparison to several decades ago. Not surprisingly Keller accounts for five main functions of annual reports nowadays. Annual reports will have to

- inform,
- convince,
- imprint an image,
- cultivate reader contacts, and
- entertain,

if they are to be successful communication tools (Keller 1999, quoted according to Bextermöller 2001). These five main text functions show that the annual report is a most complex and multifunctional text type. This is why the question has been raised if annual reports are rather representing a group of different texts rather than one main text (Nielsen/Ditlevsen 2008). Both the different text functions listed above and the fact that more and more companies divide their print versions of annual reports in two different volumes, where the non-obligatory parts together with the management report usually form one issue, and the financials are published as a separate issue, are an indication for the ongoing emergence of two different main texts of the annual report with respective consequences for modes of textual presentation. At the same time the significance of the non-obligatory parts has risen dramatically for promoting corporate identity strategies as well as building strong brands.

Because of the complex text functions that are prototypical for annual reports (see above), this paper treats the non-obligatory parts of the annual report as a holistic type of text where all modes of textuality play an equally significant role from a communicative perspective. That is why the verbal, para- and nonverbal dimensions are considered equally important in order to serve the above listed five functions.

One of the backlogs of research in textual analysis so far is the lack of generally accepted criteria for text analysis. This is due to the fact that so far there is no generally agreed concept of textuality (cf. Schmidt 2010). This means that the empirical instruments for text analysis will have to be established dependent on the epistemological grounds. As this paper investigates culture-dependent preconditions of textuality, the empirical tools will have to be converted out of the main communicative functions in question, which are listed above. The empirical tools in question are derived as prototypical tools, each out of one of the five functions above but they serve simultaneously on a more facultative basis also for one or more of the other four functions. As the empirical tools listed below are derived out of textual functions they represent functional tools. This is an important point as these tools are not considered to gather quantifiable results like statistics of formal textual features. These tools are considered to overcome formal text analysis that has marked linguistic text research for a longer period. Instead these tools can be used for systematic qualitative research that takes into account culturally dependent textual traditions. The empirical tools are as follows:

3.1 Explicit versus implicit discourse

This analytical tool results mainly out of the need for conveying fact-based information. With regard to annual reports it deals with the way a company is presenting its activities, achievements, core divisions, plans, projects etc. In particular, it examines the way of presenting positive and negative kinds of news about the company. In explicit discourse facts about the company can be given both verbally by stating them as such or nonverbally by depicting them through iconic pictures. In implicit discourse facts about the company tend to be presented verbally in an indirect way or nonverbally by using pictures which as such do not depict aspects or persons directly related to the company, but rather e.g. on a metaphorical basis relate to values attributed to the company.

3.2 Perspective of discourse

This tool deals with the focus of perspective used in explanations. It is a way of convincing the reader as it creates two opposite kinds of explanatory logics. Therefore it is especially relevant for the narrative parts of the report. From a discoursive point of view it examines in particular the role of the company as being the sender behind the text. This highlights the question in which way the company presents itself as initiator of described phenomena as market developments or interaction with target groups and their activity. Does the company present itself as initiator of these phenomena or rather as reacting on them once they emerge? Is the focus of the content presented laid on company specific issues and the way the company acts or rather on phenomena outside the company's own activites, marking as such external preconditions for company activities that result out of these preconditions? The former aspect will here be called the **endogene** and the latter aspect the **exogene** focus of perspective in the way a company is reporting. Endogene and exogene focus consider the role that the company is playing for the events described. In endogene reporting perspective phenomena described are seen as initiated by the company's own proactive activities. In exogene reporting tradition the company's activities are seen rather as a result out of market tendencies, where these tendencies have an impact on the company and its results. In endogene reporting the company is the initiator of results; in exogene reporting external market tendencies are described as influencing decisively company results.

3.3 Self referentiality

In order to be able to imprint an image (in the broadest sense) of the company in the reader's mind and by this means position the company cognitively, the text strategies employed need to decide in addition to the two above named tools, which instance of the company (CEO, factory worker, middle management, external groups, etc.) is addressing the reader. And additionally, is it always the case that a corporate representative is playing the role of the sender in the text-based discourse, or are we perhaps dealing with fictional text figures that are presenting the results as a third or neutral, anonymous party? This question is important because it includes consequences for the way in which the text refers to its text internal author and in this way highlights corporate instances or not.

3.4 Dialogicity

In order to cultivate reader contacs, it is crucial to establish and maintain a contact already on the discursive level, if the company wants to be credible in this functional respect. Dialogicity asks in which way – if any – the text interacts with the reader. Does the text use personal deictic forms or something else? In which way does the text use pictorial eye contact and is it obvious that the pictures use corporate representatives or ficticious persons for capturing the reader's attention?

3.5 Rationality/emotionality

The question of entertaining the reader, marking the fifth function listed above, deals mainly with aesthetics and textual design in the case of annual reports. This analytic tool asks for the verbal styles used, the question whether things are presented in a rather formal and factual way or for example by using rather metaphorically marked language. Concerning the nonverbal text dimension this tool examines if the text uses rather logic pictures (graphs, diagrams, statistical figures, etc.) or iconic pictures (photographs, drawn or visually stylised pictorial representations, etc.).

Intercultural research can gain of both methodological and applied knowledge by asking for the kind of interrelatedness that exists between different cognitive theories of ordering knowledge and experience. Since the works of Bartlett (1977) and Rumelhardt (1984) we know that humans use cognitive schemata as abstract orientations for dealing with knowledge.

From a methodological point of view both national and corporate cultures have a lot in common, as the same kind of knowledge based schemata that man uses for ordering knowledge and experience can be used differently in different cultural groups. These ordering principles have led to the hypothesis that the schemata which humans use (cf. semantic networks) serve as frames for gathering knowledge and ordering memory (Minsky 1974) in order to optimalise communication. By now there is no evidence that these frames would have universal shapes. Neither can they be merely culture specific as this would imply that intercultural conflicts as such could be prevented (once the relevant frames would be 'detected'). Rather, there are reasons to assume that the ordering principles that serve as frames for structuring information in the broadest sense are not separate from historically developed traditions in cultural groups. These ordering principles are seen as frames in this paper. Frames of this kind are relevant on a cognitive basis without the need to make them explicit as long as the social group in question (be it as a corporate or national group) has internalised the frames in question.

The aim of scientific analysis is then to search for regularities of frames in sets of texts as far as they are detectable in order to highlight the communicative function of the frames. Once this is done on a culture specific level (either with regard to corporate or national cultures) then useful information can be gathered for optimalising communication with that cultural group in question.

The research about frames has so far been very manifold, and a commonly agreed version of frames is still missing, although the relevance of frames as ordering instruments for communication is widely accepted (Konerding 1993, Crijns/Burgers 2006, Busse 2007, Ziem 2008, 2012). This means that the way frames are used has to be explained case dependant in relation to the empirical study in question. This paper asks specifically in which way narrative frames are used to compose texts under the perspective of the analytical tools presented above.

4 Interim results in a cross-cultural study

The aim of this analysis is not to give an overall picture of the textual strategies used in annual reports, as this would by far be too much for a paper contribution. Instead this paper tries to show in which way culture specific textual analysis can be carried out. These results give a first indication whether the textual strategies used can be considered as rather dependent on national or corporate frame strategies. This paper will concentrate on presenting first results of an ongoing larger survey.[2]

The empirical basis of the analysis are the non-obligatory parts, leaving out the management report and the financial review of the annual report. The corpus comprises a random sample of German and Finnish annual reports from different branches of the reported years 2006-2007. The parts analysed are the following ones as far as the companies in question use them:

2 The research of this paper is a part of the international research project Shaping Identities in European Annual reports, emerging out of the EUCO/EUKO cooperation (www.wirtschafts-kommunikation.net).

- cover
- visions
- short presentations of the company/past year/market
- foreword (letter to the shareholders)
- divisions
- corporate strategies

As this paper presents preliminary results, it will focus on the main qualitative aspects of the findings. The reports from the following companies are a part of the survey so far: the Finnish corpus comprises the companies Cargotec 2006, 2007 (cargo handling); Kone 2006 (elevator technology); UPM 2006 (paper and forestry); Fortum 2006, 2007 (energy); Finnair 2006, 2007 (air transport); Tietoenator 2007 (software technology); Kesko 2007 (whole sale). The German corpus comprises Lufthansa 2006, 2007 (air transport); Deutsche Telekom 2006, 2007 (telecommunication); Henkel 2006, 2007 (fast moving consumer goods); Metro Group 2007 (whole sale); Commerzbank 2007 (banking).

The results of this analysis represent an interim result that will be followed up by a larger corpus (c.f. Schmidt 2012 forthcoming). But so far certain distinctions can be made that pinpoint the relevance of national frames rather than corporate frames of the text type in question.

Results of the German corpus:

1. A claim or annual theme is signaled on the cover to announce the kind of discourse strategy employed in the report. For example Henkel uses in addition to its brand slogan *A Brand like a Friend* also a headline like "A world of Customers" on its cover page for the reported year 2007. The Cover phrase (either the headline or the brand slogan) is then highlighted in the visions and letters to the shareholders, generally by paraphrasing and expanding the main theme of the cover phrase.

2. The German reports analysed make use of vision texts, conveying company mission statements as well as announcing thematic aspects of the report in question, though on a quite abstract level. In this case the vision texts serve rather as abstracts which are then more concretised in detail in latter parts of the report (e.g. Lufthansa 2007, 1: "We want to assert our position and continue to grow as a leading network carrier with excellent quality and innovative service.").

3. In the different sections explicit discourse with detailed information both on a verbal and non-verbal level is used. Pictures serve mainly as iconic 'facts' presenting prototypically company products, company owned machines or the company's own employees.

4. Company related results are presented explicitly as such and highlighted both verbally and nonverbally (e.g. Commerzbank 2007, 7: "Impressive evidence for our success is the return on equity after taxes of 15,4 %, which is substantially higher than our target of at least 12 %. A number like this cannot just be taken for granted in today's environment.").

5. There is a clear dominance of endogenous focus of discourse in the German corpus, where the own company acts as proactive initiator of business results and thereby plays an active role in influencing market tendencies. References to the own company are made very explicitly, where the own company is in the center of developments described. This reporting focus is even maintained if the results are not as positive as expected: "In this environment the Lufthansa share could not maintain its previous level either and sank by 12.6 per cent, to close at EUR 18.22 on 31 December 2007. Nevertheless, an exceptional earnings performance, the successful integration of SWISS and a clear positioning in the discussion on consolidation meant that the Lufthansa share was able to outperform the sector considerably." (Lufthansa 2007, 25).

6. The dialogue with the reader is supported by a high degree of quotations from employees, which is reinforced by systematic use of first person plural when referring to the own company. Especially in the foreword (letter to the shareholders) the direct way of addressing the reader dominates ("you" or "dear reader") in addition to typographical handwritings in the headlines. This again is due to the fact that the German foreword is conceptualized as a letter, using prototypical formal letter styles.

7. Because of the abstract way of introducing corporate identity values in the visions and partly in the forewords, there is a high degree of interchangeability between the companies in this area which diminishes the possibility of positioning the corporate values as exclusive. Core terms in the visions' parts as 'optimise processes', 'increase profitability', 'success story', 'leading company', 'innovations', 'best possible…' etc. have a high degree of interchangeability. That makes it difficult to position the corporate identity

or the brand in question as something different from others in order to attract the interest of possible investor groups.

The results of the Finnish corpus:

1. No volume titles are used on the cover page, not even in the case when a company does not use claims for promoting brand slogans.

2. The text prior to the foreword presents the company in brief. It is not a vision text as in the German samples, but rather serves the function of being a short condensation of what the company does. It is highly fact oriented, e.g. Carcotec 2006, 0:

> "Cargotec is the world's leading provider of cargo handling solutions, with net sales amounting to EUR 2.6 billion in 2006. The company employs close to 9,000 people and has activities in approximately 160 countries. ... Cargotec's three global business areas, Hiab, Kalmar and MacGregor, are all market leaders in their field. Cargotec's class B shares are quoted on the Helsinki stock exchange.".

3. Pictures don't automatically depict persons or scenes from inside the company or its adjacent activities, but also a lot of 'fictional realities' (c.f. Mast 2002), showing rather *types* of situations or persons than actual ones. This is either made explicit by picture and text combinations (e.g. Kesko 2007), or presented implicitly (Tietoenator 2007) by omitting any reference to the company. Here the pictures have rather an abstract *type* function than a specific *token* function.

4. An extremely high degree of *exogenous* focus is predominant in the discourse: the own company is rather presented as a reactive entity to market developments than as a proactive part of it. The focus of narrative reporting lies on external aspects as different market developments (regional and global ones), not so much on the own role of the company as in the German corpus. Therefore references to the own company are made rather indirectly or more seldom in narrative parts, e.g. Finnair 2007, 5:

> "Sector challenges touch everyone. Air transport is a complex industry in which surprises can deeply affect demand and airlines' results. The sensitivity of flights to disruption has increased. The strong growth in passenger numbers during the upswing in demand has overstreched many airports.".

5. The direct dialogue with the reader is missing, especially in the foreword, which serves a different text function than in the German annual reporting

tradition. The Finnish foreword is not conceptualised as a letter but rather as a fact driven article, which has the main function of informing the reader and marks an own tradition of forewords in Finnish annual reports (cf. Schmidt 2002). Therefore quotations are rare and the text components are similar to those of news paper articles. The foreword is either characterized as "review" or "message" of the CEO.

6. Corporate identity values are rather indirectly conveyed than explicitly presented; in these cases pictures rather have the role of presenting 'stories told' than company facts.

5 Conclusions

The findings listed above pinpoint quite strong national traditions where text composition is marked by frames that are rather rooted in national cultures because of the overlapping occurrence of these textual frames in different branches. The interchangeability of the textual frames used in the same national group of the samples leave little space for agencies (or other actors involved in composing annual reports) to develop company specific ways of reporting in order to position a company in question as something special or unique – a prerequisite for attracting investors' interest and funds.

In addition the strong emphasis that the above described overlapping frames have, highlight the question whether annual reports are influenced much more by national text traditions than one would expect. Before drawing any general conclusions the findings above must be tested on a larger corpus. But the clear differences so far in the results of the analysis make it relevant to ask for possible national frames that can influence both composing and reading this text type. With regard to the corporate identity issue these findings pinpoint a special kind of dilemma: if annual reports want to be widely accepted by its readers, the need rises to match possible existing national frames. But these frames may vary internationally, which especially in globalised investor activities can be a problem. The analysis above has shown that one cannot assume the same discourse strategies (in company reporting) in other countries as in the own – even in the same type of text. The consequence of this is that efficient text discourse is not just a question of translating verbal parts of texts, which again poses big questions for text composition as both verbal and nonverbal parts should be adapted to target group frames of reception, if a company wants to optimalise its communication. The question of conveying corporate identity and thereby positioning specific corporate images will again be dependent on the way possible frames of reception are being used to highlight corporate values differently than other companies in order to meet own expectations of uniqueness.

References

Bartlett, Frederic C. (1977): Remembering: a study in experimental and social psychology. Cambridge: Cambridge University Press.

Bextermöller, Matthias (2001): Empirisch-linguistische Analyse des Geschäftsberichts. Dortmund: P. Ewers.

Bolten, Jürgen (2007): Einführung in die Interkulturelle Wirtschaftskommunikation. Göttingen: Vandenhoeck & Ruprecht. (UTB 2922).

Bruhn, Manfred (2003): Integrierte Unternehmens- und Markenkommunikation. Strategische Planung und operative Umsetzung. 3rd ed. Stuttgart: Schäffel-Poeschel.

Busse, Dietrich (2007): Linguistische Epistemologie – Zur Konvergenz von kognitiver und kulturwissenschaftlicher Semantik am Beispiel von Begriffsgeschichte, Diskursanalyse und Frame-Semantik. In: Kämper/ Eichinger (2007): 73-114.

Crijns, Rogier/Burgers, Christian (2006): Zur Differenzierung unterschiedlicher Elemente von Narrativen in gedruckter Werbung. In: Crijns/Burgers (2006): 69-94.

Crijns, Rogier/ Burgers, Christian (ed.) (2006): Werbestrategien in Theorie und Praxis. Tostedt: Attikon (= Beiträge zur Wirtschaftskommunikation 24).

Kämper, Heidrun/Eichinger, Ludwig M. (ed.) (2007): Sprache – Kognition – Kultur. Berlin/New York: de Gruyter.

Konerding, Klaus-Peter (1993): Frames und lexikalisches Bedeutungswissen. Untersuchungen zur linguistischen Grundlage einer Frametheorie und ihrer Anwendung in der Lexikographie. Tübingen: Niemeyer (= RGL 142).

Kress, Gunther/van Leeuwen, Theo (2001): Multimodal Discourse. The Modes and Media of Contemporary Communication. London: Arnold.

Kroeber-Riel, Werner/Esch, Franz-Rudolf (2004): Strategie und Technik der Werbung. Verhaltenswissenschaftliche Ansätze. 6th ed. Stuttgart: Kohlhammer.

Mast, Claudia (2002): Unternehmenskommunikation. Ein Leitfaden. Stuttgart: Lucius & Lucius (UTB 2308).

Minsky, Marvin (1974): A framework for representing knowledge. In: Artificial Intelligence Memo No. 306 M.I.T. Artificial Intelligence Laboratory.

Nielsen, Martin/Ditlevsen, Marianne Grove (2008): Ein Text ist ein Text ist ein Textkonglomerat – Zur Texthaftigkeit des Geschäftsberichts. In: Szurawitzki/ Schmidt (2008): 185-201.

Rumelhart, David E. (1984): Schemata and the cognitive system. In: Wyer/Srull (1984): 161-188.

Schmidt, Christopher M. (2002): Kognitive Modelle in der Öffentlichkeitsarbeit von Unternehmen im deutsch-finnischen Vergleich. In: Schmidt (2002): 97-117.

Schmidt, Christopher M. (ed.) (2002): Wirtschaftsalltag und Interkulturalität. Fachkommunikation als interdisziplinäre Herausforderung. Wiesbaden: DUV (= Europäische Kulturen in der Wirtschaftskommunikation).

Schmidt, Christopher M. (2010): Interdisziplinäre Implikationen eines dynamischen Textbegriffs. In: Kodikas/Code 33. 2010. 73-84.

Schmidt, Christopher M. (2012 forthcoming): Optimierte Zielgruppenansprache. Werbende Kommunikation im Spannungsfeld von Kulturen und Stakeholder-Interessen. Wiesbaden: Springer VS (= Europäische Kulturen in der Wirtschaftskommunikation).

Szurawitzki, Michael/Schmidt, Christopher M. (ed.) (2008): Interdisziplinäre Germanistik im Schnittpunkt der Kulturen. Festschrift für Dagmar Neuendorff zum 60. Geburtstag. Würzburg: Königshausen & Neumann.

Stöckl, Hartmut (2004): Die Sprache im Bild – Das Bild in der Sprache. Zur Verknüpfung von Sprache und Bild im massenmedialen Text. Konzepte, Theorien, Analysemethoden. Berlin/New York: de Gruyter (Linguistik - Impulse & Tendenzen 3)

Westermann, Arne (2004): Unternehmenskommunikation im Internet. Bestandsaufnahme und Analyse am Beispiel nationaler und internationaler Unternehmen. Berlin: Vistas (Öffentlichkeitsarbeit/Public relations und Kommunikationsmanagement 11).

Wyer, Robert S./Srull, Thomas K. (ed.) (1984): Handbook of social cognition. 1st vol. London: Lawrence Erlbaum.

Ziem, Alexander (2008): Frames und sprachliches Wissen. Kognitive Aspekte der semantischen Kompetenz.

Ziem, Alexander (2012): Werbekommunikation semantisch. In Janich, Nina (Hrsg.): Handbuch Werbekommunikation. Sprachwissenschaftliche und interdisziplinäre Zugänge. Tübingen: Narr/ Francke, 65-87.

Public Relations in Latvia at the Beginning of the 21st Century: Problems and Solutions

Baiba Ābelniece & Inga Pūre

1 Introduction

The understanding of public relations undergoes constant changes. If in the beginning public relations was understood more as media relationship, then now this awareness has become more comprehensive and complex.

Currently public relations is defined in different ways and in practice we can see different approaches to it. There are discussions, for instance, concerning relationship management, and also rhetorical, critical and other approaches. The authors of the present article represent the approach, which views public relations in the light of relationship management (Ledigham 2003). The article is based on the following definition of public relations given by Inga Pūre: "Public relations performs one of the management functions and is a planned, sustainable, continuous, and deliberately conducted process with an aim to create and maintain mutually understanding and supportive relations with internal and external public of an organization, realizing ethical many-sided two-direction communication that results in creating a positive image of the organization which in its turn promotes the growth of the enterprise competitiveness." (Pūre 2010a)

The definition indicates that the aim of public relations is to create and maintain mutually understanding and supportive relations with internal and external public. The result is a positive image of the organization. The tool for reaching this aim is an ethical many-sided two-way communication. Thus, the concept *communication* is narrower in this context than the concept *public relations.*

Ideally relations should be mutually understanding and supportive. In case relations have been created and effort is made to maintain them, the result is a positive image (reputation) of the organization which in its turn can further its competitiveness. It is not claimed that a positive image will definitely raise the competitiveness of the organization, it is influenced by several factors, and a positive image is only one of them.

The definition determines the following: it is essential to define its public working in the public relations field. They include both the internal public of an organization (shareholders, board members, employees, internal clients (e.g. of universities) and others) and their external public (central and local government representatives, cooperation partners, competitors, mass media, clients, local inhabitants and others).

In Latvia public relations is conceived in various ways and this leads to its various implementation. The authors of the present article attempt to clarify why the comprehension of the concept is so variegated, what reasons for this are and what problems it creates.

To find answers to these questions, 29 public relations practitioners and university teachers were interviewed. The interviews were held individually during 2010, each lasting for 60 to 120 minutes. The respondents were asked to characterize the performance of public relations in their respective organizations. The questionnaires were distributed via the Internet and 49 of them were responded to. If we take the number of the members of the Latvian Association for Public Relations Professionals (which is 70) as an indicator, the number of responses can be assessed as acceptable. The data analysis and the results are described in the paragraphs below.

2 Diversity in understanding the term *public relations* in Latvia

Practising public relations has a very short history in Latvia and therefore there is a lack of understanding what the concept *public relations* means. More often public relations is considered to be an element of marketing or is closely linked with propaganda.

2.1 Public relations as a management function and as a marketing support function

Relations between public relations and marketing have been the topic of discussion for several decades. The discussions have been oscillating between two viewpoints, namely whether the role of public relations is to support marketing or whether its role covers a much wider area.

Among the first to study the possible relationship models between public relations and marketing were USA marketing professors Philip Kotler and William Mindak. In 1978 in the *Journal of Marketing* they named five possible relationship models between public relations and marketing: independent equal functions; equal duplicating functions; marketing as a dominating function; public relations as a dominating function; marketing and public relations as one and the same function. (Kotler, Mindak 1978: 17)

Especially loud discussions in the circles of researchers and practitioners began in 1992 when the report of the major USA project *Excellence Study* was published. This was the most voluminous project ever carried out in the field of public relations. The basic principles of the *Excellence* theory developed as a result of the research are as follows: the communication of an organization is to be integrated and public relations should be a distinctive management function, separated from other management functions. (Grunig 2002: 265)

The authors of the present article consider that organizations that want to reach their aims must carry out both public relations and marketing functions. Each of these functions has their own, but mutually increasing aims, an essential role in the existence and development of an organization, and in establishing and maintaining relations with target audiences. Ideally organizations should equally focus on both public relations and marketing.

The emergence of such new concepts like *integrated marketing communications* and *integrated communications* create confusion. There are discussions about the new concepts – whether they replace the old ones and whether public relations and marketing are replaced with integrated (marketing) communications. It is also argued over what coordinates the integrated communication processes – public relations or marketing etc. (Hallahan 2007: 209-310) The authors of the present article have the opinion that in order to realize successful communication and maintain good relations with the public in any organization, senior management jointly with public relations and marketing managers should create a unified strategy of integrated communication.

In spite of the fact that there are divergent views on the interrelations between public relations and marketing, diverse relationship models are being practised and public relations are recognized as one of the functions of management, a great part of Latvian organization managers and public relations practitioners are in the firm belief that public relations is to be used only as a support function for marketing activities or, even if a separate public relations structural unit is formed, they do not give it a strategic role or do not allow it to work at the management level.

It has been proved by the facts obtained in the interviews with Latvian public relations academics and practitioners and the results of the survey conducted by the authors of the present article.

So, for example, the respondent, associated professor of University of Latvia Ojars Skudra points out that the question about which of the relationship models between public relations and marketing is to be met in Latvia, is worth studying.

But he also thinks that Latvian "business companies are dominated by marketing – public relations is subordinated to marketing." The associated professor considers that if public relations does not have a strategic role in a company, either the public relations practitioners " are not professionally able to give advice or the management due to their level of qualification is not able to appreciate the contribution made by public relations".

Also the respondent Rita Voronkova, a long-time public relations practitioner, says that organization management considers public relations mostly as a marketing support function and makes a mistake of viewing public relations as an element of marketing. In many companies public relations is subordinated to marketing and is not close to the board.

It is not only organization managers who consider public relations to be solely a marketing support function. Sometimes public relations practitioners themselves do not assign public relations a strategic role. For example, the viewpoint of the respondent, chairman of the public relations agency *Hill & Knowlton Latvia* board Ralf Vilands is categorical. He considers that "public relations is one of the marketing branches and nothing else." The remark that theoreticians have diversified opinions about the relationship models between public relations and marketing received Ralf Vilands' retort, "They are old, raving notions, which absolutely do not comply with the modern point of view!" The respondent, long-time public relations practitioner Jurgis Liepnieks is of the same opinion. He considers that public relations is an element of marketing and "there can not be any discussion about it."

Quantitative data also revealed very blurred borderlines between public relations and marketing. 67.8% of respondents of the survey indicated that public relations partially fulfil marketing functions, 10.2% mentioned personnel management functions, and 10.2% - customer management functions. The question whether public relations is a marketing function received a positive answer from 74% of respondents. The following question whether marketing and public relations are one and the same was answered in the negative by 76% of respondents. These results confirm that public relations and marketing are very closely related and there is also a lack of understanding of the difference between them. Observations of the authors of the present article suggest that when the functions of public relations and marketing are merged, neither is fulfilled to the full. Mostly the activity is confined to ensure public relations and marketing communication.

Respondents also remarked that public relations practitioners are assigned tasks, which other members of the organization do not want to undertake. This proves that in Latvia there is still lack of understanding of the essence of public relations which is explained by the fact that the profession is new and badly known in Latvia so far.

In order public relations could operate as a management function, it is to be assigned a strategic role and work in direct cooperation with senior management. Only 36.7% of respondents of the survey acknowledged that public relations can affect an organization's strategy, 30.6% said they could not do it, and 26.5% believed they could partly influence strategy building. At the same time 90% of respondents admitted that public relations communicates with senior management. This testifies the fact that public relations practitioners have a direct access to senior management, but its ability to affect the management's decisions is small. As a result, public relations acts as a supplier of information or establisher of communication, and does not develop relations with the parties concerned.

2.2 Public relations and propaganda

Respondents' answers indicate that public relations is often connected with propaganda. However, the concept *propaganda* differs from *public relations.*

The first academic to teach the discipline of public relations in the USA Edward Bernays defined propaganda as permanent, sustained effort to create and shape events with an aim to affect relations between an organization, ideas or groups of people and their target audiences. Bernays indicated that propaganda disciplines public opinion just as regulations discipline army units. (Bernays 2005: 52)

The media and public relations researcher Sandra Veinberga writes that in a propaganda situation everything is made use of: instigation, incitement, appealing to authorities and the majority, and replacing essential facts with inessential ones. Propaganda envisages influencing all society layers simultaneously, disposing the society towards the chosen aims without any help of logical arguments or proofs. Propaganda polarizes, radicalizes, and emotionalizes. Propaganda cannot do without an enemy. Any canvassing starts with specifying the enemy. Ideological enemies are ruthlessly and intensively fought against. An inherent feature of propaganda is the ideology of all life spheres. (Veinberga 2004: 132-135)

Researchers' opinions about the connection or disconnection between public relations and propaganda vary. There are theoreticians who consider both these concepts interconnected (Ольшанский 2003: 71 etc.), but there are others who are of the opinion that public relations and propaganda have no connection (Чумиков 2001: 17, Tampere 2001: 209-213, Veinberga 2004: 133 etc.).

Sandra Veinberga writes that in the ethical code of public relations there are rules that forbid using propaganda in practice. However, politicians, journalists and public relations specialists do not often understand the detrimental influence of propaganda techniques on the processes taking place in the society. "Propaganda is an ethically unacceptable public relations method, like hitting below the belt in boxing or passing the ball with hands in football". (Veinberga 2004: 133)

Professor Alexander Chumikov (*Чумиков Александр Николаевич*), comparing public relations and propaganda, writes that propaganda tolerates using numbers and facts in somebody's interests, whereas public relations is based on true information. Propaganda has a strict aim and tries to make people accept (change) a viewpoint, moreover, it is not interested whether they wish it or not. Public relations has a much milder character and offers people to use some information and after that voluntarily accept (refuse) an idea or a point of view. And finally, propaganda uses one-way impact on an individual or a group. Public relations definitely uses a two-way mechanism of relationship building. (Чумиков 2001:17)

In the quantitative research there was a question about what public relations methods are used in internal and external communication of the company. 33% of respondents said that a dialogue was held, 30% mentioned agreement and exchange of viewpoints, 21% - persuasion, and 12% - the use of propaganda. The remaining 4% chose "other" for the answer, pointing out media relations and communication. In their answer to the following question about whether there is a difference between propaganda and persuasion, 45% of respondents said that they did not see any connection between the terms, 36% - did not link them somehow, and 12% indicated that this depended on the situation. The results indicate that the use of two-way communication tools are preferred by practitioners, still they cannot avoid of situations when propaganda methods suit the best, even if the majority of respondents know the difference between two terms - public relations and propaganda.

Also the respondents admitted that propaganda was still being used in Latvia. So, for example, the respondent, director of the public relations agency *PR stils* Inga Latkovska is sure that in Latvia propaganda methods are still employed. She says, "And looking at people's reaction, I apologize for saying this, it sometimes seems to be the right method we have to work with." The respondent, leading partner of the public relations agency *Hauska & Partner* Maris Plume considers that nowadays propaganda is still being used, especially in politics, and "in real life we probably cannot do without it."

The majority of respondents (44.9%) agreed that in public relations persuasion and propaganda methods should be used as sparingly as possible and for 6.1% these methods seemed utterly unacceptable. At the same time 40.8% were of the view that partial propaganda would not be harmful.

Despite the fact that practitioners connect public relations with propaganda, authors of the present article consider that propaganda and public relations are not interrelated concepts. Public relations are oriented to dialogue building and two-way communications, in the same time propaganda is used as a method without any interests about society's needs and expectations. Thus the use of propaganda in public relations practice is inadmissible.

3 The main reasons for the lack of understanding of public relations in Latvia

The main reasons for the lack of understanding of public relations in Latvia are the following: the development of public relations in Latvia (the effect of communist propaganda) and the education of managers in Latvia universities (the prevalence of marketing courses over public relations courses).

3.1 Development of public relations in Latvia

As public relations theoreticians (Zaharna 2001: 134-148; Freitag, Stoke 2009: 44) indicate, public relations practice is influenced by environmental factors such as culture, the economic system and level of development, the political system, and media cultures, all of which vary from a region to region. So, the development of public relations in Latvia should be viewed in close context within the country development.

For more than 45 years Latvia was an occupied country with its totalitarian policy of collectivization and centralized planning in the economic sector. As researchers in public relations indicate, public relations is practised only in democratic society. That is why public relations was not practised in the countries under Soviet occupation (Verčič et al 1996; Karadjov, Kim & Karavasilev 2000; Tampere 2001)

When we study the history of Latvia in Soviet times, we have to conclude that the government did not build relations with society and that two-way communication was not ensured. The researcher in Latvia's history Egils Levits writes "(...) it is necessary to note that in contrast to 'usual' authoritarian regimes, the Soviet regime was first and foremost ideological regime based not only on brutal violence, but on the control over people's thinking, too. An important component of this control mechanism were the 'thought bricks' –

words, concepts and symbols which the propaganda machine of the regime had been filtering, arranging and interpreting for decades, so that they served for seemingly voluntary acceptance of the regime." (Levits 1998: 207) Under such conditions public relations was not implemented. The theoretician of public relations Sandra Veinberga also confirms that: " In the times of USSR the state power did not know anything about public relations or links with society. It decided everything itself synchronizing the viewpoint with its senior leaders and ideologists. Under the dictatorship the authorities had never been interested in public opinion and they are not interested in it now either." (Veinberga 2010: 24)

We can speak about the development of public relations in Latvia only after Latvia regained its independence at the beginning of the 1990s.

Despite the fact that 20 years have passed since the country regained its independence, the traces left by the Soviet regime are still felt in people's thinking and behaviour. Researchers who study the former socialist countries have even introduced the term *homo sovieticus.* This social type is characterized by striving for an immediate gain, passivity, apathy, laying the responsibility on somebody else, careless attitude to work, infantilism – expecting assistance and defence from the state, 'black' jealousy, selfish resourcefulness (one is continuously hunting for opportunities to cheat the state and society to gain something for oneself) (Шацкий 1990). If people with the above characteristics are in high positions, public relations practice cannot occur successfully.

Post-soviet thinking impedes the development of public relations in Latvia. As it has been mentioned before, in Latvia there is a lack of understanding of the necessity to build relationships with society – society is manipulated with, propaganda is employed, underhand means are used in media relations, information is hushed up or hidden. Research done earlier in Central and Eastern Europe indicates a common tendency – although political regimes have changed, post-communist society continues to influence the ways contemporary public relations is practised. The organization's senior management hides information or gives inaccurate representations about the organization to its public in Estonia (Tampere 2001 : 209-213). Karadjov found that public relations practitioners in Bulgaria used information manipulation as their main public relations strategy. They devoted a disproportionately great effort to media relations. (Karadjov 2000: 209-218) Trebetski found similar things in Poland (Trebetski 2001: 109-119). Scholz observed that in East Germany public relations practitioners also focused on media relations and image building that was achieved with the help of media because they lacked knowledge of other communication. She attributed this lack of knowledge by absence of formal public relations education in the former German Democratic Republic. (Scholz 1998)

3.2 Education of managers in Latvia universities

Searching for the reasons why organization managers lack understanding of public relations as a management function and a lot of organization managers still perceive public relations as a marketing support function, Inga Pūre has studied the accredited study programmes of Latvia universities developed on the basis of the professional standard *Manager of Enterprises and Institutions.* The information found in the homepage of the Education Quality Assessment Centre shows that there are 43 following programmes. Two of them are professional study programmes, 22 - professional Bachelor's study programmes, and 19 – professional Master study programmes.

Having studied the curricula of 24 basic study programmes, Pūre has come to the conclusion that 17 study programmes contain only marketing courses, 4 – both marketing and public relations courses, 1 – only a public relations course. In a study programme with a possibility to specialize in one of the study fields, only students specializing in public relations are offered public relations courses. In the study programme of one higher school there are no public relations and marketing courses. (Pūre 2010b)

In Master study programmes the situation is similar. In 11 study programmes out of 19 students study only marketing courses, in 2 – both public relations and marketing courses, in 1 – only a public relations course, in 1 programme only students specializing in public relations are offered courses in public relations, but 4 study programmes do not contain public relations or marketing courses at all. (Pūre 2010b)

As it was noted earlier, the study programmes under research are developed on the basis of the professional standard *Manager of Enterprises and Institutions* (www.izm.gov.lv). The enterprise and institution managers' duties and tasks described in the professional standard include the function of public relations, though the concept *public relations* itself is not mentioned. The skills, mentioned in the standard include skills necessary for implementing public relations activities. However, among the knowledge to be acquired the standard mentions marketing and does not mention public relations.

The authors of the present article consider that for solving company problem in managers' lack of understanding of public relations issues, it is necessary to supplement the professional standard *Manager of Enterprises and Institutions* by including knowledge of public relations among the knowledge to be acquired. After that the study programme content should be evaluated to find the possibility to include a public relations course in their curricula.

If there is an intention to develop modern public relations practice in Latvia, it is important to begin with creating understanding of public relations in acting organization managers and future managers. If there is a lack of understanding of public relations at the level of senior management, public relations is not implemented at strategic level and thus the result cannot be achieved.

References

Bernays, E. (2005). *Propaganda* / Edward Bernays; introd. by Mark Crispin Miller. - Brooklyn, New York : Ig Publishing, p. 168

Cutpil, S.M., Center, A.H. & Broom, G.M. (1985). *Effective public relations.* Englewood Cliffs, N.J: Prentice Hall

Freitag, A. R., Stokes, A.Q. (2009). *Global Public Relations. Spanning Borders, Spanning Cultures.* Routledge, p.310

Guth, D.W. (2000). The emergence of public relations in the Russian Federation. In *Public Relations Review*, 26, 191-207

Grunig L.A. (2002). *Excellent Public Relations and Effective Organizations : a Study of Communication Management in Three Countries* / Larissa A.Grunig, James E.Grunig, David M.Dozier. - Mahwah, New Yersey : Lawrence Erlbaum Associates, p. 653.

Harrison, S. (1995). *Public relations. An introduction.* London, UK: Routledge.

Hiebert, R.E. (1994). Advertising and public relations in transition form communism: The case ofHungary, 1989-1994. In *Public Relations Review*, 19, 187-196.

Karadjov, C.; Kim, Y.; Karavasilev, L. (2000). Models of Public Relations in Bulgaria and Job Satisfaction among Practitioners. In *Public Relations Review*, 26, p. 209-218

Kotler P., Mindak W. (1978). Marketing and public relatins: Shoul they be partners or rivals. In *Journal of Marketing*, October 1978, Vol. 42 Issue 4, p.13-20.

Ledingham, J.A. (2003). Explicating relationship management as a general theory of public relations. In *Journal of Public Relations Research*, No 15 (2), p. 181. - 198.

Latvijas Republikas izglītības un zinātnes ministrija. Retrieved February 15, 2009, from http://www.izm.gov.lv

Levits, E. (1998). 1990. gada 4. maija Deklarācija par Neatkarības atjaunošanu. *Latvijas valsts atjaunošana: 1986.-1993.* Rīga, LU žurnāla "Latvijas Vēsture" fonds, 207.-236. lpp.

Pūre, I. (2010a). Globalizācija un sabiedriskās attiecības Latvijā. Raksts pieņemts publicēšanai Liepājas Universitātes izdevumā „Sabiedrība un kultūra. Rakstu krājums XIII".

Pūre, I. (2010b). Sabiedriskās attiecības Latvijā 21. gadsimta sākumā: organizācijas menedžments un / vai mārketinga atbalsta funkcija. *Latgales Tautsaimniecības pētījumi. Sociālo zinātņu žurnāls.* Rēzekne: RA Izdevniecība, 301. - 314. lpp.

Scholz, J. (1998). *A normative approach to the practice of public relations in the eastern part of Germany, Master Thesis*, University of Maryland.

Tampere, K. (2001). Organizational Communication in a Post-Communist Society. In Lawniczak, R. (ed.) *Public Relations Contribution to Transition in Central and Eastern Europe: Research and Practice.* (pp. 209-213). Poznan, Poland: Biuro Uslogowo-Handlowe.

Tampere, K. (2008). Stakeholder Thinking and a Pedagogical Approach in Public Relations Processes: Experience from Transition Societies. In *Journal of Public Relations Research,* 20 (1), 71-93

Trebecki, J. (2001). The use of media relations by Polish enterprises. In R. Lawniczak (Ed.), *Public relations contribution to transition in Central and Eastern Europe: research and practice,* (pp.109-119). Poznan, Poland: Biuro Uslogowo-Handlowo.

Veinberga, S. (2004). *Publiskās attiecības. PR teorija un prakse.* - Rīga: Zvaigzne ABC, 327 lpp.

Zaharna R.S. (2001). "In-awareness" approach to international public relations. *Public Relations Review,* Volume 27, Number 2, Summer 2001 , pp. 135-148(14)

Чумиков, А. Н. (2001). *Связи с общественностью.* Москва: Дело.

Ольшанский Д. В. (2003). *Политический PR.* - Москва : Питер, 540 с.

III. Kommunikation in sozialen Medien

Implementation of the Blogs in the Romanian Media Industry

Georgeta Drulă

1 Theories of blog implementation by companies and blogs in media industry

In the actual economic situation, the media companies work more in an online environment. They use diverse forms of communication with the audience through forums, comments on articles and blogs, Twitter or social networking sites, as well. The services based on new media also provide great advantages for building and maintaining the companies' image and the online reputation. The new channels of communication such as blogs, Facebook or Twitter are needed by the companies to make business on the Internet. Blogs are an important channel for companies, especially for media industry. The blog is considered one of the forth pillars for the Web 2.0 communication strategy of the companies, along with Facebook, Twitter, and LinkedIn (DeAloia, 2010).

The users are more and more important for the companies and especially for media companies, thus they must find strategies and communication models to get closer to the public. On the other hand, users have at their disposal large quantity of information on the Internet. In this situation the company must find new approaches to offer the information so that it might be perceived and accepted by the users.

Blog is defined in the specialized literature as a Web 2.0 site with a specific layout and design, and created with a content management system (CMS) platform.

Generally, blogs have a social dimension through user's participation and they show the social performance of the company. The blogs might be personal, corporate, of specialist, of an event or product, and others.

A study made by Lockwood and Dennis (2008) presents the corporate blog and a taxonomy of them. They found several clusters of corporate blogs, the most used by the companies in their activities. They consider corporate blogs as instruments of the companies' communication strategy. These clusters are grouped according to the theories from the fields of management and mass communication. The taxonomy has two dimensions. One is based on the motivation of the blog; the other is based on the management of the corporate blog. They found five clusters of corporate blogs with the criterion motivation: market insight, product, market news, trade insight, and trade news.

Other authors like Stocker, A. et all (2007) show the relevance of corporate Web 2.0 to the media industry. They consider that the media industry is strongly affected by the Web 2.0 through the new user content and new media-channels. They also consider that the online media portals increase the role of personalized information for their audience. Thus, they define three pillars of the new media paradigm, very important for the media industry: transparency, collaborative content and the participatory environments. Media consumption has also been changed by the Web 2.0 opportunities. Thus, they use the concept "consumer-generated media" (Cass 2007: 9 - 12). According to the pillars of the new media paradigm, blogs can attract a mass audience.

Murdough (2009) considers that the blogs implementation by the companies is associated to the business objectives. In media industry, the main business objective is getting a large audience. He considers that the blogs used by the companies can be defined in terms of different criteria, such as: authors, motivation of blog or audience. In terms of the author of the blog, it can be owned by one person or more as representatives of a company. In terms of motivations, the blog communicates about the activities and projects of the company. In terms of audience, the corporate blog can be external and internal.

The strategy for implementing a media company's blog can be approached from several angles: search engine optimization, audience, and online marketing. A company can make business on the Internet. New opportunities are offered by the new media channels, especially by the blogs and the social networks. The business put in work the relationship between the costs and the benefits of implementing the blog by the company, the advantages and disadvantages of using them. In most cases, to make business on the Web is equivalent to getting a high Page Rank or getting a higher traffic. This depends on the some factors such as: a suitable content of the channel, choosing the suitable platform according to the media product and using specialized personnel who work with the platforms.

According to many studies in the specialized literature and authors (Yardi & all. 2008, 2009; Bohorquez, 2010), the direct benefits of implementing a blog for a company are: increasing the brand visibility, increasing the audience interest and user generated content involvement.

In the media industry, we can identify a corporate blog first by its aspect and layout unitary with that of the company's site or site of media product. The thematic content of the posts of such a blog mainly refers to events and news found on the site of media product, as well. The media companies by the nature of their activity may combine the features of the corporate blogs with those of the specialists' blogs and the journalists' blogs.

The purpose of this paper is to identify the Romanian media companies having blogs and focuses on the strategy approached by them to work with different types of blogs.

The problem is whether this new channel for the distribution of information is productive or efficient for the company. Thus, Debbie Weil (2006) speaks about the concept of the "ROI of Blogging" who measures the effectiveness of the blog implementation in the company's business. The indicator Return of Investments (ROI) for blogs considers both the search engine optimization criteria and the usability criteria. Moreover, Debbie Weil (2008) says that: "Journalists are using blogs to get tone, nuance and story angles. No, they don't believe everything they read in blogs but social media is a great source of additional information when a reporter is on deadline." She also writes in the BlogWrite, that "journalists are heavy users of the blogosphere for research and quick reporting".

The blogs and the Facebook pages are solutions implemented by most Romanian media companies for their products. A new audience is more and more present on the Internet to the detriment of other media channels. The main reason for the use of different types of blogs by the media companies is to show their expertise in the field by distributing the online media product. The main relationship between the site of media product and the blogs are defined in the following terms: on the one hand, the company can check and launch information that is later developed in the online editions of the media products and, on the other hand, certain topics from the online editions are commented upon and debated on these blogs.

Blogs have the role of anchors; they help more to find new readers on the Internet and they send users to the site of the media product. The direct consequence is the increase of the traffic on the sites of the media products.

2 Statistics about Romanian blogosphere

New media, social media and especially the blogs have known a highly increasing implementation for all kinds of professional activities in Romania. Thus, the national contest of blogging, Roblogfest 2010, which reached its 4th edition, has a special category for corporate blogs and brand / product blogs. In 2009, a well known search engine of blogs in Romanian blogosphere called zelist.ro has monitored 42.210 blogs, 1.736.150 posts, and 2.210.487 comments. An important site for audience measurement on the Internet, trafic.ro has registered an important number of visitors in blogosphere. Nevertheless, in the current economic conditions, the main function of corporate communication is to build networks. Blogs are an important and helpful instrument in this respect.

A survey conducted by the 360insights company for MediaFax, in March 2010, regarding media consumption, shows that 11% of users read or write information on the blogs daily and 14% use the forums to read or write messages.

The Romanian blogosphere is becoming increasingly important. The number of blogs and users interested by this channel are serious arguments for using blogs in media industry.

3 Framework of research

Implementing the blogs in media industry can have different models. The Romanian media companies use different approaches to implement blogs, each of them with advantages and disadvantages.

The main hypothesis of this paper is that the media companies use the company blog, the journalist blog and media product blog for their activities. The questions to answer in this paper are:

- Which are the models used by Romanian media companies?
- What type of blogs is used by media companies?
- What is the ratio and which is the motivation for having a type of blog or another?
- What are the ways used by the companies for blog implementation?
- What are the important elements in the strategy of blog implementation?

The paper explores the situations for the media companies in Romania. The elements used to identify the model for the blog implementation in the media companies are:

- Types of blogs used by the company.
- Motivations for using blogs by the media companies.
- The graphical appearance of the blog; whether it is related or not to a corporate design and layout.
- Google Page Rank, an element determining the blog's importance on the search engines.
- Multimedia content.
- Author or authors who manage the blog.

- Blogging platform.
- Topics on blogging platform.
- Audience's comments.

Media companies considered for this study have already blogs and they are ranked by sati.ro site, a site for audience measurement on the Internet. The hierarchy was created by sati.ro with the criterion the companies' main products in the category "General News", in May 2010. The period of time considered for this study is March - August 2010.

Each company edits several media sites and also platforms of opinions, blogs and comments. Neither has the corporate blog but for the all case studies, the sites of media product have a strong relationship with other types of blogs. Generally, for each main media product is at least one blog. The relationship between the company and the blog is done through the site of media product.

The types of blogs used by the sites of media products are: journalists' blogs, media product blog, social campaign blogs, and platforms of comments, opinions and blogs. The number of blogs used by a company is related to the number of media product.

The companies taken into consideration by this paper, and also their main online media products from the category "General News" are:

- F5 Webcorp / Q2M - the main online media product is www.realitatea.net.
- Hotnews.ro - the main online media product is www.hotnews.ro.
- Antena 3 - the main online media product is www.antena3.ro
- Adevarul Holding - the main online media product is www.adevarul.ro,
- Apropo Media – the main online media products are www.gandul.info and www.mediafax.ro

As the media market is changing, some companies have restructured, have reshaped over time of analysis, May 2010. Thus, in January 2011, F5WebCorp split into several companies. One of them is Q2M. This situation has not changed the relationship between sites of media product and blogs. Generally the relationship with the blog is built through the media product.

The companies manage blogs linked with the main media products from "General News" category and also blogs linked with other products of them. Moreover, some companies manage UGC platforms of users' blogs. (Table 1)

Media Company	Sites of main media products	Blogs
F5 Webcorp Company (Q2M)	www.realitatea.net	- blogs for each media product, and one blog for a social campaign, http://voxpublica.realitatea.net/. http://dupabloguri.realitatea.net/ http://blog.realitatea.net/, http://codverde.realitatea.net/.
	www.catavencu.ro	http://catavencu.ro/bloguri
	www.cotidianul.ro	
	www.newsin.ro	
	Other media products from category: lifestyle (tabu.ro) or from economic/financial. (money.ro)	http://blog.tabu.ro/, http://www.standard.ro/ (a platform dedicated to blogs, comments, and opinions from business and belongs to site www.money.ro)
Hotnews.ro	www.hotnews.ro	- It uses the journalists' blogs by the page http://www.hotnews.ro/bloguri. There are 13 blogs, out of which 7 having a corporate aspect.
Antena 3	www.antena3.ro	It has 8 journalists' blogs corresponding to the 8 programs of the TV channel. Another 3 blogs of some journalists collaborating with this company: Victor Ciutacu, Petrişor Obae and Vlad Petreanu.
Adevarul Holding	www.adevarul.ro	It has 7 journalists' blogs, http://www2.adevarul.ro/blogs/laurentiu_ciocazanu/, http://www2.adevarul.ro/blogs/ovidiu_nahoi/, http://www2.adevarul.ro/blogs/daniel_nazare/, http://www.adevarul.ro/blogs/vlad_epurescu_-_blog/, http://www.adevarul.ro/blogs/ceaiul_de_la_ora_5/, http://www2.adevarul.ro/blogs/simona_chitan/ And a collection of opinions from posts http://www.adevarul.ro/opinii/bloguri.html.
Apropo Media	www.gandul.info	– The Gandul.info site has 2 blogs linked with the media product: the blog http://www.gandul.info/blog. And a collection of posts from personal blogs accepted by the community. http://www.gandul.info/comunitatea-gandul/.

	www.mediafax.ro	- Mediafax.ro site has one blog of media product with a corporate aspect. http://www.mediafax.ro/blog/,

Table 1: The media companies and their blogs

4 Analysis of the blog implementation models for media companies

For each media company we identified the factors in the above proposed model. This will show us how the proposed model is and how it works for each Romanian media company.

Using the factors of the proposed model for the blog implementation, the *F5 Webcorp (Q2M) Company* provides the following situation. The main media product of this company is a news television channel, named Realitatea, with its site realitatea.net. The blogs used by the company for the media products are of four types: media product, journalists, niche and social campaign.

The news site realitatea.net links both with a platform dedicated to blogs, comments and opinions, called voxpublica1 and with specific media product blogs, such as standard.ro[1], TABU Blog[2], După BLOGURI[3], or the realitatea.net blog[4]. They are also niche blogs such as Tabu.ro, and a campaign blogs, such as "Cod Verde"[5].

These blogs are managed by the same company and they are connected with the online media products. The blogs purpose is to increase the traffic for the media sites and to create a community of users for them.

The special platform voxpblica is a collection of posts on topics of interest from the journalists' blogs of this company. It is used to organize in an easier way the news and the opinions given by the journalists.

The above situation refers to the journalists' blogs as in the publication Catavencu, a media product from the same company. The online publication, Catavencu links the site of the media product to the blogs of the journalists[6]. The blogs have a unique author and they approach the same topics like in the Catavencu publication. These blogs are not presented with a unitary set of characteristics for layout and design. Graphical appearance of the blogs at F5

1 http://www.standard.ro/
2 http://blog.tabu.ro/
3 http://dupabloguri.realitatea.net/
4 http://blog.realitatea.net/
5 http://codverde.realitatea.net/
6 http://www.catavencu.ro/#bloguri

Webcorp (Q2M) is not unique for all products in the company. Each of them follows a different visual representation of the content on the screen (Fig 1.)

The blogs' motivations are in generally described on the sites of media product and on blogs' pages. Here they describe the company's objectives and projects, and also the author's personal motivation. Another motivation for blogs which is more a corporate one is referring to the social responsibility campaigns such as Codverde.

The representativeness of the blog on the search engine Google is given by the PageRank: 7 for the voxpublica platform, and 6 for realitatea.net blog. These indicators show an important position in the search engine hierarchy. Thus, we can appreciate that this content is valuable, and also the links to these sites.

The blogs are written by a single author or several authors, such as the case of voxpublica platform. The blogs' content is mainly based on texts and images.

The blogs are created on someone's own blogging platform (voxpublica.realitatea.net) and on Web blogging platform. The Web platform is used by the individual authors. On someone's own platform, topics are grouped by area: Social, Political, Media, Sports, or Science and generally, the audience's comments are on each media article posted on the blog.

http://voxpublica.realitatea.net/.

http://www.standard.ro/

http://www.f5xmedia.ro/ro/blog/

Fig. 1: The graphical appearance of the blogs at the F5 Webcorp Company

A similar situation regarding blogs is shown by the *Hotnews Company*. This company has a specific online media product, which is the site www.hotnews.ro. The media product hotnews.ro occupies the fourth place in the category General News from sati.ro. The main type of blog used by this company is the journalists' blogs. We can find these blogs on a separate page of the online media product[7]. The reported motivations for this blogs are the debates with the audience on different topics.

The graphical appearance of the blogs is unitary and it has corporate elements, such as: color (blue and orange), the header of the blog, the Hotnews' logo, the same format for the blog's URL. All journalists' blogs use the same graphics and the same layout on the same platform only the content is different. The visual representation is a corporate one (Fig. 2) for all the blogs, as shown below:

http://avadani.hotnews.ro/

http://doc.hotnews.ro/

http://stoica.hotnews.ro/

http://morar.hotnews.ro/

http://moldovan.hotnews.ro/

Fig. 2: The journalists' blogs in Hotnews Company

Blogs are created on a Web blogging platform and use the same theme. The Google Page Rank of these blogs is about 6 for all of them. The blogs' content is

7 http://www.hotnews.ro/bloguri

mainly text and each blog has an author. The blogs' topics are launched by the company's journalists and they have often connections with the printed version of their articles. Every time, users make comments for each media article or posts. *Antena3 Company* uses a large number of blogs, 11 blogs. The blogs are held by journalists, who are the company's employees.

The main online media product is the site of television channel, with the same name, Antena3. From the main page of the site of media product, antena3.ro they launch the eight blogs in a reserved space (down right column) corresponding to the eight shows of the TV channel. The blogs are used for each television show and they represent a space for the debate of the current topics with the audience. In fact, the television debate is the main motivation for these blogs. Moreover, the company uses a unitary graphical appearance of the blogs with the same header, and a corporate URL for each journalist's blog (Fig. 3).

Fig. 3: The same examples of corporate appearance for the blogs of Antena3 Company

The blogs' content is mainly text and it is posted by the moderator of the TV show. The blogs are places where the users either continue or propose new topics. Users participate with comments on the blogs and they are in general, the viewers of the TV show, such as: Stirile de dimineata (Morning News), News Magazine, Editia de Pranz or Special Antena3. In general, the topics are launched by the TV show's moderator who is also the blog's moderator, and they are mainly commented with the viewers. Each blog has one author and it is created on a Web blogging platform.

Adevarul Holding Company produces the newspaper adevarul.ro as main online media product. The blogs used by this company are both journalists' blogs and a collection of posts from other different blogs. As Hotnews and Antena 3 Companies, Adevarul Holding Company uses a unitary corporate graphical appearance for all the journalists' blogs. The corporate aspect of the blogs is given by the format of the URL and by the layout and the Web design elements of the blogs' pages, such as: blogs' theme, colors, the same header (Fig.4).

http://www2.adevarul.ro/blogs/daniel_nazare

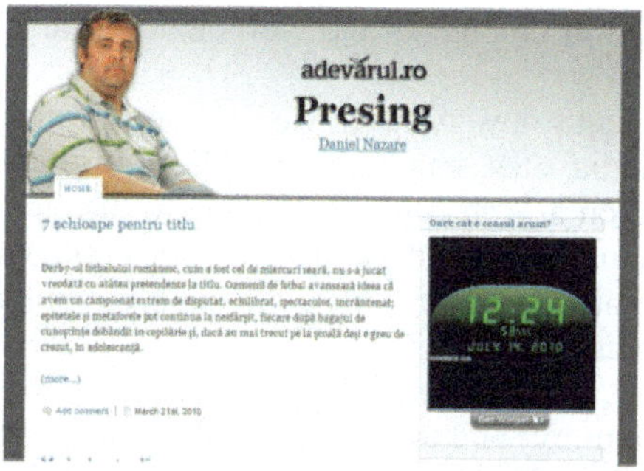

http://www2.adevarul.ro/blogs/ovidiu_nahoi

Fig. 4: Journalists' blogs from Adevarul Holding Company

A collection of posts from other blogs can be found at http://www. adevarul. ro/opinii/bloguri.html and it represents the opinions and ideas of different authors. The main motivation of these types of blogs is to send information, news and opinions related to the articles from the online media product or from print. This intention and motivation can be read on the blogs' pages.

The role of the blogs is to bring more audience and traffic to it and to site of media product. Every blog has one author, which is a company's journalist. The blog's content is mainly text. The authors use a Web blogging platform with a common theme for all of them. Sometimes the ideas from the online edition of the newspaper are found in blogs or vice versa. The users can make comments both on the site of the newspaper and on the journalist – author blog. For example, Ovidiu Nahoi's editorials on adevarul.ro site and blog are the same, in the analyzed period. The others posts on the blog have a different content, even if they have the same theme as the site shows. It can be seen a greater number of comments for these editorials on the website adevarul.ro than on the journalist's blog. Another example is the journalist Simona Chitan. Her topics in adevarul.ro are the same as those of the blog: literature, music, theater, tourism. The blog topics are more detailed, but they get fewer comments and views than the article in the online publication.

Publimedia International Company and now Apropo Media Company have both a corporate site and an online media sites, gandul.info publication. It also manages a collection of blogs grouped on a Web page[8], belonging to the site of media product. The page reunites personal blogs and journalists' blogs with title Blogs. These blogs do not have corporate aspect or topics, but supply opinions about the topics of the media product editions.

On the same media product site, gandul.info, there is also the page "Comunitatea Gândul"[9] (Gandul Community) and the category "Puterea Gândului". The category "Puterea Gândului" contains a collection of editorials, articles or news from the personal pages and also posts from other personal blogs, not of journalists'. The specificity of this page is that the authors' blog must be accepted in "Comunitatea Gândul" to take over posts on the page of the site "Gândul". This acceptance consist in the specification on the author's blog that the post was indexed on "Gândul" site. This situation is a particular one, where the different blog authors that are not hired by the company, attach their blog on the site gandul.info. Moreover, blogs may be excluded from "Gândul" community, if they do not comply with certain rules. Thus, regarding the use of

8 http://www.gandul.info/blog
9 http://www.gandul.info/comunitatea-gandul/

blogs, the company refers only to the media products and the personal blogs attached to these products.

Apropo Media Company offers a different and specific case of the Mediafax site, a news agency[10] which is also working online, and its blog. The MediaFax site uses a single blog, which is a media product blog[11], named "Dincolo de stiri" ("Beyond news").

The graphical appearance of the blog has corporate elements (e.g. red color, the logo), identified on the media product site, as well (Fig. 5).

The motivation of this blog is to have a new and large audience for its news, and also to give users the possibilities to comment this information. On the page "About us" of the Mediafax site[12] there is the motivation of the collective blog saying that:

> "[The blog is] an agora where we may discuss with you about the life behind a piece of news, about the problems and dilemmas encountered by the journalist every day and, last but not least, about the most controversial events of the time." [Translation from Romanian]

Fig. 5: The Mediafax Company blog – "Beyond news"

The content of the blog is represented by texts written by the company's journalists. This blog contains opinions and comments of the journalists, expressed in a free style. Blog pursues the same category as the product website: Economy, General, Life, Media, Politics, etc. Archive dated from February 2007.

This blog with multiple authors is created on a Web blogging platform and its importance on the Google search engine is given by the Page Rank 5.

10 http://www.mediafax.ro
11 http://www.mediafax.ro/blog/
12 http://www.mediafax.ro/blog/despre-noi/

5 Findings, practical implications and conclusions

The blogs allow the audience to transparently follow the current activities of the companies and their products. In most situations, the companies build a network between the blogs of the company's products and the employees' blogs. The network of blogs allows a better position of the company in the search engines, and also a mutual transfer of reputation between company, media product and employees. Many journalists link the content of their blog with the corporate site or the media product site. Sometimes elements of company identification are not obvious on the employees' blogs. They are perceived more as personal blogs, although the blogs have a strong corporate character through the addressed content and topics.

The results of this paper show that companies' orientation is to adopt solutions based on blogs as new media channel for the communication with the audience and for the company's image on the Internet. The Romanian media companies use blogs of different types: corporate, niche, of media products, of journalists or for the social campaigns. Every company has a vision of its own in this respect, but we can find several common elements for all the companies.

The different perspective is given by the specific business purpose of the company and the common aspects of using blogs are related with the blogs features.

Another remark is that all companies use increasingly more consistently new media strategies in their business. A clear strategy concerning the purpose and role of blogs in their business is to achieve more audience.

Thus it was found that the F5 Webcorp Company implements a specific strategy for the blogs. It has its own blogging platform, voxpublica, and several niche blogs and product blogs. The Hotnews, Antena3, and Adevărul Holding companies use the journalists' blogs and they have corporate characteristics. The Apropo Media Company is the only one that has a corporate site and also a unique blog for the Mediafax with a unitary graphical appearance, layout and design according to the company.

Thus, one may notice a broad approach of blogging activity at F5 Webcorp Company based on at least three solutions of implementation. The three solutions depend on the purpose and motivation for the use of blogs in company's activities, such as: solutions for corporate presentation, transmission of information related to the company and its products, solutions for the transmission of information and news related to the media products and also solutions for the transmission the personal opinions of journalists.

The Hotnews.ro Company uses one site both for the company presentation and for its media product. The solution chosen by this company for blog implementation is the link between the media product site and the journalists' blogs[13]. On a special page of the media product site one can find a collection of personal blogs belonging to journalists who use them for the company's activity, too. Just some of these blogs, have corporate features, related to URL, design and unitary layout for company.

The Antena3 Company uses eight blogs corresponding to the eight journalists, each of them managed by the moderators of the respective TV shows. Moreover, antena3.ro site is linked to other 3 blogs of some journalists collaborating with this company, such as: Victor Ciutacu, Petrişor Obae and Vlad Petreanu.

Adevărul Holding Company uses the blogs of its journalists. The blogs are launched from the main page of the site adevarul.ro.

The gandul.info, media product has a special strategy for blog implementation. It uses journalists' blogs and also the personal blogs of users in a unique format for the Romanian media industry. The page "Comunitatea Gândul" is a space where different opinions from blogs can meet. This company does not fit the proposed model.

The Apropo Media Company also has a special way of implementing blogs for its media product, mediafax.ro. It uses a special page for a collective blog[14], called "Beyond news, journalism & attitude". This blog is written by the journalists and expresses their opinions and comments. In general, the company that owns these media products follows the model proposed by this paper.

As a conclusion for the ideas presented so far, we may say that the strategies regarding the implementation of a blog by companies are not so different without taking into account the type of the media product and the audience. However, every company has an almost an individual situation when implementing the blog. The companies as Hotnews, Antena3 and Adevărul Holding implement the same strategy and model for the use of blogs, namely they use blogs of journalists with corporate features. The Mediafax is the only online media product having a unitary blog and a corporate site, with the same authors, layout, and design and approached topics.

The proposed model is considered and it can be checked in the case of some companies and but not for the others. According to the model of blog implementation proposed for the Romanian media companies, and taking into consideration its elements, we may say that:

- The media companies generally use three types of blogs: journalist, media product and personal or corporate, sometimes.

13 http://www.hotnews.ro/bloguri
14 http://www.mediafax.ro/blog/

- Two main motivations are important for blogs: traffic increase and media product promotion. The case studies show us that there are also other motivations for blog use by the media companies, such as: developing or identifying new topics interesting for the audience, organizing debates or events based on different topics. Generally, the blogs follow the same topics as the sites of media product.
- The graphical appearance is sometimes related with the corporate design and layout, but sometimes it is not.
- Google Page Rank is about 5 - 6 in all cases. So, the blogs content is already appreciated by the audience on Web. As multimedia information, the content is mainly textual, with elements of images or video clips.
- In most cases, one author manages the blog. Topics on blogs are more or less grouped as in the pages of the media product.
- The companies use both web blogging platform and specific, one's own blogging platform.

As theories show, the strategies regarding the blog implementation by the media companies also take into account the type of the media product and the audience. A main trend is given by the companies which implement the blogs of journalists with corporate features.

The topics on the blogs are the same as in the site of online media product but they are developed in different ways and with different titles. New topics and subjects can be found on the journalists' blogs. The company also tests the audience's preferences through their comments on different blogs.

There are many relationships between blogs and a company. In most situations, the companies build a relationship between the blog and the site of media product. This relationship targets the audience.

On the other hand, the companies build a network of blogs around the site of media product that ensures a better position for company in the search engines, depending on the number of inlinks. Blogs build a relationship between the company and the journalists. Many journalists have the content of their blog linked with the site of media product. In many cases, the companies use the journalists' blogs, already created and thus it is a mutual transfer of reputation between company and its journalists.

In the most situations, the journalists' blogs use the elements of company/ media product identification; however they are perceived more as personal blogs, through the addressed content and topics.

The case studies shown above allow defining several categories of models in terms of implementation of blogs by the Romanian media companies.

The model and strategy of blog implementation in media companies are designed following the business strategy. We identified five directions according to their activity, and the type of media product achieved:

- Strategies for companies having different media products (F5Web Comp/Q2M),
- Strategies for companies having television products (F5WebComp/ Q2M and Antena3),
- Strategies for companies having online publications, products such as: online newspapers or magazine (Adevarul Holding, Publimedia International, and Apropo Media),
- Strategies for companies making media products exclusively online (Hotnews),
- Strategies for companies having news agencies (Apropo Media - Mediafax).

In the same time, the strategy applies more to the media product and it is less oriented towards the presentation and promotion of the company.

Although there is a series of general characteristics of these models, there are also particularities of every company. But, all companies focus on diversifying communication, sending information as fast as possible and drawing an audience attached to the Internet.

Moreover, there are companies which take into consideration more consistently the strategy of blog use. In general, they created their own platforms to collect the posts from different blogs.

The advantages and disadvantages of blog implementation are related with the media product audience and the company's possibilities to update the information on blogging platforms. Most companies use Web blogging platforms and a single author for a blog. The case of the blog with several authors is encountered in the news agency Mediafax and a specialized blogging platform is voxpublica.

An efficient solution found by the companies might be to create a collection of journalists' blogs or even regular readers' blogs. In this way, both the company and blog's authors enjoy the advantages of using blogs by helping each other. Thus, the company can have a space to check or to find new topics and to get a feedback, to debate, and the authors a space to increase their online reputation.

Other advantages of using blogs by the media companies were discovered in the organized interviews with the persons in charge with the new media departments. One may notice that the decision to implement blogs is highly connected to factors such as: traffic, number of readers, number of users, number of visits, number of views, and a better position in the search engines and in other audiences' sites for sites of media products.

The model of blog implementation is based on a strong relationship with the companies' main online products.

At present, the companies monitor the blogs' effectiveness and results. The companies still try to understand whether the link to a blogging platform is really useful, whether it has the estimated effect like for other media product meaning, or whether it brings a larger audience.

The perspective of using blogs might be determined by the increase of the users' network around the online media product. The size of this network correlated to what users may write on personal blogs or journalist's blog shall probably determine the media companies to modify "on the run" the strategy used in this respect. But, it is very clear that the models used by the media companies to implement blogs will consider this non-formal communication platform more and more important, especially for drawing the audience's attention to a certain topic.

References

Cass, J. (2007). Strategies and Tools for corporate blogging, Elsevier

Bohorquez,V., Madrid, S., Mayo, M., Esteves, J. (2010): Matching Corporate Leadership Discourse and Followers' Characteristics Using Corporate Blogs, IE Business School, Working Paper, WP10-01 Accessed March 2010 from http://latienda.ie.edu/working_papers_economia/WP10-01.pdf

DeAloia, Michael, (2010): Four Pillars of Social Media 2.0, Accessed August 2010 from http://www.slideshare.net/techczar/four-pillars-of-social-media-20

Li, C. & Stromberg, C. (2007): The ROI of Blogging – Best Practices, 2007, Forrester Research, Accessed April 2010 from http://www.ieecho.com/pdfs/ROI-of-Blogging.pdf

Lockwood, N.S., Dennis, A.R. (2008): Exploring the Corporate Blogosphere: A Taxonomy for Research and Practice, Proceedings of the 41st Hawaii International Conference on System Sciences, Accessed March 30, 2010 from http://citeseerx.ist.psu.edu/viewdoc/ download?doi= 10.1.1.137.1012&rep=rep1&type=pdf,

Murdough, C. (2009): Social Media Measurement: It's Not Impossible. Journal of Interactive Advertising 10(1)

Stocker, A., Dösinger, G., Saaed, A., U., Wagner, C. (2007): The Three Pillars of 'Corporate Web 2.0': A Model for Definition, Proceedings of I-MEDIA '07 and I-SEMANTICS '07, Graz, Austria, September 5-7, 2007. Accessed December 2009 from http://i-know.tugraz.at/wp-content/uploads/2008/11/10_the-three-pillars-of-corporate-web-20.pdf

Yardi, S., Golder, S. A., & Brzozowski, M., J. (2009): Blogging at Work and the Corporate Attention Economy, in CHI 2009 ~ Social Software in Office (April 9th, 2009 ~ Boston, MA, USA), pp.

2071 – 2080. Accessed March 17, 2010 from http://www.cc.gatech.edu/grads/y/yardi/pubs/ Yardi_BloggingWork09.pdf

Yardi, S., Golder, S., Brzozowski, M. (2008): The Pulse of the Corporate Blogosphere, Conference Supplement of CSCW, (November 8-12, 2008, San Diego, California, USA). Accessed February 2010 from http://www.redlog.net/papers/Yardi_CSCW.pdf

Weil, D. (February, 2008): Over three quarters of reporters get story ideas from blogs, in the BlogWrite for CEO's, Accessed June 2010 from http://blogwrite.blogs.com/ blogwrite/ roi_of_blogging/

Weil, D. (2006). The Corporate Blogging Book. Publisher Portfolio, Penguin Group.

Beziehungspflege in Twitter - Wie Unternehmen den Micro-Blogging-Service nutzen

Michael Etter & Thomas Plotkowiak

1 Einführung

1.1 CSR und Reputation

Corporate Social Responsibility (CSR), definiert als das freiwillige Wahrnehmen der soziale und ökologischen Unternehmensverantwortung über die gesetzlichen Bestimmungen hinaus, gilt als wichtiger Faktor, der das Image und die Reputation eines Unternehmens und somit auch die Beziehungen zu den verschiedenen Anspruchsgruppen positiv beeinflusst (Fombrum et al. 2000; Fombrun 2005; Gardberg/Fombrun 2006; Pfau et al. 2008; Logsdon/Wood 2002). Eine durch CSR-Maßnahmen gesteigerte Reputation – von Philanthropie und sozialem Engagement in der Gesellschaft bis hin zu Naturschutz – hat eine Reihe von positiven Auswirkungen, die sich indirekt auch im Unternehmensgewinn widerspiegeln können. So kann sie die Motivation von Mitarbeitern steigern (Turban/Greening 1996: 669), die Loyalität von Kunden und Mitarbeitern fördern (Maignan et al. 1999: 464; Riordan et al. 1997: 4011), Produktbewertungen verbessern und sich positiv auf Kaufentscheidungen auswirken (Brown/Dacin 1997: 82; Alexander 2002: 235). Nicht zuletzt dient CSR und die damit verbundene Reputation als „Good-Will-Buffer" in Krisenzeiten und schützt gegen den Angriff auf die „License to operate", die gesellschaftliche Akzeptanz also, die ein Unternehmen legitimiert in einer Gesellschaft aktiv zu sein (Hansen/Schrader 2005: 391; Klein/Dawar 2004: 215).

Um von solchen Vorteilen profitieren zu können, müssen CSR-Maßnahmen kommuniziert werden, wenn möglich in einer Zwei-Weg-Kommunikation, in der sich ein Unternehmen mit verschiedenen Anspruchsgruppen austauscht (Dawkins 2004: 112; Morsing 2006: 245).

1.2 Das Web 2.0

Im Zuge der technologischen Entwicklung der letzten zwei Jahrzehnte wird für die CSR-Kommunikation immer häufiger das Internet verwendet (Angeles/ Capriotti 2009; Birth et al. 2008; Rolland/Bazzoni 2009). Wissenschaftler aus dem Bereich Public Relations heben das Potential des Internets als Instrument für Interaktivität und Dialog hervor (z.B. Kent/Taylor 1998; Hallahan 2001). Technisch ermöglicht das Internet die Interaktion zwischen einer unlimitierten Anzahl von Individuen und verschafft somit Unternehmen die einzigartige Möglichkeit, Beziehungen aufzubauen und zu pflegen (Wright 1998; 2001).

In den vergangenen Jahren hat der Aufstieg des Web 2.0 die Art und Weise, wie Kommunikation und Interaktion zwischen Unternehmen und der Öffentlichkeit stattfindet, wesentlich verändert. Mit Bezug auf die Kommunikation von CSR-Maßnahmen ermöglichen Soziale Medien neue Arten der Informationsverbreitung und des Beziehungsmanagements (Lattemann/Stieglitz 2007: 12). So können mit Instrumenten des Web 2.0 Anspruchsgruppen in einer dialogischen und personalisierten Interaktion erreicht werden, wie es zuvor noch nicht möglich war (Fieseler et al. 2010).

Es gilt jedoch zu beachten, dass Unternehmen mit der aktiven Kommunikation ihrer CSR-Maßnahmen auf zwei bedeutende Hürden stoßen, nämlich eine geringe Beachtung der Kommunikation und Skeptizismus (Bhattacharya et al. 2008: 39; Sen et al. 2006: 159; Du et al. 2007: 231; Morsing et al. 2008: 241). Während traditionelle Kommunikations-kanäle bisher noch nicht die ideale Lösung für diese zwei Herausforderungen gebracht haben, so versprechen Soziale Medien viel versprechende Instrumente um die Aufmerksamkeit und Beachtung für CSR-Kommunikations-Inhalte zu steigern und gleichzeitig den Skeptizismus bei kritischen Anspruchsgruppen zu mindern, indem Unternehmen ihre CSR-Maßnahmen in einer deutlich stärker dialogorientierten und personalisierten Weise kommunizieren.

Unter den existierenden Sozialen Medien ist Twitter, ein internet- basierter Micro-Blogging-Service, der seinen Nutzern erlaubt Kurzmitteilungen (Tweets) zu publizieren, eines der bekanntesten und beliebtesten Instrumente, welches von Millionen von Menschen genutzt wird um mittels Mobiltelefon oder Computer Nachrichten zu publizieren und sich mit anderen Nutzern auszutauschen (Krishnamurthy et al. 2008; Honeycutt/Herring 2009; Java et al. 2009; Zhao/Rosson 2009). Mittlerweile haben auch viele Unternehmen sich dazu entschlossen, ihre CSR-Informationen über Twitter zu verbreiten und mit einzelnen Nutzern in personalisierten Kontakt zu treten.

1.3 Forschungsziel

Mit der Analyse der CSR-Kommunikation, welche von dreißig Twitter-Accounts von Unternehmen ausgeht, leistet dieser Artikel einen Beitrag zum Verständnis der Rolle von Twitter in der CSR-Kommunikation und Public Relations. Das Ziel der vorliegenden Studie ist es zu untersuchen, zu welchem Grad Unternehmen das Soziale Medium Twitter nutzen um a) ihre CSR-Maßnahmen zu kommunizieren und b) mit anderen Twitter-Nutzern in Kontakt zu.

Im Beitrag werden zuerst die theoretische Sichtweise und die Herausforderungen der CSR-Kommunikation erläutert. Dann wird die Rolle des Internets, insbesondere jene des Web 2.0, für die CSR-Kommunikation beschrieben und die aktuelle Forschung dazu betrachtet, gefolgt von der Beschreibung der Relevanz, welche die Interaktivität für Public Relations und ihre Anwendung für das Soziale Medium Twitter hat.

Dann werden die Forschungsfragen erarbeitet und die Methoden und das Sample zu deren Beantwortung beschrieben. Nach der Präsentation der Ergebnisse werden im Diskussionsteil vier verschiedene Strategien für die CSR-Kommunikation in Twitter vorgestellt.

2 Public Relations und CSR-Kommunikation

Public Relations und Kommunikation finden immer häufiger Eingang in die CSR-Forschung (Morsing/Beckmann 2006; Ingenhoff 2004; Dawkins 2004; Bruning/Ledingham 1999; Manheim/Pratt 1986). Ebenso lässt sich in der Praxis ein Trend ausmachen, wonach die CSR-Kommunikation an Gewicht gewinnt (Birth et al. 2008; Hartman et al. 2007; Hooghiemstra 2000).

Um von CSR-Aktivitäten auf irgendeine Weise profitieren zu können, ist die CSR-Kommunikation für Firmen von hoher Relevanz, da durch sie das Bewusstsein bei verschiedenen Anspruchsgruppen über CSR-Maßnahmen ermöglicht wird (Dawkins 2004: 112; Morsing 2006: 245). Die Kommunikation von CSR seinerseits stellt Unternehmen vor verschiedene Herausforderungen, welche in zwei Hauptproblembereiche münden: mangelnde Aufmerksamkeit und Skeptizismus. Die Aufmerksamkeit für Inhalte der CSR-Kommunikation ist intern aber vor allem auch bei externen Anspruchsgruppen typischerweise gering (Bhattacharya et al. 2008: 38; Sen et al. 2006: 160; Du et al. 2007: 226). Darüber hinaus besteht ein relevanter Grad an Skeptizismus seitens der Anspruchsgruppen, wenn Unternehmen ihre CSR-Maßnahmen zu intensiv kommunizieren, wobei die Motive für die CSR-Maßnahmen bei zu aggressiver Werbung um

Aufmerksamkeit in Frage gestellt werden (Forehand/Grier 2003: 351; Yoon/Gürhan-Canli 2006: 384).

Es wird daher von Wissenschaftlern geraten, dass CSR-Aktivitäten in einer eher zurückhaltenden, nicht zu aggressiven Art kommuniziert werden sollten, wie beispielsweise mit Webseiten oder Reports (Morsing et al. 2008: 109). Darüber hinaus stellt die Beziehungsbildung durch interaktive CSR-Kommunikation eine erprobte Maßnahme dar, um zum einen das Bewusstsein für CSR zu ermöglichen und zum anderen den Skeptizismus zu verringern.

2.1 CSR-Kommunikation im Web 2.0

Die Online-Kommunikation gewinnt zunehmend für die Kommunikation von CSR an Bedeutung (Angeles/Capriotti 2009; Dawkins 2004; Ryan 2003; Birth et al. 2008; Rolland/Bazzoni 2009). Dafür gibt es mehrere Gründe: Die Unternehmen kommunizieren ihre CSR-Maßnahmen online um die Agenda-Setting-Rolle und Gatekeeper-Funktion der traditionellen Medien zu durchbrechen (Pollach 2005: 289; Esrock/Leichty 1999: 460; 2000: 338). Des Weiteren wählen Unternehmen das Internet um CSR-Inhalte zu verbreiten um Regulierungen des CSR-Reportings in gewissen Ländern zu umgehen (Maignan/ Ralston 2002).

Verschiedene Studien zeigen jedoch, dass die Möglichkeiten einen Dialog über CSR-Themen herzustellen und somit guten Beziehungen mit Anspruchsgruppen im Internet zu bilden von Unternehmen praktisch nicht wahrgenommen werden (z.B. Insch 2008: 151). So werden dialogische Funktionen von Internetseiten selten von Unternehmen dazu genutzt um sich mit Anspruchsgruppen über CSR auszutauschen (Angeles/Capriotti 2009: 172; Ingenhoff/ Kölling 2009: 18).

Mit Blick auf den Forschungsstand haben sich bisherige Studien über CSR-Kommunikation im Internet praktisch ausschließlich mit Internetseiten befasst (Jahdi/Acikdilli 2009). In den letzten Jahren haben sich mit den technologischen Wandel die Prinzipien der Online-Kommunikation jedoch grundsätzlich verändert, weg von den klassischen Internetseiten, hin zum „Sozialen Netz“ (Albrycht 2006; Haythornthwaite 2005; Meckel/Stanoeska-Slabeva 2008; Tapscott/Williams 2008). Die klassische, interaktionslose Art CSR im Internet zu kommunizieren, wird nach und nach durch neue auf Interaktivität und Personalisierung basierende Kommunikation verdrängt, welche durch das Web 2.0 ermöglicht wird.

Der Begriff Web 2.0 beschreibt dabei neue Arten der Web-basierten Kooperation und des Datenaustausches, so wie auch sich ändernde soziale Rahmenbedingungen (O`Reilly 2005; 2006). Der Begriff umfasst ein Netzwerk von Services und Individuen, in welchem sowohl Inhalte und Wissen als auch

Verbindungen erschaffen und verändert werden. Die Hürden, an diesem Netzwerk teilzunehmen sind sehr niedrig, wodurch sich viele neue Formen der sozialen Interaktion herausbilden.

Insbesondere die Nutzung von Sozialen Medien wie Blogs, RSS Feeds, Wikis, Elektronischen Foren, Sozialen Netzwerken oder Twitter führen zu einer neuen Form von Interaktivität und ermöglichen es Unternehmen, Informationen zu CSR unterschiedlichen Anspruchsgruppen zuzuführen und Beziehungen zu stärken (Isenmann 2006: 253). Daher überrascht es nicht, dass Pressley (2006: 18) die Verbesserung der Public Relations als einen wichtigen Gewinn durch die Nutzung von Sozialen Medien für die CSR-Kommunikation nennt.

Trotz des von Wissenschaftlern gepriesenen dialogischen Potenzials ergaben sich aus ersten Studien zur CSR-Kommunikation eher ernüchternde Ergebnisse über die Nutzung von Sozialen Medien für die Beziehungspflege. So fanden Lattemann und Stieglitz (2007), dass Unternehmen kein Interesse daran zeigen, mit ihren Anspruchsgruppen über das Thema CSR in den Sozialen Medien in Kontakt zu treten.

Neuere Studien zeigen hingegen einen Trend auf, dass Unternehmen das Potenzial der Sozialen Medien erkannt haben und dieses vermehrt einsetzen. So führen Fieseler et al. (2010), basierend auf empirischen Befunden, das Konzept des „Mikro-Dialogs" ein, der sich zwischen Unternehmen und hoch engagierten Mitgliedern interessierter Anspruchsgruppen in Sozialen Medien entwickelt. Solche Mikro-Dialoge entstehen in partizipativen Medien, welche praktisch keine Gate-Keeping-Mechanismen aufweisen und somit Konversationen und Interaktivität ohne formale Hierarchien ermöglichen.

Im nächsten Abschnitt wird die Interaktivität der CSR-Kommunikation, die durch das Internet und Twitter ermöglicht wird, von einer Public Relations-Perspektive betrachtet.

2.2 Interaktivität

Die Public Relations Forschung hatte schon früh die Bildung von Beziehungen in ihr Zentrum gestellt und auch heute wird der Kern der Öffentlichkeitsarbeit im Beziehungsmanagement gesehen (Ferguson 1984; Broom et al. 1997; Ledingham/Bruning 1998; 2000; Grunig/Huang 2000; Huang 2001).

Mit Blick auf das Internet habe Kent und Taylor (1998) als erste das dialogische Prinzip des Beziehungsaufbaus in der Onlinewelt betont. Spätere Public Relations Forscher haben das Internet für sein Potenzial der Interaktivität, Dialog und Zwei-Weg-Kommunikation mit der Argumentation gepriesen, dass das Internet viel versprechende Verbesserungen für die Kommunikation und das

Beziehungsmanagement hervorbringt, weil Unternehmen und Mitglieder verschiedener Anspruchsgruppen über gleichberechtigten Zugang zum Medium verfügen (Wright 1998; 2001).

Hallahan (2001: 29) sieht in der Interaktivität des Internets einen Hauptfaktor für einen beziehungsbildenden Prozess, der sogenannte „social assets" generiert, auch bekannt als soziales Kapital (Lin 1999; Haythornthwaite 2001; Field 2003). Der Nutzen von sozialem Kapital wird oft mit dem Zugang zu Information, Einfluss und Solidarität in Verbindung gebracht. So erlaubt soziales Kapital einem Unternehmen Ergebnisse zu erreichen, die ansonsten mit zusätzlichen Kosten verbunden wären (Adler/Kwon 2002; Baker 1990; Fine 2000; Jackman/Miller 1998; Portes/Sensenbrenner 1993; Woolcock 1998).

2.3 Twitter

Twitter bietet seinen Nutzern eine Reihe von Möglichkeiten interaktiv zu kommunizieren (Danah et al. 2010; Honeycutt/Herring 2009). So kann man als Nutzer den Nachrichten anderer Nutzer folgen, indem man sie sie zu „Friends" erklärt und selber so zum „Follower" wird. Auf diese Weise werden Nutzer benachrichtigt sobald ihre Friends eine neue Nachricht veröffentlichen. Des Weiteren können Twitter-Nutzer direkt mit anderen Nutzern interagieren. Um eine Nachricht direkt an einen anderen Nutzer zu schreiben, wird die Nachricht mit einem @-Zeichen versehen, welche somit einem anderen Nutzer zugesandt wird. Wenn ein Nutzer eine solche Nachricht erhält, kann er auf diese Nachricht antworten, was in manchen Fällen zu einem ausgedehnten Austausch führt (Honeycutt/Herring 2009: 1). Eine weitere Möglichkeit der Interaktivität bietet das „Retweeten", indem eine Nachricht von einem anderen Nutzer nochmals veröffentlicht wird.

In der vorliegenden Untersuchung liegt der Fokus auf dem konversationalen Austausch zwischen verschiedenen Nutzern. Auch wenn Danah et al. (2010: 10) dem Retweeten durchaus einen konversationalen Aspekt zuschreiben, werden Retweets in dieser Studie nicht berücksichtigt, da sie keinen direkten Austausch zwischen zwei Nutzern darstellen, sondern vielmehr ein Beitrag an eine „breitere Konversation" (Danah et al. 2010: 10) in einem Netzwerk sind.

Die hohe interaktive Funktionalität von Sozialen Medien wurde bereits von bisheriger Forschung bestätigt. So hat Seltzer (2005) den Inhalt von 50 Umwelt-Blogs untersucht und diese zu den entsprechenden Webseiten zu Umwelt-Themen untersucht. Die Resultate zeigen, dass die Blogs einen höheren Grad an Konversationalität mit Besuchern aufweisen. Aus einer funktionalen interaktiven Perspektive, welche sich auf die technischen Möglichkeiten von Medien bezieht, argumentieren wir, dass Twitter technisch ebenfalls die Möglichkeiten bietet um "einen Dialog und Informationsaustausch zu vollziehen" (Sundar et al. 2003: 23).

Ausgehend davon, dass die funktionale Interaktivität von Twitter gegeben ist, untersuchen wir in dieser Studie ob und inwiefern Unternehmen tatsächlich mit Anspruchsgruppen interagieren, wie dies bereits in erschienener Forschung für Blogs untersucht wurde (Fieseler et al. 2010), oder ob Unternehmen Twitter vor allem für die Informationsverbreitung nutzen und weniger, um mit anderen Nutzern über CSR in einen Dialog zu treten. Das Hauptziel dieser Studie ist es demnach zu untersuchen, wie Unternehmen neue Kommunikations- und Informationstechnologien nutzen um ihre CSR-Maßnahmen zu kommunizieren und ob diese Technologie für die Interaktion mit Mitgliedern der Anspruchsgruppen genutzt werden um Beziehungen aufzubauen.

3 Forschungsfragen

Vor dem Hintergrund der aufgeführten theoretischen Überlegungen und der existierenden Forschung werden in diesem Kapitel die Forschungsfragen präsentiert. Mit Blick auf die Herausforderung der geringen Aufmerksamkeit für CSR-Inhalte auf der einen Seite (Bhattacharya et al. 2008; Sen et al. 2006) und dem Skeptizismus auf der anderen (Forehand/Grier 2003; Yoon/Gürhan-Canli 2006), ist diese Arbeit insbesondere daran interessiert, wie intensiv Unternehmen ihre CSR-Maßnahmen auf Twitter kommunizieren. Um die Intensität der CSR-Kommunikation zu erforschen sollen folgende zwei Forschungsfragen forschungsleitend sein:

Forschungsfrage 1: Wie hoch ist der Grad von CSR-Inhalten in Twitter-Nachrichten, die von den Unternehmen versendet werden?

Forschungsfrage 2: Wie hoch ist die Frequenz von Twitter-Nachrichten mit CSR-Inhalten, die von Unternehmen versendet werden?

Mit Blick auf die gegebene funktionale Interaktivität von Twitter (Danah et al. 2010; Honeycutt/Herring 2009) und den abweichenden Befunden über die Anwendung von interaktiven Möglichkeiten durch Unternehmen um CSR zu kommunizieren (Schneider et al. 2007; Fieseler et al. 2010) sind wir insbesondere daran interessiert, ob und wie interaktiv Unternehmen Twitter nutzen um sich mit verschiedenen Mitgliedern der Anspruchsgruppen über CSR-Inhalte auszutauschen. Des Weiteren interessiert uns, ob Unternehmen auf Anfragen von

Nutzern antworten. Dies führt zu folgenden zwei forschungsleitenden Forschungsfragen:

Forschungsfrage 3: Wie hoch ist der Grad an Interaktion von Twitter-Nachrichten mit CSR-Inhalten?

Forschungsfrage 4: Wie hoch ist das Antwortverhalten von Unternehmen bezüglich CSR auf Twitter?

Im nächsten Kapitel werden die Daten und die Operationalisierung der Forschungsfrage vorgestellt.

4 Daten und Operationalisierung

4.1 Stichprobe

Die Auswahl der Unternehmen für die durchgeführte Analyse beruht auf der Top 100 "Corporate Citizen List 2010", die vom Corporate Responsibility Magazin jährlich herausgegeben wird. Die Auswahl ranghoher Unternehmen für eine Untersuchung anhand solcher Listen wurde bereits in früheren Studien (Schneider et al. 2007) angewendet. Das der Liste zugrunde liegende Ranking beruht auf 324 Kriterien, die mit Hilfe von öffentlich verfügbarer Information in sieben Kategorien wie Umwelt, Klimaveränderung, Menschenrechte, Philanthropie, interne Kommunikation, finanzielle Entwicklung und Betriebsführung erhoben wurden.

In einem zweiten Schritt wurden für das Sampling die Unternehmen daraufhin geprüft, ob sie einen oder mehrere offizielle Twitter Accounts besaßen. Dabei wurde nicht ausschließlich die twitterinterne Suche eingesetzt, sondern auch manuell sichergestellt, dass die gefundenen Accounts auch auf den Unternehmenswebseiten angegeben wurden. So konnte ausgeschlossen werden, dass inoffizielle Twitter Accounts im Rahmen der Studie untersucht werden.

Achtzig der 100 Unternehmen betrieben mindestens einen oder mehrere Twitter Accounts, was einer Akzeptanz-Rate des Mediums von achtzig Prozent entspricht. In einem abschließenden Schritt wurden zusätzlich solche Twitter Accounts ausgeschlossen, die sich auf einen bestimmten geografischen Bereich, wie z.B. die Region um Kalifornien; ein Produkt bzw. Produkt-Segment oder ein bestimmtes Spezial-Thema, bezogen. Die verbleibenden 165 Twitter Accounts bestanden aus sechzehn speziell dem CSR Thema gewidmeten Accounts und 149 generischen Unternehmensaccounts. Aus diesen 165 Unternehmensaccounts sollten jene 30 Accounts für die Untersuchung ausgewählt werden, welche am zentralsten in einem Netzwerk von CSR-interessierten Twitter-Accounts gelegen sind. Um diese 30 zentralsten Accounts zu identifizieren, wurde die soziale Netzwerk-Analyse angewandt.

4.2 Soziale Netzwerk-Analyse

Um die strukturelle Einbettung der ermittelten Accounts in einem großen Netzwerk CSR-interessierter Twitterer zu ermittelten, wurden als erstes in mehreren Schritten Twitter Accounts zum Thema CSR eingesammelt und daraus das CSR-Twitter Netzwerk konstruiert. Dazu wurden zunächst 105 prominente Twitter Accounts ermittelt, die auf öffentlichen Twitter Verzeichnissen wie http://www.wefollow.com oder http://twellow.com unter dem Stichwort "CSR" kategorisiert sind. Diese Accounts wurden als Grundlage dafür genutzt um thematische Twitter Listen zum Thema CSR zu ermitteln. Twitter Listen sind ein Feature von Twitter, das jedem Benutzer erlaubt Benutzer nach eigenen Kategorien in Listen zusammenzufassen. Solche Listen werden auf Twitter ähnlich genutzt wie die Listenfunktion in Amazon, die es Amazon Nutzern erlaubt Bücher zu einem bestimmten Thema in einer öffentlich einsichtbaren Liste gruppieren, um so an einem Thema interessierten Lesern weitere Bücher vorzuschlagen.

Mit Hilfe einer eigens entwickelten Software (TwitterMiner) wurden für die anfänglichen Twitter Accounts über 51.000 Listen extrahiert, die diese 105 CSR Twitter Accounts führten. Um allerdings nur solche Listen beizubehalten, die sich speziell mit dem Thema CSR befassen, wurden die 51.000 Listen nach CSR-spezifischen Stichwörtern wie "CSR", "Corporate Social Responsibility", "Sustainability", and "Citizenship" gefiltert und auf 821 themenrelevante Listen reduziert. Diese Listen wurden dazu genutzt um alle auf diesen geführten Twitter Accounts einsammeln und ein großes CSR Twitter Netzwerk von Personen zu erzeugen, die sich speziell mit dem Thema CSR befassen. Das so entstandene Netzwerk bestand aus 19.855 Twitter Accounts und über 3 Millionen Verbindungen zwischen diesen Personen.

Um die strukturelle Einbettung der 165 identifizierten Twitter Unternehmensaccounts im Netzwerk der 19.855 CSR interessierten Twitter Mitglieder zu ermitteln wurden Methoden aus der Sozialen Netzwerk Analyse eingesetzt (Wasserman/Faust 1994). Hierbei wurden die in Twitter befindlichen Freundschafts- und Follower-Beziehungen genutzt, um ein Netzwerk zwischen allen Teilnehmern zu extrahieren. Ein Twitter Account entspricht hierbei einem

Knoten und eine Freundschafts- oder Followerbeziehung einer Kante in diesem Netzwerk.

Im so erzeugten Netzwerk wurde für alle Knoten daraufhin die Closeness-Zentralität (Borgatti 2005) und die Eingangs- und Ausgangsgrade (In/Out Degree) ermittelt. Diese Netzwerkmaße sind die am häufigsten benutzten Maße in der Netzwerkforschung um Meinungsführer in Communities zu ermitteln (Valente/Pumpuang 2007). Die Closeness-Zentralität definiert eine Person immer dann als zentral in Bezug auf alle anderen Personen des Netzwerks, wenn diese Person sich möglichst nahe an allen anderen Personen befindet, dh. möglichst kurze Wege zu allem Personen besitzt. Dieses Maß wird für eine Person berechnet, indem alle kürzesten Wege zu allen Mitgliedern des Netzwerks summiert werden und dann durch die Anzahl der Knoten des Netzwerks auf einen Wert zwischen 0 und 1 skaliert werden. Dieses geht implizit davon aus, dass sich die Effizienz mit der Informationen durch einen Akteur im Netzwerk verbreitet werden können mit der zunehmenden Zentralität des Akteurs verbessert. Dieses Maß diente als Grundlage, um so die dreißig zentralsten Twitter Accounts des Netzwerks zu ermitteln.

Auf diese Weise wurden schlussendlich die dreißig zentralsten Twitter-Accounts in einem CSR-Netzwerk ermittelt.

4.2 Methodik für die inhaltliche Datenanalyse

Um die erste Forschungsfrage zu beantworten, die sich mit dem Grad des CSR bezogenen Inhalts in Twitter Nachrichten beschäftigt wurde eine qualitative Inhaltsanalyse durchgeführt (Holst 1969). Hierzu wurden alle Nachrichten der dreißig zentralsten Twitter Accounts extrahiert und manuell kodiert. Indem für jeden Twitter Account alle vorhandenen Tweets vom 8. August bis zu 3.200 Tweets in der Vergangenheit extrahiert wurden, ergab sich eine Gesamtzahl von 41.864 untersuchten Tweets. Auf Grundlage der Kategorien, die durch das Corporate Reponsibility Magazin Ranking (2010) definiert wurden (Umwelt, Klimaveränderung, Menschenrechte, Philanthropie, interne Kommunikation, finanzielle Entwicklung und Betriebsführung), wurde so jeder Tweet manuell auf das Vorhandensein von CSR bezogenem Inhalt kodiert. Dabei wurde unterschieden, ob Unternehmen allgemeine CSR-Themen ansprechen oder ob sie spezifisch jene CSR-Bemühungen ansprechen, die direkt durch das Unternehmen gemacht werden.

Um die zweite Forschungsfrage bezüglich der Frequenz von CSR bezogenen Tweets zu beantworten, wurde berechnet, wie viele CSR bezogene Tweets im Durchschnitt von einen Twitter Account pro Monat versendet wurden.

Die dritte Forschungsfrage, wie interaktiv Unternehmen auf Twitter kommunizieren, wurde methodisch folgendermaßen operationalisiert: Zuerst wurde für jeden Account die Anzahl der Verwendung der @-Zeichen gemessen. Diese sind ein Indiz dafür, wie oft ein Twitter Nutzer mit anderen Twitter Nutzern interagiert. Da jedoch nicht jede Verwendung des @-Zeichen immer eine direkte Interaktion darstellt (Honeycutt/Herring 2009), sondern auch z.B. einen Dritten referenziert oder einen Ort oder Event markiert, wurden solche Tweets ausgefiltert und nur jene Tweets beibehalten, die explizit einen anderen Nutzer ansprechen. Für die Einstufung der Intensität der Interaktion wurden drei Stufen definiert: Ein niedriges Interaktionslevel liegt vor, wenn weniger als fünf Prozent der CSR-Tweets mit einem @-Zeichen versehen sind. Bei einem mittleren Interaktionslevel richten sich fünf bis dreißig Prozent der CSR-Tweets direkt an andere Nutzer. Ein hohes Interaktionslevel ist durch über dreißig Prozent interaktive CSR-Tweets gekennzeichnet.

Die vierte Forschungsfrage, ob Tweets eines Unternehmens als Antwort auf eine Frage eines anderen Nutzers geschrieben wurden, wurde mit Hilfe der Meta-Information der Tweets beantwortet. Meta-Informationen enthalten Informationen darüber, ob ein Tweet als Antwort auf einen vorherigen Tweet verfasst wurde, oder ob er ohne eine vorherige Frage proaktiv an einen Benutzer adressiert wurde. Ein niedriges Antwortverhalten wird dadurch definiert, dass weniger als 20 Prozent der Tweets mit @-Zeichen eine Antwort sind, mittleres Antwortverhalten liegt bei 20 bis 80 Prozent. Ein hohes Antwortverhalten liegt vor, wenn über 80 Prozent der Tweets mit @-Zeichen eine Antwort oder Reaktion auf einen Tweet sind.

Sämtliche relevanten Informationen wurden durch die Twitter API (Application Programming Interface) bezogen, die Informationen über Nutzer sowie deren Beziehungen und Tweets bereitstellt.

5 Empirische Befunde

5.1 CSR-Inhalte

Für die Beantwortung der ersten Forschungsfrage, zeigt die Inhaltsanalyse der von den 30 zentralsten Unternehmens-Accounts versendeten Twitter-Nachrichten, dass im Durchschnitt 26 Prozent der versendeten Tweets, also jede vierte Nachricht, ein CSR-verwandtes Thema zum Inhalt hat. Die hohe Standard-Abweichung von 21 zeigt jedoch auch, dass es eine hohe Varianz in der Thematisierung von CSR gibt. Die Prozentzahlen reichen von null Prozent bei manchen Firmen, die sich überhaupt nicht zu CSR auf Twitter äußern, bis zu 89

Prozent, Firmen also, die CSR praktisch zum Hauptthema ihrer Twitter-Kommunikation machen.

CSR-Inhalte, die nicht in direktem Zusammenhang zu den jeweiligen Firmen stehen, stellen im Durchschnitt 8,5 Prozent der versendeten Tweets dar. Das heißt, dass im Durchschnitt beinahe jeder zehnte Tweet CSR thematisiert ohne direkt dabei auf Tätigkeiten der jeweiligen Unternehmen zu verweisen. Die tatsächlichen Prozentzahlen der einzelnen Unternehmen variieren allerdings stark. So kommunizieren beispielsweise sechzehn der dreißig Unternehmen praktisch nicht, nämlich weniger als drei Prozent des Inhalts, über CSR, wenn dies nicht in direktem Zusammenhang mit dem Unternehmen steht. Fünf Unternehmen hingegen kommunizieren über ihren Twitter-Account sehr ausführlich über CSR, nämlich mindestens zwanzig Prozent, auch wenn dies nicht in direktem Zusammenhang mit den jeweiligen Unternehmen steht.

5.2 Frequenz

Mit Blick auf die Frequenz, die zweite Forschungsfrage, zeigen die Resultate, dass Unternehmen im Durchschnitt elf Twitter-Nachrichten pro Monat zu CSR-Themen veröffentlichen. Auch hier zeigt die hohe Standardabweichung von 7,1 eine hohe Varianz an. So kommunizieren einige Firmen täglich über ihre CSR-Aktivitäten, während andere dies höchstens einmal im Monat tun.

Die Durchschnittsfrequenz für CSR-Tweets, die nicht in direktem Zusammenhang mit den CSR-Maßnahmen der jeweiligen Unternehmen stehen, liegt bei 3,7 Tweets im Monat, wiederum mit einer hohen Standard-Abweichung von 4,4.

5.3 Interaktivität

Mit Blick auf die Interaktivität, der dritten Forschungsfrage, kann festgestellt werden, dass achtzehn Prozent der Tweets, welche CSR als Thema haben, ein @-Zeichen beinhalten und somit direkt an einen anderen Nutzer gerichtet sind. Die hohe Standardabweichung von 12,3 reflektiert wiederum die hohe Varianz: Fünf Unternehmens-Accounts kommunizieren auf sehr niedrigem Interaktionslevel, so sind nämlich weniger als fünf Prozent der CSR-Tweets mit einem @-Zeichen versehen. Neunzehn Unternehmen interagieren mit ihren Nutzern auf mittlerem Interaktionslevel, was soviel heißt, dass fünf bis dreißig Prozent der CSR-Tweets sich direkt an andere Nutzer richten. Sechs der dreißig Unternehmen interagieren sehr interaktiv mit ihren Nutzern. Bei diesen Accounts sind über dreißig Prozent der CSR-Tweets interaktiv, also mit einem @-Zeichen versehen.

5.4 Antwortverhalten

Die Antwort auf die vierte Forschungsfrage, inwiefern interaktive Twitter-Nachrichten – also Tweets mit einem @-Zeichen – eine Antwort auf eine Frage oder eine Bemerkung auf einen anderen Tweet sind, zeigt, dass im Durchschnitt 38,5 Prozent der interaktiven Twitter-Nachrichten, also Twitter-Nachrichten mit einem @-Zeichen, eine Reaktion oder eine Antwort auf einen anderen Tweet sind. Auch hier muss beachtet werden, dass aufgrund der hohen Standardabweichung eine hohe Varianz besteht. So haben zwölf Unternehmen ein eher geringes Antwortverhalten, was heißt, dass weniger als zwanzig Prozent der Tweets mit @-Zeichen eine Antwort oder eine Reaktion sind. Dreizehn Unternehmen weisen ein mittleres Antwortverhalten auf, weil ihre Tweets mit @-Zeichen zu zwanzig bis achtzig Prozent Antworten sind. Fünf Unternehmen zeichnen sich durch hohes Antwortverhalten aus, über achtzig Prozent der Tweets mit @-Zeichen sind Antworten oder Reaktionen.

6 Zusammenfassung und Schlussfolgerungen

6.1 Ausgeprägte Varianzen in der Twitter-Kommunikation

Aus praktischen Gründen sehen sich Unternehmen mit verschiedenen Herausforderungen konfrontiert, CSR interaktiv zu kommunizieren. Twitter ermöglicht es Unternehmen ihre CSR-verwandten Informationen zu verbreiten, zum einen an eine anonyme Öffentlichkeit, zum anderen aber auch an interessierte „Follower“. Gleichzeitig können spezifische Nutzer auf Twitter direkt und personalisiert angesprochen werden. Zudem ermöglicht es Twitter Unternehmen mit einzelnen Twitter-Usern in Kontakt zu treten, auf Fragen zu antworten oder auf Tweets direkt zu reagieren. Twitter erlaubt somit eine neue Art der Interaktion, welche in starkem Kontrast steht zu den traditionellen Websites, die sich in einer Ein-Weg-Kommunikation an „breite Öffentlichkeiten“ richten (Coupland 2005).

Die empirischen Befunde der analysierten Unternehmen zeigen jedoch, dass sowohl die Intensität als auch der Grad der Interaktivität, mit denen Unternehmen über CSR-Themen kommunizieren, sich zwischen den Firmen bedeutend unterscheiden. Während einzelne Unternehmen es vermeiden über

CSR-Themen auf Twitter zu kommunizieren, räumen andere Unternehmen ihren CSR-Maßnahmen einen wichtigen Platz in der Web 2.0-Kommunikation ein oder unterhalten einen Account, der sich praktisch ausschließlich CSR-Themen widmet.

Interessanterweise existieren Unternehmens-Accounts, welche CSR thematisieren, auch wenn dabei das Unternehmen in keiner direkten Verbindung dazu steht. Es überrascht nicht, dass solche Accounts von Personen geführt werden, die einen starken professionellen Hintergrund in CSR haben und sich breit zum Thema äußern können.

Mit Blick auf die Interaktivität weisen einige Unternehmen eine sehr geringe Interaktivität auf oder kommunizieren vor allem reaktiv, das heißt sie treten nur mit anderen Nutzern in Verbindung, wenn sie angefragt werden. Andere Unternehmen hingegen sprechen aktiv einzelne Twitter User an und versehen diese gezielt mit CSR-Informationen. Darüber hinaus gibt es einige Firmen, die auf Fragen und Bemerkungen reagieren.

Die aufgezeigten Unterschiede lassen die Schlussfolgerung zu, dass Unternehmen sehr unterschiedliche Strategien anwenden um CSR in Twitter zu kommunizieren (oder auch nicht zu kommunizieren). Folglich entsprechen die Unternehmen in unterschiedlichen Graden dem Verständnis von Public Relations als eine kommunikative Aktivität, die „Gefühle wie Verbundenheit, Mitwirkung, Anerkennung und Bedeutung stimuliert" (Galloway 2005: 573).

6.2 Vier Kommunikationsstrategien

Basierend auf den gemessenen Parametern wird hier ein Modell präsentiert, das Interaktivität und Antwortverhalten in der CSR-Kommunikation in Twitter integriert und vier verschiedene Strategien beinhaltet: Die Informations-Strategie, die Personalisierte Informations-Strategie, die Reaktive Strategie und die Engagement-Strategie.

Die Informations-Strategie ist charakterisiert durch geringe Interaktion und demnach auch geringes Antwortverhalten, weil für Antwortverhalten Interaktion überhaupt stattfinden muss. Accounts mit einer Informations-Strategie verbreiten hauptsächlich Informationen über CSR, aber treten nicht mit anderen Nutzern in Kontakt. Diese Unternehmen sind offensichtlich nicht an einer Interaktion im Sozialen Medium Twitter interessiert, sondern beliefern ihre Anspruchsgruppen mit Informationen, zum Beispiel über ihre guten Intentionen, Entscheidungen und Handlungen, um die positive Unterstützung von verschiedenen Anspruchsgruppen sicherzustellen. Von den dreißig untersuchten Unternehmensaccounts verfolgen vier Accounts eine simple Informationsstrategie, wobei sich diese in

der Intensität der CSR-Kommunikation, also Grad und die Frequenz von CSR-Tweets, erheblich unterscheiden.
In ähnlicher Weise beinhaltet die Personalisierte Informations-Strategie einen mittleren bis hohen Grad an Interaktion und tiefes Antwortverhalten. Accounts mit einer personalisierten Informations-Strategie verbreiten CSR-Informationen teilweise spezifisch an einzelne Twitter-Nutzer und passen somit die Informationen entsprechend an. Auf Fragen und Bemerkungen reagieren diese Accounts hingegen nicht. Unternehmens-Accounts mit einer Personalisierten Informations-Strategie nutzen den Vorteil der Personalisierung, zeigen aber wenig oder gar kein Interesse daran, anderen Twitter-Usern zu antworten. Mit diesem Ein-Weg-Ansatz werden Informationen personalisiert anderen Twitter-Usern zugesandt um sicher zu gehen, dass CSR-Informationen, wie zum Beispiel Entscheidungen und Handlungen, effektiv die einzelnen Mitglieder von Anspruchsgruppen erreichen. Ein Drittel der untersuchten Unternehmen, also zehn Accounts, verfolgt die Personalisierte Informationsstrategie. Auch hier lassen sich wieder Unterschiede in der Intensität der CSR-Kommunikation feststellen.

Die Reaktive Strategie zeichnet sich durch mittlere und hohe Interaktion sowie hohes Antwortverhalten aus. Accounts der Reaktiven Strategie verbreiten CSR-Informationen analog der Informations-Strategie, reagieren jedoch viel mehr auf Anfragen und Bemerkungen als dass sie aktiv spezifische Nutzer mit Informationen versorgen. Diese asymmetrische Zwei-Weg-Kommunikation (Grunig/Hunt 1984) wird von Firmen angewendet, die sich nicht aktiv personalisiert mit anderen Nutzern über ihre CSR-Maßnahmen austauschen wollen, aber gegebenenfalls auf Anfragen antworten. Dabei etablieren sie ein dialogisches System ohne aktives Engagement. Die Reaktive Strategie wird von einer Minderheit, nämlich drei Firmen verfolgt.

Im Kontrast zur Reaktiven Strategie sprechen Firmen mit einer Engagement-Strategie, charakterisiert durch mittlere bis hohe Interaktion und mittleres Antwortverhalten, andere Twitter-Nutzer direkt an und reagieren auf Fragen und Bemerkungen. Accounts mit dieser Strategie verbreiten personalisierte Informationen an spezifische Nutzer und zeigen Interesse daran, anderen Nutzern öffentlich zu antworten. Dabei etablieren sie interpersonelle, dialektische Beziehungen. Mit elf Unternehmens-Accounts wendet die Mehrheit der Firmen die Engagement-Strategie an.

Wir argumentieren, dass die Engagement-Strategie am ehesten dem Vorschlag von Bruning et al. (2008: 5) entspricht, wonach ein Dialog nicht nur den Austausch von Informationen beinhaltet, sondern Techniken für eine personalisierte Interaktion zwischen Organisationen und Öffentlichkeiten“ ermöglicht.

6.3 Schlussfolgerung

Indem die die Engagement-Strategie angewendet wird, hat Twitter am ehesten das Potenzial, einen symmetrischen Zwei-Weg-Dialog zu entfalten. Dies wird von einer Vielzahl der Unternehmen auch genutzt. Nichtsdestotrotz verfolgt ein beachtlicher Teil der Firmen einen simplen Ein-Weg-Ansatz ohne die dialogischen Möglichkeiten des Sozialen Mediums auszunützen.

Man muss allerdings beachten, dass in Twitter die Möglichkeiten für einen Dialog im Sinne von Habermas (Habermas 1993), nämlich als das Aushandeln und Austauschen von Ideen und Meinungen, sehr beschränkt sind, wenn man beispielsweise die maximale Länge der Nachrichten von 140 Zeichen, das Fehlen von persönlichem Kontakt oder die zeitliche Distanz berücksichtig.

Nichtsdestotrotz hat Twitter erhebliches dialogisches Potenzial: Die Möglichkeit, mit anderen interaktiv und personalisiert zu kommunizieren, erlaubt es Unternehmen, sich regelmäßig und systematisch mit Mitgliedern von Anspruchsgruppen über CSR Themen auszutauschen und somit die Beziehungen zu verbessern, was zu einer Steigerung des sozialen Kapitals führt.

Somit kann Twitter die Aufmerksamkeit auf CSR-Maßnahmen lenken, indem Unternehmen ihre CSR-Maßnahmen aktiv kommunizieren, und zur gleichen Zeit kann mit Twitter der Skeptizismus auf Seiten der Anspruchsgruppen durch eine interaktive und personalisierte Kommunikation verringert werden. Als zusätzlicher Kanal steigert Twitter den Grad an Interaktivität und verbessert die Beziehungen zu einzelnen Anspruchsgruppen. Gute Beziehungen erlauben den Zugang zu mehr Informationen, zu physischer und emotionaler Unterstützung, was wiederum eine Voraussetzung für kompetitiven Vorteil ist (Lechner/ Dowling 2003; Liao/Welsch 2005).

Literatur

Adler, Paul S./Kwon, Seok- Woo (2002): Social Capital: Prospects for a New Concept. In: Academy of Management Review 27. 2002. 17-40.

Albrycht, Elizabeth (2006): From information overload to collective intelligence: Social bookmarking, tagging and folksonomy. In: Public Relations Tactics 13. 2006. 16-17.

Alexander, Elizabeth C. (2002): Consumer Reactions to Unethical Service Recovery. In: Journal of Business Ethics 36. 2002. 223-237.

Angeles, Moreno/Capriotti, Paul (2009): Communicating CSR, citizenship and sustainability on the web. In: Journal of Communication Management 13. 2009. 157-175.

Baker, Wayne E. (1990): Market Networks and Corporate Behaviour. In: American Journal of Sociology 96. 1990. 589-625.

Bhattacharya, C.B./Sen, Sankar/Korschun, Daniel (2008): Using Corporate Social Responsibility to Win the War for Talent. (cover story). In: MIT Sloan Management Review 49. 2008. 37-44.

Birth, Gregory/Illia, Laura/Lurati, Francesco/Zamparini Alessandra (2008): Communicating CSR: Practices among Switzerland's top 300 companies. In: Corporate Communications: An International Journal 13. 2008. 182-196.

Borgatti, Stephen P. (2005): Centrality and network flow. In: Social Networks 27. 2005. 55-71.

Broom, Glen M./Casey, Shawna/Ritchey, James (1997): Toward a concept and theory of organization–public relationships. In: Journal of Public Relations Research 9. 1997. 83–98.

Brown, Tom J./Dacin, Peter A. (1997): The Company and the Product: Corporate Associations and Consumer Product Responses. In: Journal of Marketing 61. 1997. 68-84.

Bruning, Stephen D./Dials, Melissa/Shirka, Amanda (2008): Using dialogue to build organization-public relationships, engage publics, and positively affect organizational outcomes. In: Public Relations Review 34. 2008. 25-31.

Bruning, Stephen D./Ledingham, John A. (1999): Relationships between organizations and publics: development of a multi-dimensional organization-public relationship scale. In: Public Relations Review 25. 1999. 157-170.

Coupland, Christine (2005): Corporate social responsibility as argument on the web. In: Journal of business ethics 62. 2005. 355-366.

Danah, Boyd/Golder, Scott/Lotan, Gilad (2010): Tweet, Tweet, Retweet: Conversational Aspects of Retweeting on Twitter. HICSS-43. IEEE: Kauai (HI), January 6.

Dawkins, Jenny (2004): Corporate responsibility: The communication challenge. In: Journal of Communication Management 9. 2004. 108-119.

Du, Shuili/Bhattacharya, C. B./Sen, Sankar (2007): Reaping relational rewards from corporate social responsibility: The role of competitive positioning. In: International Journal Of Research In Marketing 24. 2007. 224-241.

Esrock, S. L./Leichty, G. B. (1999): Corporate World Wide Web Pages: Serving the News Media and other Publics. In: Journalism & Mass Communication Quarterly 76. 1999. 456-467.

Esrock, S. L., & Leichty, G. B. (2000): Organization of Corporate Web Pages: Publics and Functions. In: Public Relations Review 26. 2000. 327-344.

Ferguson, Mary Ann T. (1984): Building theory in public relations: Interorganizational Relationships as Public Relations Paradigm. Annual conference of the Association for Education in Journalism and Mass Communication. Gainesville (FL).

Field, John (2003): Social Capital. London/New York: Routledge.

Fieseler, Christian/Fleck, Matthes/Meckel, Miriam (2010): Corporate Social Responsibility in the Blogosphere. In: Journal of Business Ethics 91. 2010. 599-614.

Fine, Ben (2000): Social Capital Versus Social Theory. Political Economy and Social Science at the Turn of the Millennium. London/New York: Routledge.

Fombrun, Charles J. (2005): Building Corporate Reputation Through CSR Initiatives: Evolving Standards. In: Corporate Reputation Review 8. 2005. 7-11.

Fombrun, Charles J./Gardberg, Naomi A./Barnett, Michael L. (2000): Opportunity Platforms and Safety Nnets: Corporate Citizenship and Reputational Risk. In: Business and Society Review 105. 2000. 85-106.

Forehand, Mark R./Grier, Sonya (2003): When Is Honesty the Best Policy? The Effect of Stated Company Intent on Consumer Skepticism. In: Journal of Consumer Psychology 13. 2003. 349-356.

Galloway, Chris (2005): Cyber-PR and "dynamic touch." In: Public Relations Review 31. 2005. 572-577.

Gardberg, Naomi A./Fombrun, Charles J. (2006): Corporate Citizenship: Creating Intangible Assets across Institutional Environments. In: Academy of Management Review 31. 2006. 329-346.

Grunig, James E./Huang, Yi-Hui (2000): From organizational effectiveness to relationship indicators: Antecedents of relationships, public relations strategies, and relationship outcomes. In: Ledingham/Bruning (2000): 23-53.

Grunig, James E./Hunt, T. (1984). Managing public relations. New York: Holt, Rinehart & Winston.

Habermas, Jürgen (1993): Justification and Application: Remarks on Discourse Ethics. Cambridge (MA): MIT Press.

Hallahan, Kirk (2001). The dynamics of issues activation and response: An issues processes model. In: Journal of Public Relations Research 13. 2001. 27-59.

Hansen, Ursula/Schrader, Ulf (2005). Corporate Social Responsibility als aktuelles Thema der Betriebswirtschaftslehre. In: Die Betriebswirtschaft 65. 2005. 373-395.

Hartman, Laura/Rubin, Robert/Dhanda, Kathy (2007): The Communication of Corporate Social Responsibility: United States and European Union Multinational Corporations. In: Journal of Business Ethics 74. 2007. 373-389.

Haythornthwaite, Caroline (2001): Introduction: The Internet in everyday life. American Behavioral Scientist 45. 2001. 363-382.

Haythornthwaite, Caroline (2005): Introduction: Computer-Mediated Collaborative Practices. In: Journal of Computer-Mediated Communication 10. 2005.

Holsti, Ole R. (1969): Content analysis for the social sciences and humanities. Reading (MA): Addison-Wesley.

Honeycutt, Courtenay/Herring, Susan C. (January 2009). Beyond Microblogging: Conversation and Collaboration via Twitter. In: *Proceedings of the 42nd Hawaii international Conference on System Sciences* (January 05 – 08, 2009). HICSS. IEEE Computer Society, Washington (DC), 1-10.

Hooghiemstra, Reggy (2000): Corporate Communication and Impression Management – New Perspectives Why Companies Engage in Corporate Social Reporting. In: Journal of Business Ethics 27. 2000. 55-68.

Huang, Yi-Hui (2001): OPRA: A cross-cultural, multiple-item scale for measuring organization–public relationships. In: Journal of Public Relations Research 13. 2001. 61-90.

Ingenhoff, Diana (2004): Communication of Corporate Citizenship. Analyzing the DAX-Companies. Paper presented at International Agenda Setting Conference, Bonn, 22 September.

Ingenhoff, Diana/Kölling, Martina (2009): The potential of Web sites as a relationship building tool for charitable fundraising NPOs. In: *Public Relations Review* 35: 2009. 66-73.

Insch, Andrea (2008): Online communication of Corporate Environmental Citizenship: A study of New Zealand's electricity and gas retailers. In: Journal of Marketing Communications 14. 2008. 139-153.

Isenmann, Ralf (2006): CSR Online: Internet Based Communication. In: Jonker/de Witte (2006): 247-254.

Jackman, Robert W./Miller, Ross A. (1998): Social Capital and Politics. In: Annual Review of Political Science 1. 1998. 47-73.

Jahdi, Khosro S./Acikdilli, Gaye (2009): Marketing Communications and Corporate Social Responsibility (CSR): Marriage of Convenience or Shotgun Wedding? In: Journal of Business Ethics 88. 2009. 103-113.

Java, Akshay/Song, Xiaodan/Finin, Tim/Tseng, Belle (August 2007). Why we twitter: understanding microblogging usage and communities. In: *Proceedings of the 9th WebKDD and 1st SNA-KDD 2007 Workshop on Web Mining and Social Network Analysis* (San Jose, California, August 12 – 12, 2007). WebKDD/SNA-KDD '07. ACM, New York, NY, 56-65.

Jonker, Jan/de Witte, Marco (Eds.) (2006): Management Models for Corporate Social Responsibility: Berlin/Heidelberg: Springer.

Kent, Michael L./Taylor, Maureen (1998): Building Dialogic Relationships Through the World Wide Web. In: Public Relations Review 24. 1998. 321-334.

Kent, Michael L./Taylor, Maureen/White, William J. (2003): The relationship between Web site design and organizational responsiveness to stakeholders. In: Public Relations Review 29. 2003. 63-77.

Klein, Jill/Dawar, Niraj (2004): Corporate Social Responsibility and Consumers' Attributions and Brand Evaluations in a Product-harm Crisis. In: International Journal of Research in Marketing 21. 2004. 203-217.

Krishnamurthy, Balachander/Gill, Philippa/Arlitt, Martin (August 2008): A few chirps about twitter. In: *Proceedings of the First Workshop on Online Social Networks* (Seattle, WA, USA, August 18 – 18, 2008). WOSP '08. ACM, New York (NY), 19-24.

Lattemann, Christoph/Stieglitz, Stefan (2007): Online Communities for Customer Relationship Management on Financial Stock Markets – A Case Study from a German Stock Exchange. In: Proceedings of Americas Conference on Information Systems (AMCIS) 2007. Colorado.

Lechner, Christian/Dowling, Michael (2003): Firm Networks: External Relationships as Sources for the Growth and Competitiveness of Entrepreneurial Firms. In: Entrepreneurship and Regional Development 15. 2003. 1-26.

Ledingham, John A./Bruning, Stephen D. (1998): Relationship management in public relations: Dimensions of an organization–public relationship. In: Public Relations Review 24. 1998. 55-65.

Ledingham, John A./Bruning, Stephen D. (Eds.) (2000): Public Relations as Relationship Management: A Relational Approach to the Study and Practice of Public Relations. Hillsdale (NJ): Erlbaum.

Liao, Jianwen/Welsch, Harold (2005): Roles of Social Capital in Venture Creation: Key Dimensions and Research Implications. In: Journal of Small Business Management 43. 2005. 345–362.

Lin, Nan (1999): Building a Network Theory of Social Capital. In: Connections 22. 1999. 28-51.

Logsdon, Jeanne M./Wood, Donna J. (2002): Reputation as an Emerging Construct in the Business and Society Field: An Introduction. In: Business and Society 41. 2002. 365-370.

Maignan, Isabelle/Ferrell, O. C./Hult, G. Thomas (1999). Corporate Citizenship: Cultural Antecedents and Business Benefits. In: Journal of the Academy of Marketing Science 27. 1999. 455-469.

Maignan, Isabelle/Ralston, David A. (2002): Corporate Social Responsibility in Europe and the U.S.: Insights from Businesses' Self-presentations. In: Journal Of International Business Studies. 33. 2002. 497-514.

Manheim, Jarol B./Pratt, Cornelius B. (1986): Communicating corporate social responsibility. In: Public Relations Review 12. 1986. 9-18.

Meckel, Miriam/Stanoevska-Slabeva, Katarina (2008): Web 2.0: The next generation Internet. Nomos: MIT Press.

Morsing, Mette/Beckmann, Suzanne C. (eds.) (2006): Strategic CSR Communication. Copenhagen: DJØF Publications.

Morsing, Mette (2006): Strategic CSR Communication: Telling Others How Good You Are. In: Jonker/de Witte (2006): 238-246.

Morsing, Mette/Schultz, Majken/Nielsen, Kasper U. (2008): The „Catch 22´of communicating CSR: Findings from a Danish Study. In: Journal of Marketing Communication 1. 2008. 97-111.

O'Reilly, Tim (2005): What Is Web 2.0: Design Patterns and Business Models for the Next Generation of Software. Retrieved 22.03.2006 from http://oreilly.com/web2/archive/what-is-web-20.html.

O'Reilly, Tim (2006): Web 2.0 Compact Definition: Trying Again. Sebastopol: O'Reilly Media. http://radar. oreilly. com/archives/2006/12/web_20_compact. html, downloaded March, 22, 2007.

Pearson, R. (1989): A theory of public relations ethics. Unpublished doctoral dissertation, Ohio University.

Pfau, Michael/Haigh, Michel M./Sims, Jeanetta/ Wigley, Shelley (2008): The Influence of Corporate Social Responsibility Campaigns on Public Opinion. In: Corporate Reputation Review 11. 2008. 145-154.

Pollach, Irene (2005): Corporate Self-Presentation on the WWW: Strategies for Enhancing Usability, Credibility and Utility. In: Corporate Communications: An International Journal 10. 2005. 285-301.

Portes, Alejandro/Sensenbrenner, Julia (1993): Embeddedness and Immigration: Notes on the Social Determinants of Economic Action. In: American Journal of Sociology 98. 1993. 1320-1350.

Pressley, Lauren (2006): Using Social Software for Business Communication. Working Paper LIS 650.

Riordan, Christine M./Gatewood, Robert D./Bill, Jodi B. (1997): Corporate Image: Employee Reactions and Implications for Managing Corporate Social Performance. In: Journal of Business Ethics 16. 1997. 401-12.

Rolland, Deborah/Bazzoni, Jana O. (2009): Greening corporate identity: CSR online corporate identity reporting. In: Corporate Communications: An International Journal 14. 2009. 249 – 263.

Ryan, Michael (2003): Public relations and the web: organizational problems, gender and institution type. In: Public Relations Review 29. 2003. 335-349.

Schneider, L., Rohnen, V., Luckert, U (2007). Environmental blogs. Konferenzbeitrag präsentiert auf der Conference for European Business Communication, EUKO 2007 in Salzburg.

Seltzer, Trent (2005): The dialogic potential of Weblogs in relationship building. Public Relations Division at the annual meeting of the Association for Education in Journalism and Mass Communication, San Antonio (TX).

Sen, Sankar/Bhattacharya, C. B./Korschun, Daniel (2006):The Role of Corporate Social Responsibility in Strengthening Multiple Stakeholder Relationships: A Field Experiment. In: Journal of the Academy of Marketing Science 34. 2006. 158-166.

Sundar, S. Shyam/Kalyanaraman, Sriram/Brown, Justin (2003): Explicating Web site interactivity: Impression formation effects in political campaign sites. In: Communication Research 30. 2003. 30-59.

Tapscott, Don/Williams, Anthony D. (2008): Wikinomics: How Mass Collaboration Changes Everything. In: Economic Affairs 28. 2008. 88-89.

Turban, Daniel B./Greening, Daniel W. (1996): Corporate Social Performance and Organizational Attractiveness to Prospective Employees. In: Academy of Management Journal 40. 1996. 658-72.

Valente, Thomas W./Pumpuang, Patchareeya (2007): Identifying opinion leaders to promote behavior change. Health Education & Behavior 34. 2007. 881-896

Wasserman, Stanley/ Faust, Katherine (1994): Social network analysis methods and applications. Paperback edition. Cambridge: Cambridge University Press.

Woolcock, Michael (1998): Social Capital and Economic Development: Towards a Theoretical Synthesis and Policy Framework. In: Theory and Society 27. 1998. 151-208.

Wright, Donald K. (1998): Corporate communications policy concerning the Internet: A survey of the nation's senior-level, corporate public relations officers. Gainesville (FL): The Institute for Public Relations.

Wright, Donald K. (2001): The magic communication machine: Examining the Internet's impact on public relations, journalism, and the public. Gainesville (FL): The Institute for Public Relations.

Yoon, Yeosun/Gürhan-Canli, Zeynep/Schwarz, Norbert (2006): The Effect of Corporate Social Responsibility (CSR) Activities on Companies With Bad Reputations. In: Journal of Consumer Psychology 16. 2006. 377-390.

Zhao, Dejin/Rosson, Mary B. (2009): How and why people Twitter: the role that micro-blogging plays in informal communication at work. In: *Proceedings of the ACM 2009 International Conference on Supporting Group Work* (Sanibel Island, Florida, USA, May 10 – 13, 2009). GROUP '09. ACM, New York (NY), 243-252.

The Role of Blogging in Corporate Communication and its Application by Hungarian Companies

Ágnes Borgulya & Judit Háhn

1 Introduction

Corporate communication has had to adapt to the increasing dominance of CMC (computer-based communication). The spread of web 2.0 applications has created the opportunity to establish a direct, bidirectional form of internal and external communication. As Cornelissen (2008) points out, the business environment itself has also undergone changes, which have enhanced the development of new communication genres. The business environment has become more complex for many organizations because stakeholder groups are less homogeneous than before. Enterprises have to reduce the costs in order to operate more efficiently. The changes, which have been brought about in the past two decades, have made companies turn to new, revolutionary forms of corporate communication, which satisfy both the needs of the heterogeneous stakeholder groups and of efficient operation.

In our study we discuss the role of blogs and social media within corporate communication in general and in CEE countries in specific to highlight those features that make this form of online business communication unique. Following this, we are going to focus on the way Hungarian companies apply corporate blogging.

2 Social media

The concept of social media is based on the network of digital communities that have been created by common interest or shared content. Social media can be characterized by:

- the active participation of the members: participants are expected to make contributions and reactions;

- value-creation: the contributions can mean added value – the situation of the wisdom of crowds (Weinberg 2009: 3);
- openness: the services offered are open to reactions and participation;
- discussion: bi- or multi-directional form of communication is supported;
- community-forming: the collective rather than the individual is emphasized;
- connectedness: users can enrich the number of links leading to the website and can provide new links pointing to other sites.

Compared to traditional media, social media is not based on one-way communication between the sender and the receiver of the message. Instead, it is a bi- or often multi-way conversation among users and website operators. In social media the control of the message is given up (Weinberg 2009:20-21), the balance of power is usually lost, but a new form of value-creation appears that attracts users to social media sites. The essence of social media lies in the lack of boundaries between the consumer and the creator of content. As a result, communication among users becomes more frequent and more open. Social media sites are typically online social networks, wikis, podcasts, discussion forums and blogs.

Social media websites have brought about new opportunities for corporate communication, especially for online marketing. Social media marketing as a term was first defined by Rohit Bhargava (2006): he explained it as "optimizing a site in such a way that written content garners links, which essentially acts as a trust mechanism and endorsement" (Bhargava 2006 cited in: Weinberg 2009: 4). Weinberg (2009) adds that social media marketing also involves the process of listening to the community and responding to their needs, as well as reviewing content or promoting certain pieces of content within the social sphere of the internet.

In the developed part of the world the decision to utilize social media technology is a management-led and not a technology-based decision. However, this is not the case in Central and Eastern European countries, where – according to the IAB Gemius CEE report[1] – there were altogether five countries that recorded over 50 percent of online penetration in January 2009. These countries were Estonia, the Czech Republic, Latvia, Slovenia and Lithuania. Among them

1 Gemius – the European leader of online research on the internet and via the internet has compiled a report entitled 'Do you CEE? Interactive Overview of Central and Eastern Europe Markets 2009' to give an up-to-date picture of the internet market in thirteen CEE states, i.e. Bulgaria, Croatia, the Czech Republic, Estonia, Hungary, Latvia, Lithuania, Poland, Romania, Russia, Slovakia, Slovenia, and Ukraine. (http://www.gemius.dk/dk/news/2010-01-18/01)

the rate of online penetration was the highest in Estonia, where internet users constituted around 68 percent of the population.

For the rest of the CEE markets the penetration rate was still below 50 percent. It was significantly lower than in Western European countries, such as Germany, France or the UK – where it fluctuated at around 70 percent. Looking at the latest statistics[2] (as of June 2010) on internet usage, we can see that although the rate of online penetration has increased, it is still at around 50% in Bulgaria, Croatia, Romania, Ukraine and Russia (see Table 1). Although the number of social media users is growing day by day, the opportunities for users to access virtual counters is not increasing with the same rate. As a comparison, in the USA the rate of online penetration is 77.3%.

CEE countries	% Population (penetration)
Bulgaria	47.5%
Croatia	50.0%
Czech Republic	65.5%
Estonia	75.1%
Hungary	61.8%
Latvia	67.8%
Lithuania	59.3%
Poland	58.4%
Romania	35.5%
Russia	42.8%
Slovakia	74.3%
Slovenia	64.8%
Ukraine	33.7%

Table 1. The rate of online penetration in CEE countries (June 2010), source: Internet World Stats[3]

3 Blogs

The blog is a form of social media channel that lets the writer publish his personal thoughts in reverse chronological order, accompanied by the comments

2 Internet World Stats (http://www.internetworldstats.com/stats4.htm#europe)
3 Internet World Stats (http://www.internetworldstats.com/stats4.htm#europe)

and questions of the visitors of the site. According to Wolf (2007: 6) a blog should possess some or all of the following characteristics:

- postings are listed in a reverse chronological order,
- postings are informal and subjective,
- response by readers is possible and often encouraged,
- information on new postings can be sent to registered readers.

The term *blog* has been used since 1999, when the software *Blogger* was developed by the enterprise Labs. Blog-writing was fuelled by the 9/11/01 events and during the invasion of Iraq by the United States (Herring et al. 2004: 1). The analysis of blogs as a genre by Herring et al. (2004) suggests that blogs are neither unique nor reproduced genres, but rather form a hybrid genre drawing from multiple sources. Blogs share features with personal homepages in conveying information about the author, show similarities with online journals in being up-to-date and informative and also resemble the genre of hand-written diaries because of their content and style (Juhász 2010). As Susan Herring (2004) points out, blogs bridge the gap between standard web pages that are static, single author and multimedia documents, and text-based asynchronous CMC such as e-mails (see Figure 1).

Standard Web Pages	Weblogs	Asynchronous CMC
◄	———	►
rarely updated	frequently updated	constantly updated
asymmetrical broadcast	asymmetrical exchange	symmetrical exchange
multimedia	limited multimedia	text-based

Figure 1. Weblogs on a continuum between standard web pages and CMC (Herring et al. (2004: 10)

Blogs are more frequently updated than standard web pages, but do not contain as many multimedia elements as websites. These online diaries are mostly text-based with limited multimedia incorporation. The communication between the sender and the receiver of the message is not as symmetrical as in the case of an e-mail, but neither as mono-directional as in the case of a web page. This hybrid nature or "intermediate" characteristic of blogs make them attractive to readers and even to authors, who can experience social interaction while having control over the communication space (Herring 2004: 11).

Blog-writers are not journalists but everyday contributors, opinion-tellers, who want to share their thoughts with others about certain issues. This is an important fact, as the readers of the postings trust the opinion of everyday users more than that of journalists, who are their employers' paid spokesmen. Blog contributors are mostly young people under 30, who are familiar with using the internet. Herring at al. (2004) found that 54.2% of the blog authors examined were male and 57% of them were students. It is usually the habits and world views of these middle-class youngsters which are reflected in the postings. Blogs are often interwoven with other social content-sharing platforms (with online encyclopaedias and peer-to-peer file-exchanges). The information appears in the form of personal comments. Blogs are able to provoke discussions about certain topics and so consequently raise society's awareness around issues. Bloggers are initiators of personal social communication networks, which keep together communities, enabling them to react on events very quickly.

4 Corporate blogs

Corporate blogging takes business advantage of the genre's "intermediate" characteristics. A corporate blog is less informal and more flexible than a corporate website: the exchange of information is more direct and less asymmetrical. According to Wolf (2007) "blogs represent the first truly interactive, one-to-many communication channel that companies have ever possessed, touching on several different business processes at once" (Wolf 2007: 5). The frequent posts are easy to follow and comments are easy to make, which increases the attractiveness of blogs.

In 2009 more than 15% of the Fortune 500 companies (such as Bank of America, Coca-Cola, Delta Airlines, General Motors) were running corporate blogs[4]. Market research done in the first half of 2006 indicated that 34% of large companies had established weblogs. Another 35% planned to do so by the end of 2006, thus bringing the total to nearly 70%[5]

Although there are many different types of corporate blogs, most can be categorized as either external or internal.

4.1 Internal blogs

The internal blog is a weblog that can be accessed by the employees of the company, usually through the corporation's intranet. By posting comments, employees can take part in the discussion of certain corporate issues, which can result in a direct communication between the various layers of the organization

4 https://www.socialtext.net/bizblogs/index.cgi
5 http://en.wikipedia.org/wiki/Corporate_blog#cite_note-JupiterResearch-7

and lead to the sense of community that can enhance loyalty and the feeling of belonging. Internal blogs create a platform for sharing ideas before or after meetings, and prove to be useful in situations when people are in different locations.

4.2 External blogs

The appearance of external blogs has blurred the boundaries between internal' and 'external' communication (Cornelissen 2008: 195-196). An external blog is a weblog which is public: it can be accessed by anyone. Just like an internal blog, the external weblog is also mainly used for sharing views on company-related issues. Its role is to give a glimpse into corporate culture and to function as a window open to the public. External blogs can convey information about new products or services, react to public criticism, or explain corporate measures.

External corporate blogs, by their very nature, are biased, though they can also offer a more honest and direct view than traditional communication channels. Nevertheless, they remain public relations tools. Examples for types of external blogs include (Wolf 2007: 8):

- company blog: maintained by employees
- expert blog: driven by a single employee/spokesblogger
- CEO blog: written by a high-level executive

The *company blog* is a free and democratic platform for the company's employees to talk about both formal and informal social issues. Outsiders can get a perception of the work atmosphere and team-spirit of the workers.

An *expert blog* is maintained by one employee who considers himself an expert of a certain area. For example, Robert Scoble, a former employee of Microsoft, presented and promoted Microsoft products, and even criticized his employer in his daily blog. Several independent software developers kept reading his posts, and in 2005 Scoble became the first person to earn the newly coined term of 'spokesblogger' (Cornelissen 2008: 195-196). "A spokesblogger is an official spokesperson for an organization who, while publishing an independent blog, often does not speak only for himself, but also on behalf of their employer or the organization that he represents. (Cornelissen 2008:195-196)"

In a *CEO blog*, the company's leader or a high-level executive can give an account of his programmes, daily routine, but can also share his vision and plans concerning the future of the company. What makes this type of blog informal is the inclusion of personal events and data.

Considering the target readers of corporate blogs, we can differentiate between business-to-consumer (B2C) and business-to-business (B2B) blogs. B2C blogs are the basic tools of Customer Relationship Management and Public Relations. Through the blog, the company can obtain information about customers' preferences, and ideas related to product and service development. Moreover, the blog can function as a discussion forum for customer feedback, which may lead to community building because it strengthens the bond between the customer and the company (Wolf 2007: 10). As a PR-tool, blogging can be used to project a positive image of the company by increasing its reputation for being open and concerned with the customers.

B2B blogs usually have a limited number of subscribers. The aim is to keep other businesses informed of the company's latest developments, strategies and events. These blogs may help strengthen B2B relationships and generate sales.

5 Using corporate blogs: preconditions and reason

Before making a decision on whether to use corporate blogging or not, certain factors should be considered by the company's management or marketers. Since blogging is a highly technology-based form of corporate communication, one of the preconditions is the availability of appropriate social media technologies and privacy controls. The company should also have a clear social media policy that regulates the coordination and integration of information. In an ideal situation, corporate blogging is the responsibility of a social media expert or a team of experts who are comfortable not only with up-to-date social technologies, but can also manage social media marketing and online PR-campaigns. The members of this team should know how to combine the different channels of online corporate representation and thus build up the company's image on the internet. Also, by listening to the opinion of the contributors (e.g. customers and suppliers) they can enhance relationship-building.

In addition to relying on social media experts, the company should also have an appropriate corporate culture, namely that of a learning organization. It is essential that senior managers and the CEO himself understand the advantages of corporate blogging, and are involved in the supply of information. If the employees see the use of online social media as a good opportunity for online corporate communication and are ready to learn and use new technologies, they can contribute to the success of corporate blogging.

The main reasons for using corporate blogging are its cost-effectiveness, directness, informality, flexibility, connectedness and interactivity. Blogs are easy to produce: once the webpage is set up, messages can be distributed easily and cheaply. Compared to traditional, printed documents, the costs of distribution and printing can be saved. As the blog allows its author to engage in direct conversation with the readers, it establishes a more personal and informal contact with potential customers, suppliers etc., which can help overcome the barriers of social distance. Blogging is flexible from the point of view of content: blogs can be used as content aggregators. Bloggers can pull in Twitter feeds, showcase videos from YouTube or post photo galleries from Flickr. By creating up-to-date, colourful and interesting content-structure, readers will spend more time on the web page and return to it more often. Connectedness refers to the blog's role in the network of both online and offline marketing tools. According to Beckford (2009) corporate blogging helps to build brand awareness together with the corporate website, social media channels, traditional media placements, paid media placements and direct marketing. What makes blogging different from the other tools is its ability to be used as a testing ground for ideas: the direct and fast feedback from the readers can foster product and service development (Beckford 2009).

6 Best practices

The website www.ENGAGEMENTdb.com measures the companies' performances on the social web, with the aim of monitoring brand engagement. The site ranks the world's most famous brands based on the extent to which they leverage social media to interact with customers. Based on the world's 100 most valuable brands, the Wetpaint/Altimeter Group conducted research[6] to evaluate how companies are engaging their consumers using social media, and how that engagement correlates with the companies' revenue and profit.

The study has found that there is a direct and significant correlation between top financial performance and deep social media engagement: socially engaged companies are more financially successful. There were two other important findings. First, if a company increases the number of online social media channels, overall engagement increases at a faster rate: exponential growth can be found in terms of social engagement as the brand extends itself to cover more and more channels. Second, engagement differs from industry to industry: not

6 The world's most valuable brands. Who's most engaged? ENGAGEMENT db Ranking the Top 100 Global Brands July 2009. Online publication. http://www.engagementdb.com/downloads/ENGAGEMENTdb_Report_2009.pdf

only are certain industries on average present in more channels, but they are also more deeply involved. Some companies, e.g. media and technology firms, are more engaged in social media, since they have the necessary expertise and experience, while others are just experimenting with the opportunities offered by social media.

The best practices for social media engagement in different channels are presented and described in the report. The top engagement score 127 was earned by Starbucks, which has presence in 11 channels, including Twitter and Facebook. There is a small social media team of six people, who are fully integrated into marketing issues. The CEO of Starbucks is also very much engaged in blogging[7]. The second place in the Engagement Scores Rating for the World's top 100 Brands is taken by DELL, a company specialized in offering technology-based solutions. In addition to blogging, they run an idea generation hub called Ideastorm[8], where customers can post their ideas, opinions, and suggestions concerning the company's products and services. The official corporate blog is frequently updated (see Figure 2.)

A bit further down the list, on the 9th place we find SAP, with an SAP Community Network of 1.7 million users. They have 1500 employee bloggers and 400 employees who actively publish content in other forms on the net. The company started the building of the community network with blogs, wikis and discussion forums, and recently they integrated new channels like Twitter as well.

Toyota is another remarkable social media builder. The company launched its YouTube channel and established its Twitter profile in 2008. With a team of three people and seven channels the company succeeded in reaching the 21st place within two years. According to their Social Media Supervisor Scott DeYager and the Online Community Manager Denise Morrissey the key to success is to be present online for the long haul, to pick channels carefully and to spread engagement to employees beyond the social media team[9].

The best practices presented above demonstrate that corporate blogging can contribute to a company's social media engagement and can thus generate profit. Consequently, the function of *knowledge sharing* is of outstanding importance. Both internal and external corporate blogs enable companies to maintain collaboration, and integrate the new ideas of employees and customers, suppliers and other partners. This knowledge community has a very wide spectrum.

---

7 http://www.starbucks.com/blog/looking-forward-to-starbucks-next-chapter

8 http://www.ideastorm.com/

9 The world's most valuable brands. Who's most engaged? ENGAGEMENT db Ranking the Top 100 Global Brands July 2009. http://www.engagementdb.com/downloads/ ENGAGEMENTdb Report_2009.pdf

Blogging provides an opportunity for a new form for interaction among employees, customers, suppliers, partners, all of whom can take part in work-related conversations.

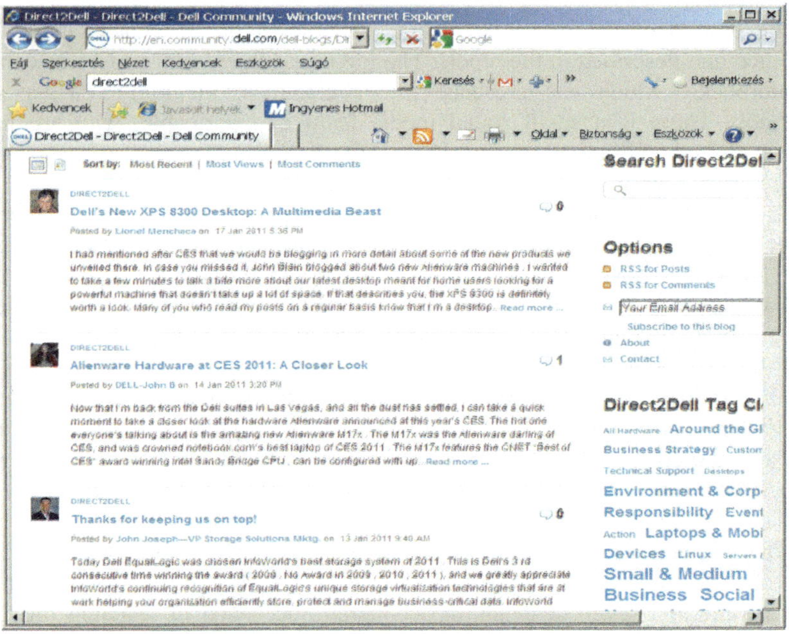

Figure 2. The corporate blog of DELL

7 Social media and corporate blogging in Hungary

The online presence of Hungarian companies is increasing, but has still not reached the level of the well-developed European countries. In 2008 86% of companies in Hungary had intranet access. Compared to Finland and the Netherlands, where this rate is 99%, the Hungarian figure is relatively low. In 2008 only 47% of the companies in Hungary had homepages. Homepages are most spread in the field of finance, education, health-care and social supply. Less developed are the homepages in agriculture (Gárdos 2008).

Although social media is attracting more and more Hungarian users[10], companies are still reluctant to engage in social media channels. One of the reasons can be the fact that Hungary has a short history – not more than five years – in corporate blogging and social media marketing. It is usually the Hungarian affiliates of international companies that are first in using the new forms of online communication. Large multinational and international companies establishing their subsidiaries in Hungary spread their practices (creating social media guidelines, social media strategies), making an outstanding influence on Hungarian corporate communication.

As a result, some of the bigger Hungarian companies are working on their online social media presence. The Hungarian Suzuki Zrt, the Hungarian Telekom or the company Raba already have their own wiki pages (Buzás 2010)[11]. The social media opportunities offered by Facebook and Twitter are, however, still not exploited by Hungarian companies. Small- and medium sized enterprises tend to use mainly e-mails and the corporate website, which do not involve any other online communication channels[12]. These businesses do not have the pre-conditions to employ social media experts who could manage and supervise a social media marketing campaign. However, it does happen that the representatives of SMEs keep contact with customers in topic-based discussion forums, trying to convince them to navigate to the company's website and use their products or services.

Corporate blogging is not very popular among Hungarian companies. The benefits of using this form of online communication are not clear for most managers, and there is a lack of expertise and experience in blog-writing. The traditional one-way business to customer communication rules: Hungarians are usually not active in posting comments on to corporate blogs. Customers are often indifferent, and do not feel it important to let their voices heard. This passive attitude is a further reason why companies in general do not blog.

Corporate blogging started in 2005, when the first corporate blog was launched by the Research Institution for Physics, KFKI, and the same year that a blog for the community of business people (http://kozgazdasz.freebolg.hu) also appeared on the web. Hungarian blog providers, such as blogol.hu and freeblog.hu were launched in 2002 and 2003. Today the most frequently visited blog search engine is Miner.hu. It has a statistics report of about 174,000

10 According to the findings of Facebakers.com run by the Czech Candytech the number of Facebook users in Hungary exceeded 1.2 million in April 2010.

11 http://www.hrportal.hu/hr/blog-wikipedia-telepresence-a-ceges-kommunikacio-uj-eszkozei-20101215.html

12 A survey of the online tools used by Hungarian SMEs. http://honlapozo.com/felmeres-a-magyar-kkv-k-online-eszkozeirol

registered blogs, but there are only 20,000 bloggers with open posts placed within the last few months (Orthmayr, 2008). The website of Miner is structured thematically, offering more than 30 thematic blocks, such as enterprises or marketing for SMEs.

Searching in over 200 blogs, all of them attached to Hungarian companies and provided by different bloggers, it was possible to differentiate three groups of company-related blogs:

(1) Large international and Hungarian companies that use blogging as a channel of their regular internal and external communication. The corporate homepage contains a link to the blog, which is part of the website itself. By clicking on the link, the visitor finds himself on a web page that functions as a blog. This way, the blog is an inherent part of the corporate website. Companies following this practice include SAP, Gloster Telekom Kft or the newspaper publisher Vilaggazdasag Online.

(2) Other companies do not offer a direct link on the homepage to the corporate blog. They register their blogs in blog search providers, such as Miner (www.miner.hu), which offers a list of corporate blogs in a topic-based arrangement. The blog audience can find the posts by searching the content. We should note here that personal and corporate blogs listed on these sites are usually not separated.

(3) In this case, the company does not run a corporate blog directly. However, its products, services or the company itself become the subject of blogging. An example for this is when a person is starting a debate on the quality of the company's products and invites others to join the discussion. In www.foldszint.blog.hu, the author is giving an account of the test he made on the quality of different Hungarian salamis, comparing well-known brands[13].

Nevertheless, corporate blogging is not widespread in Hungary. Some time is needed for enterprises to establish the necessary preconditions and realize the financial benefits of this form of online corporate communication.

13 http://foldszint.blog.hu/2009/08/26/teliszalami_gyorsteszt

8 Conclusion

Corporate blogging is one of the new genres of corporate communication. It can function as a form of publishing and sharing personal thoughts at external and internal level. Businesses can take advantage of its intermediate nature, i.e. its characteristics that make it different from standard web pages and asynchronous computer-based communication. To run a blog, certain preconditions must be present, such as a team of dedicated social media experts and active employees. As successful implementations prove, it is not only an additional channel for marketing and PR, but also an outstanding platform for knowledge sharing within the company, and with the company's external stakeholders.

Corporate blog-writing is still in its infancy in Hungary. The subsidiaries of large multinational companies are most active in integrating various channels of social media marketing. Small- and medium sized companies are still reluctant to experiment with new forms of online representation. There is a lack of social media experts who could manage and run corporate blogging on a day-to-day basis. They prefer to rely on sending e-mails and newsletters, or promote themselves in discussion forums.

References

Beckford, Avil (2009) On Corporate Blogging: Interviews with Don Martelli of MS&L. Publ. November 9, 2009 http://technorati.com/blogging

Buzás, Judit (2010) Blog, wikipedia, Telepresence – a céges kommunikáció új eszközei. http://www.hrportal.hu/hr/blog-wikipedia-telepresence-a-ceges-kommunikacio-uj-eszkozei-20101215.html

Bhargava, Rohit (2006) 5 Rules of Social Media Optimization (SMO). Influential Marketing Blog. http://rohitbhargava.typepad.com/weblog/2006/08/5_rules_of_soci.html

Cornelissen, Joep (2008) Corporate Communication. A Guide to Theory and Practice. Los Angeles: Sage Publications Ltd.

Gárdos, Attila (2008): Magyar internet kereskedelmi statisztikák, a vállalkozások IKT-eszközökkel ellátottsága, http://kozmedia.blogspot.com/2010/08/magyar-internet-kereskedelmi_12.html

IAB Gemius: Do you CEE? Interactive Overview of Central and Eastern Europe Markets 2009. http://www.gemius.dk/dk/news/2010-01-18/01

Herring, C. Susan – Scheidt, Lois A. – Bonus, Sabrina – Wright, Elijah (2004) Bridging the Gap: A Genre Analysis of Weblogs. In: Proceedings of the 37th Hawaii International Conference on System Sciences *(HICSS-37)*. Los Alamitos: IEEE Computer Society Press,1-11. http://www.computer.org/portal/web/csdl/doi/10.1109/HICSS.2004.1265271

Juhász, Valéria (2010) A blog műfaji attribútumiai. http://www.juhaszvaleria.hu/?m=201004

Orthmayr, Flóra (2008) A blogszféra kialakulása, jellemzői, viszonya. http://krono.inaplo.hu

The world's most valuable brands. Who's most engaged? ENGAGEMENTdb. Ranking the Top 100 Global Brands July 2009. Online publication. Prepared by the Wetpaint/Altimeter Group. http://www.engagementdb.com/downloads/ENGAGEMENTdb_Report_2009.pdf

Weinberg, Tamar (2009) The New Community Rules: Marketing on the Social Web. Sebastopol, CA: O'Reilly

Wolf, Mark van der (2007) The business value of blogging. LEWIS Global Public Relations. March 2007. http://gigabook.org/viewnews-231155.html

Corporate Blogosphere in Latvia: Topics, Functions and Authors of Business Blogs

Anda Rožukalne

1 Introduction

Given the developments in new communication techniques, internet has seen a rise of weblogs or blogs and the so-called blogosphere - media space inhabited by bloggers' created content. In order not to lose their audience, traditional mass media also incorporate blogs into their online content. Blogs are being used not only by media professionals, but also by politicians and businesses.

Researches in blogosphere have mainly analyzed interaction between journalism and blogging, blog usage in political campaigns; however blogs are also being more and more used in business communication. It enriches information space with opinions, increases the range of media information sources, allows enterprises to take part in discussing significant topics, to meet their strategic communication needs, represent top management and other specialists as experts.

The aim of the research reflected in this paper is to inquire into thematic and functions of traditional Latvian online news media business blogs by analyzing their content by way of content-analysis.

The research discusses current debates by communication theorists about aspects of blog communication that are related to specific Latvian internet blogosphere. The research shows that in 2010 corporate blogosphere in Latvian media is poorly developed, only several media contain business blogs; besides the range of corporate thematic and authors are very small. Following functions characterize enterprise representatives' blogs: a wish to express comments on current events, sharing experience and also analysis of current situation. For the most part, bloggers reflect upon media or public agenda, they do not create it: the main information source in blogs is its author, thus putting commentary as its function.

2 Features of blog communication

The rise of blogs coincided with the growth of internet media. The development of blogosphere was encouraged by means of internet technology where everyone could uncommonly easily participate in online communications process, take part in discussions, express their opinions and emotions, share their experience and demonstrate personality. Including blogs into media content has changed communication process by making it immediate–now not only media professionals could create and control content. Blogs widen information environment thematically, also in terms of number of participants, not only by developing new forms and tools of communication, but also by competing with journalist-generated content. From all the blog definitions, this applies best to this research: "weblogs or 'blogs', the online postings of comments by citizens, groups, and news professionals, outside of the normal venues provided by the mainstream news organizations" [Reese, Rutigliano, Hyun, Jeong 2007: 236].

Participation in public communication by means of blogging makes information more versatile, bringing news from place which was not promptly reached professional reporters; therefore it becomes possible to know "what happens all the time and everywhere" [Barlow 2007a:146]. In the USA, the rise of the blogosphere is being related to civil or non-professional journalism development in the 1990's and early years of the XXI century, however in Latvia this journalistic genre, i.e. individual participation in mass communication, is fragmentary and less developed. Blogs reflect internet's nature: this communication is not hierarchical, content is influenced by people involved, it is not defined by planning or elitist decision-making; the success of a blog is dependent on "author's ability to be in the right place and time, as well as talent, persistence and invested efforts" [Barlow 2007b:148], writes Alan Barlow.

Blogs are characterized by versatility in form, they do not match any defined journalistic genre or forms; often they are unfinished and also do not follow principles of traditional and professional journalism. Blog communication has personal character; in most cases bloggers express their personal opinion, share views and experience. Blog's interactivity with its readers is more common as interpersonal communication, when blog's author, if he or she wishes, involves in online discussions with it their readers, rather than mass communication where a large audience receives one-source information. Bloggers' audience is able to read information, react to it, incorporate blog's information into their own experience, also spread it further on by means of links, or just tell about received information in virtual or actual environment.

"Blogosphere creates new online community, which co-develop new models of communication and decision-making patterns, changing our views on the provision of information and modify their own processes" [Hewitt 2005a: 105], writes Hugh Hewitt. He emphasizes blog communication's two-way nature, i.e., what is significant is the feedback, however, it does not have to be instantaneous; communication can proceed asynchronous - at times when it is convenient to both the author and the reader. Although blog communication includes passive part, when blog is being read, audience activity is a significant factor by which to measure blog's content impact. Opportunities offered by blogosphere relate to Jurgen Habermas's concept of 'public sphere' which analyzes the nature of public communication – its range, reasons for participation and criteria for development of public opinion.

Blog communication process can be characterized using Niklass Luhmann's information selection theory which describes how communication is a process of coordinated selectivity, divided into three steps: - "selection of information, selection of communication form and receiving of the information" [Luhmann 1995a: 140]. Firstly, blog's creator selects information to be published, secondly, chooses a form of communication, e.g. just text, audio, video, photographs or hyperlinks. Thirdly, "audience receives and interprets the information using their experience" [Luhmann 1995b: 140]. Luhmann states that in the third step, which is the step where audience receives information, the source does not participate in the process. The next step mentioned by Luhmann in this process is the author's reaction to readers' reaction and its interpretation; furthermore this communication circuit makes possible exchange of information among readers' of the blog.

Blogs impact has encouraged debates among communication theorists about various important mass communication issues. First, blog impact on journalistic sense has been evaluated and projected that blogs could partially substitute the need for professional journalistic content and can threaten future of journalism.

However, blogs whose authors often are journalists themselves gradually have made their way along professional content, bringing into traditional media a larger number of tones and views, various thematic, and developing a closer link between medium and its audience. Melisa Wall has compared blog communication to traditional journalism and has defined differences in content, text structuring and audience behaviour. In terms of content, traditional journalism and blogging have in common "actuality, yet blogs, for the main part, are not professional, but personal, they contain subjective views" [Wall 2005: 162], whereas traditional journalism offers distanced, neutral and mainly objective content. Therefore, along blogs, traditional journalism can still offer information and views that are checked and that receives higher trust than statements by various persons for different reasons.

The bloom of blog communication has encouraged research in this area, classification of blog content, author evaluation, analysis of content aims and functions.

3 Variety of blog structure and functions

Blogs can be structured by several features, however the most significant are blog authors, blogs' content and thematic. By evaluating these criteria and by analyzing published content, one can obtain information that can help define blog functions. Nevertheless it is no uncommon that blog thematic, aims and authors converge into one notion, therefore popular blog structures are united by bloggers identification and blog's thematic criteria, whereas these criteria can help also reveal blog's aims and the function (or several functions).

First, among bloggers one can identify individual bloggers and organizations or enterprises that, on their behalf, disseminate information into blogosphere. The most common bloggers are journalists who publish information and opinions that are not entirely checked or do not conform to traditional media content. Blogs are often written by media editors who express their views and draw attention to media content, maintaining their status as opinion leader and widening forms of communication between the medium and its audience.

The second important blogger group is expert blogs created by professionals who want to share topical information about their professional sphere. This group includes volunteering bloggers that want to educate the public, share their experience and spread useful information. In this group a subgroup can be identified, which includes bloggers that represent particular organizations and wish to draw attention to themselves or their product, therefore these authors belong to corporate blogger group.

Evaluating blogs in various media, it is possible to identify following blogs by their content and authorship: personal blogs, practical advice blogs, war and disaster blogs, watch-dog blogs, political blogs, editorial blogs; blogs dedicated to significant thematic; organizational blogs - their aim is to realize public relations functions and use communication to spread, in a friendly way, biased information and views.

All bloggers have following function attention to a particular issue. Individual or personal blogs are also used in various ways, but their authors, for the most part, realize commentary function, express emotions, spread information, share experience, appeal for some issues, and try to mobilize audience for concrete action.

For their part, the main functions of organizational and their representative blogs are as follows: informing, expressing opinions. An important feature for all bloggers, especially organizations, is providing public relations by way of blogging - this function can be realized by communicating on a regular basis, introducing the organization in question, defending their view or dealing with crisis communication situations.

4 Corporate blogs

The aims and functions of corporate and other blogs partially overlap; nonetheless, corporate blogs can be divided by these criteria:

1) by enterprise type and locality (international corporate blogs, local firm blogs);
2) by authors status (position, level of corporate hierarchy, corporative representative or independent specialist);
3) by usage in corporate communication process (blogs that are dedicated to social responsibility, marketing-oriented blogs, image-making blogs);
4) by thematic (management blogs, finance blogs, business blogs);
5) by medium (blogs on company's webpage, corporate blog webpage, trade information websites, traditional media, general blog websites).

Blogs allow corporate communication to spread information about actual issues, express opinions on business problems or participate in debates about issues that are important to general public. The more successful blogs encourage public awareness about business environment; some bloggers gain a status of trade expert or opinion leader. On the other hand, corporate blogs are in contradiction with blogging nature - free, direct and two-way communication. Corporate enterprises have a bigger impact on blogosphere's content; in fact most part of corporate blogs is part of company's communication strategy.

Corporate blogs allow reaching the audience directly, but they are also often criticized for wasting corporate financing. First, corporate blogs demand a large intellectual investment by their authors and regularity that is a problem, given busyness of corporate employees, even if blogs are created by PR departments. Second, if corporate blogs are not managed by media editors and business organization can freely express their opinion or give information, it becomes hard to control the feedback from the audience. This is one of the most important risks in communication, which is directly linked to company's reputation.

It is not uncommon for corporate blogs to be rather unnatural and without individuality, which makes them formal and boring. For example, they can merely repeat company's basic information, resembling corporate leaflets. Corporate blogging efficiency is criticized also because it is hard to evaluate and calculate their financial gain. From a professional perspective, blogging and facilitating a dialog with readers is very expensive in comparison with traditional advertising and public relations forms which can offer fast reach of a large audience.

5 Blogs in traditional Latvian mass media

Research in Latvian mass media blogging is made difficult by their unstable content and different understandings of their place in a medium. That is, several media had initially developed blog communication, but have closed down their blogs after several months (e.g. nra.lv), other media consistently try to create a circle of particular bloggers (e.g. db.lv), yet diena.lv allows anyone to publish their opinion, given that authors comply with main medium-set blogging ethics code. Blogs that appear in online versions of already popular newspapers and magazine reach wider audience in comparison to blogs that are publishes on specific websites or social networks (e.g. tribine.lv, sviestaciba.lv, etc.).

Uncertainty, unpredictability and dependability on authors wish to express themselves are factors, associated with blogosphere, which appears more and more also in traditional Latvian mass media content. There not a lot of bloggers; they rarely post new information (from once a week to once a month). Quality blog content takes time, it is serious work if an author wishes to create an original and exiting text and reach many readers with every post. Second reason for poor development of blogosphere is quite pragmatic – media do not pay for blogging or the payment is very small, therefore bloggers lose motivation to regularly publish.

In Latvia, the range of corporate bloggers is small, and their content is rarely updated: blogs are written by some company management or specialists (mainly representing banks, pharmacies, PR or advertising business). Corporate blogging language demonstrates formal communication. Unofficial information indicates that top-management blogs are actually written by PR specialists; therefore their style is sometimes artificial and unnatural.

6 Research method and process

The aim of the research of Latvian corporate blogosphere is to establish corporate representative thematic, structure blog authors and identify blog content functions. Chosen methods are quantitative and qualitative content-analysis; blogging thematic, author groups and additional elements involved in blogging are categorized. In order to identify blogging functions, a small pilot research was carried out and a list of functions was drawn up.

By defining blog thematic were categorizes areas mentioned by a blogger. For example, thematic category 'economics' includes blogs that discuss macro and micro economic issues, economic situation in the country, comment on economic problems in Latvia.

Blog's function was defined by identifying the aim of the blogger's published text. For example, if a blogger had re-told a news found in media, adding his or hers personal opinion, this blog was categorized as a comment. Several authors describe context of some events, evaluate it among other processes, analyze consequences and add conclusions - therefore blogs functions was stated as 'analysis'. As it is often possible for a blog to possess several functions, therefore blogs function was defined quantitatively most common function.

The research was carried out between Jan 3 and Jun 30, 2010; it analyzed corporate representatives' blogs in newspaper Diena online version diena.lv and business paper Dienas Bizness website db.lv; 167 posts were evaluated in total.

7 Corporate blogging content research: results

Blogs as a part of media content fulfil the same functions – they provide public self-observation and evaluation, inform, and create a chronic of original public opinions; they can entertain or distract, facilitate debates and fulfil many other functions. Blogs also have their own specific functions that are related to personal nature of their content, forms of free expression and subjective attitude to reality.Most of the researched blogs are dedicated to economic (46%), politics (19%) and legislation (25%). Other themes were rarely found and do not produce a significant portion of themes. For example, social issues are voiced in 5 % of blogs, same amount (5%) that are dedicated to commenting on topical media thematic.

Blogs dedicated to economic usually analyze or comment on macro economic issues that are being discussed in media. However legislation-oriented blogs is a reaction to recent legislation process that impacts business environment. Business people also publish commentary about important political issues, especially when cases are linked to commercial sphere.

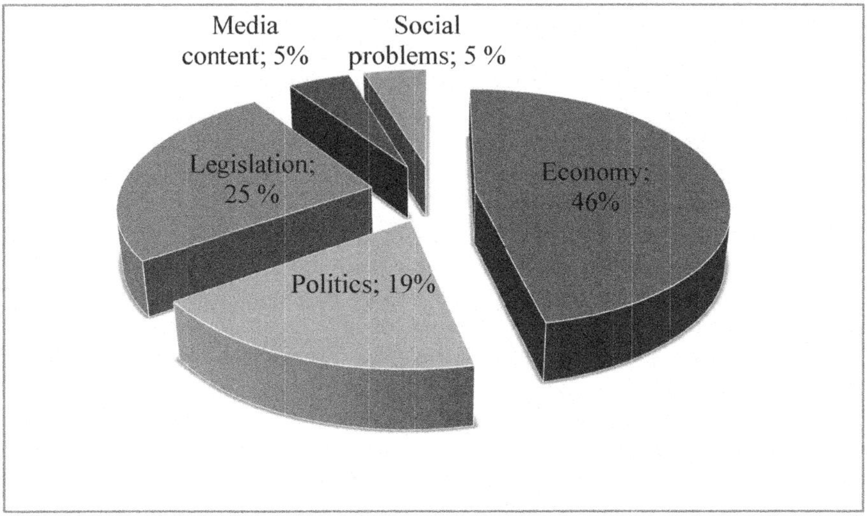

Figure 1. Themes of corporate blogs

The data demonstrate what has already been mentioned: that Latvian media content is dominated by political and economic issues, however, social or cultural problems are discussed only in informative terms. Secondly, bloggers very rarely turn to topic not mentioned in media, therefore blogs cannot widen the thematic range covered my traditional media.

Range of blog authors researched here is wider than the range of chosen themes. The largest part of authors is specialists (45%) or CEO's (36%), 11% of business blogs are signed by enterprise owners, 4% - experts, 2% - civil servants, 2% - members of parliament. Specialists usually write about professional issues, analyze business problems and their link with the public. Some of the blogs offers opinions for debates making their authors opinion leaders. Other specialists blog in order to meet PR aims - promote their employers, create their own image as an expert, draw attention to issues that are topical in their adverting or PR campaigns. CEOs' blogs for the most part fulfil the function of corporate representation.

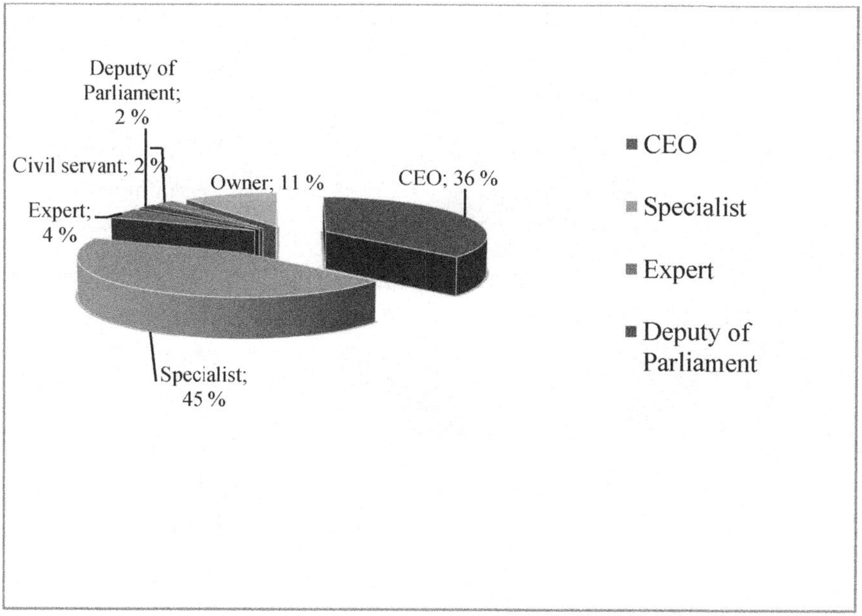

Figure 2. Authors of corporate blogs

Most commonly corporate blogs are written by PR, advertising or marketing specialists (28%), lawyers and solicitors (20%), recruitment specialists (13%), industry specialists (10%). Corporate blogging does not always reflect their authors' background field because these specialists often discuss topics that touch upon wider economic or political themes. Bloggers quite rarely publish new posts - only several authors had posted more that one or two articles in the given period.

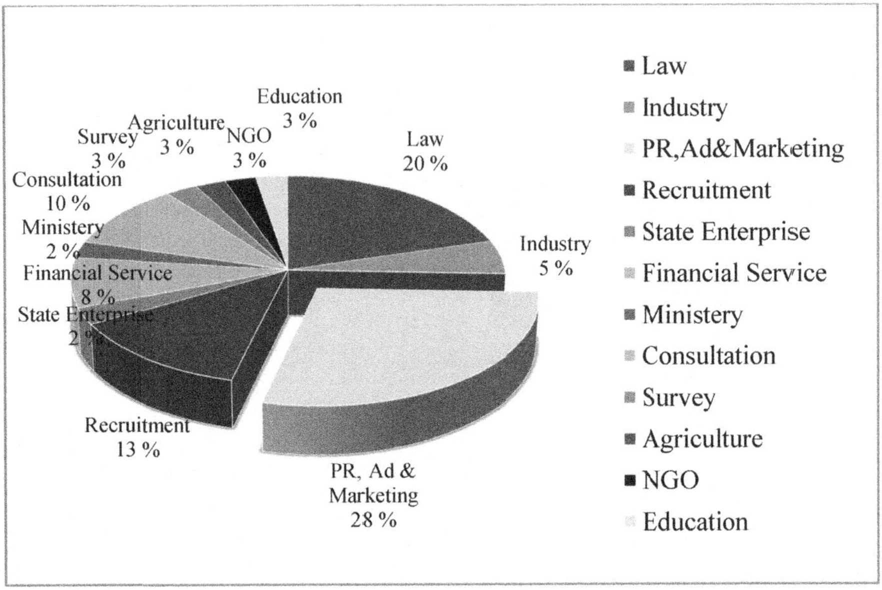

Figure 3. Business fields represented by the blog's authors

Commenting (74%), sharing knowledge (11%), event analysis (7%) and additional informing (7%) are the essential functions for blogs researched here. When commenting recent events, bloggers mostly re-tell them, therefore, blog is a sort of reaction to media content. Often comments are voiced with indignation, sadness, and irony, thus showing attitude. Commenting bloggers do not provide new information or unique ideas, they mainly reflect subjectively on essential news media topics. Many commenting bloggers choose to speak up in order to remind about themselves, appear in public debates, to gain addition publicity because they offer neither ideas, nor opinions, nor give suggestions. However, authors who wish to provide new information elaborate upon actual processes and represent themselves as experts. Analytical bloggers are less emotional, they try to see actual events in wider context and come to conclusions. Blogs, whose authors add essential fact about some particular public topic, provide additional information. Authors of corporate blogs do not express praise or suggestions to a solution of problems, thus many of them are not constructive. Therefore one can conclude that the blogosphere researched here is thematically and functionally monotonous.

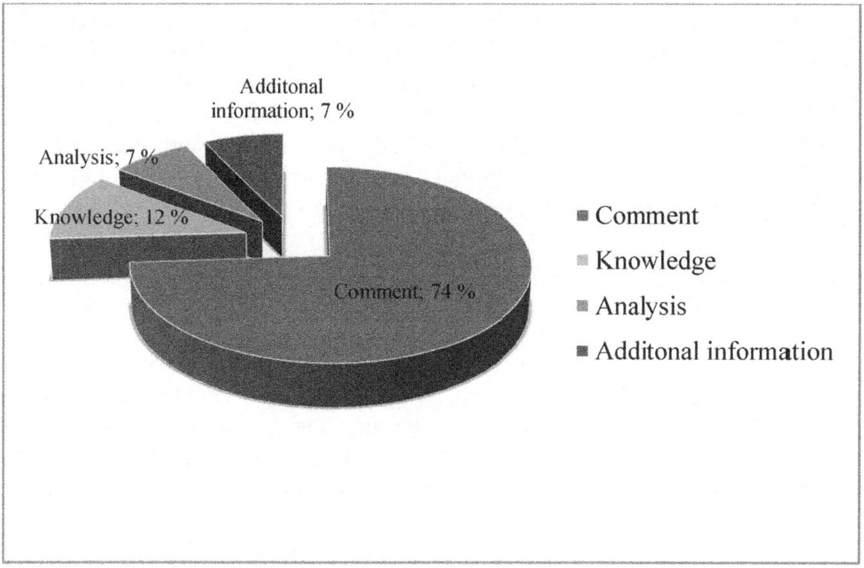

Figure 4. Functions of corporate blogs

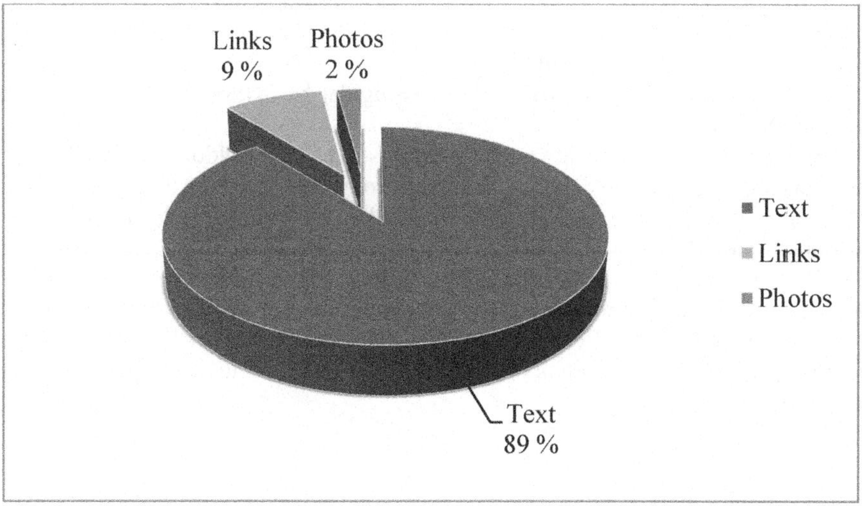

Figure 5. Form of the corporate blogs

Uniformity reveals itself not only in blog content, but also in form because only rare authors add photographs, video or audio information or hyperlinks to their blogs that would provide opportunities for further research. 89% of blogs are text-only, 2% - text and image, 9% blogs contain hyperlinks.

Corporate blog form analysis shows that companies and organizations representatives use text as the traditional medium, but have not included audio or video blogs into their communication.

8 Conclusions

The research of Latvian corporate blogosphere allows one to conclude that corporate blogs has stable basis only in two kinds of media content. Bloggers are not yet able to create their own agenda because the reason for and content of their message is linked to media content. From a technologic point of view, very little part of bloggers use wider internet opportunities by adding multimedia format to their texts.

Corporative blogs contain more information and knowledge than feelings, comments or examples. Content and tone of corporate blogs reflect the content of the medium where they are published. Blogs contained on the website db.lv are mostly business oriented; they are formal in tone and informative in content. However diena.lv corporate blogs include such that shows author's individuality, personal experience and feelings.

Small amount of authors write blogs on regular basis (about 10% are regular bloggers).

Bloggers use their text for public relations aims very seldom, just few blogs are devoted to corporative events, product promotion or company news. Db.lv bloggers represents themselves as a specialists or even experts in particular business field.

Diena.lv bloggers demonstrate more creative and personal attention to business topics, they more often represents themselves as an individuals not only as a staff members of different companies. One of the aims of blogging for the representatives of top level management - use blogs to increase publicity for their companies.

References

Barlow, Alan (2007). The Rise of the Blogosphere, NewYork: Praeger Publishers.

Hewitt, Hugh (2005). Understanding the information reformation. That's changing your world, USA: Thomas Nelson

Luhmann, Niklass (1995). Social Systems. Stanford: Stanford University Press.

Pieretti, N. (2005). To blog or not to blog - today, that is the question. // New Hampshire Business Review: Vol. 27, Issue 9.

Reese, Stephen D, Rutigliano, Lou, Hyun, Kideuk, Jeong, Jaekwan, (2007): Mapping the blogosphere: Professional and citizen-based media in the global news arena.// Journalism: Vol. 8(3): 235–261

Stacks, Don W., Salwen Michael,B. (2008). An Integrated Approach to Communication Theory and Research. London:Routledge.

Wall M. Blogs of War. Weblogs as news. // Journalism. – 2005. - Nr. 2 (6), P. 162.

Business Communication and Social Media: Tendencies, Problems and Future in Latvia[1]

Olga Kazaka

1 Introduction

Such internet social media as blogs and micro-blogs, social networks, content communities, forums and wikis in Latvia are gaining more popularity among users. It also motivates companies to communicate in this environment. Brands are creating their profiles in social networks, blogging and communicating in forums and publishing video. However, crucial issue here is whether all Latvian companies use social media in their communication pursuant to the specifics of this environment. By conducting surveys and in-depth interviews with active users of social media, social media experts, as well as companies that communicate in social media, Latvia specific corporative communication tendencies prevalent in this environment have been disclosed. Two practices simultaneously exist: communication via fake or anonymous profiles vs. communication via official corporate accounts. Another significant tendency is related to the fact that social media users wish to communicate with real representatives of companies, for example, technical specialists, but in their turn, companies themselves are tended towards delegating communication in this environment to PR specialists. These and other research findings are significant, as they characterise that social media enters the small country, where communication area is comparatively new, as well as that fragmented communication environment: the society is divided into two language communities, but users have been scattered across various social media. Difficulties are enhanced by the lack of experience among communication specialists in relation to social media, as well as inability to change their communication strategy from "creating and providing message" to forming a

1 This work has been supported by the European Social Fund within the project «Support for Doctoral Studies at University of Latvia».

dialogue, which leads to a "trial-and-error" method, when not all possibilities are employed.

2 Definitions

Argenti writes that the concept of *corporate communication* in the companies is used to describe four different aspects of communication: 1) the functions such as marketing, 2) the communication channels, 3) the process of communication, 4) the approach or the set of principles. Company's corporate communications function is maintaining a responsibility of internal and external communications. It also includes a set of subfunctions, such as media relations, investor relations, internal communication or communication with employees, relationships with public institutions, relations with local communities, corporate philanthropy, corporate reputation, as well as marketing communication. The corporate communication channels include not only printed materials, but also information available on the company's website or in the blog. The communication process includes a communication style with define tone. Some companies use very formal and bureaucratic stile, while others decide on an informal communication style, which promotes free dialogue between the management, stuff, customers and the other audiences. Finally, the corporate communication also includes a set of the approaches and the set of principles that affect what and how people are communicating on the behalf of the company. Argenti also writes that all these aspects are changing along with new developments of the modern technologies. Communication becomes more dynamic, in the result of that the companies are forced to respond and engage in a dialogue with the public. In this ground the social media can be helpful (P. Argenti: 357–370).

The *social media* concept has not one generally established definition. Komito and Bates define the social media as online applications, which provide a greater interaction between internet users through user-generated content. This content can be diverse and include photos, video and textual comments (L. Komito and J. Bates 2009: 232–244).

Palmer characterizes social media as online applications, platforms and media which aim to facilitate interactions, collaborations and the sharing of content. The importance of social media lies in the interaction between consumers and the community, and in the facilitation of asynchronous, immediate, interactive, low-cost communications (A. Palmer and N. Koening-Lewis 2009: 162–167). Anklam defines social media as a set of software tools and internet applications that ensure the expansion of relations between people, as well as a personalized set of online tools, where individuals are identified by name (P.Anklam 2009: 415–426).

Constantinides and Fountain offer the following social media categorization: 1) blogs - comprising individuals' or firms' online journals, often combined with audio or video podcasts; 2) social networks - applications allowing users to build personal web sites accessible to other users for exchange of personal content and communication; 3) content communities - web sites organizing and sharing particular types of content; 4) forums/bulletin boards - sites for exchanging ideas and information usually around special interests; 5) content aggregators - applications allowing users to fully customize the web content they wish to access (RSS) (E. Constantinides and S. Fountain 2008: 231–244).

As a synonymous for the term social media is also used Web 2.0 concept defined by O'Reilly (2005). Web 2.0 integrates internet technology, which anticipates contribution of users in the creation of the content and the replenishment. For example, blogs or internet encyclopedia Wikipedia. This type of resources is also called as user-generated content resources.

There are authors who separate social networking sites or social networking platforms from the concept of social media. Social networking sites are defined as Internet sites that promote social interaction through the accounts of the users profiles (A. Keenan and A. Shiri 2009: 438–450). The social networking platforms (the most popular in Latvia are: Draugiem.lv and One.lv/ Odnoklassniki.ru, in the world: Facebook.com, MySpace.com) increase users' ability to make connections, providing two primary characteristics: 1) the ability to organize and display connections among the users, 2) renewal of the status and activities of the users (P. Anklam 2009: 415–426). The social networking sites are also regarded as the main operating environment for the communication of Web 2.0 (S. Karakulakoglu 2010: 61–68).

As we see, different authors by the definitions of social media, Web2.0 and social networks tend to describe the same resources. As equal expression also is being used the term "new media". In present paper the term social media is being used as a broader concept that includes: Web 2.0 resources with their potential of user-generated content and social networks that systematize connections between the users and facilitate cross-communication among them. So my definition for the term "social media" is: an Internet resource based on user-generated content, which provides interaction and communication for the users. This paper is primarily emphasizing such social media as blogs, social networks (such as One.lv/Odnoklassniki.ru, Draugiem.lv, Facebook.com), microblogs (Twitter), wikis (Wikipedia), forums, and content communities (YouTube, Flickr).

3 Changes in communication processes

Today companies in their communication process should take into account that stakeholders are free to discuss brands or products in social media, that means that competition for the attention of the audience is increasing, social media are sharing influence with traditional media, but companies loose part of the control over the information that appear in public field about its brand, products or services (J. Cox, R. Martinez and Quinlan 2008: 4–12).

Grunig opposes this position, saying that feeling of the control existence before the social media was just an illusion, that came from the traditional public relations paradigm, that consider public relations as messaging, publicity, informing and media relations function. Grunig's survey performed in 1997 showed that society always have controlled messages that are connected with them, not companies or media (J.Grunig 2009: 1–19).

Benett and Manheim propose that today the change of the communication paradigms is actual: 1) thanks to modern communication technologies media and society is changing. Traditional media reach narrower audience, but the niche media reach wider audiences and influence them more effectively; 2) persons in modern fragmented society take more responsibility for their emotional and cognitive realities, often doing it separately from influence of the group; 3) campaigns become not permanent and ubiquitous, but categorized (W.L. Benett and J.B. Manheim 2006: 213–232).

At the same time Burgess and Green notice that the bigger users participation in internet content generation shouldn't be considered as radical historical revolution, but as a period, when thanks to technology processes and practices that already exist in the culture, media and society for a long time become more visible (J. Burgess and J. Green 2009: 14).

Castells mentions that important change is connected with transition when social relationship model comes to the place of the interaction model, that was based at the territorial connections. In social relationship model more and more important becomes individualization principle. After transition from the first level of the relationships (family and community) to the second level of the relationships (unions), now is being created a new dominant structure, that is based at the third level of the relationships or at "personified communities" – self-centred networks that privatize the sociality (M. Castells 2004: 3–4).

Text creation concept also is changing. If traditional text included the beginning, development and the end, today text creation is time based, but the chronological organization is different. For example, the last Facebook, YouTube or blog posts usually are seen at the top – the end is at the beginning.

Social media challenges, from the point of view of Couldry, also are connected with two factors: 1) media usage habits – earlier it was assumed that audience is using media in the same way: during the prime-time people watched the evening news, newspapers were delivered in the mornings. Today situation is changing. Specialists predict that in ten years newspapers will disappear, but the news audience won't have any experience of the TV news watching in the evening; 2) changes in media economics - traditional media are loosing advertising budgets and advertisers are looking for the possibilities to reach internet audience by individualization of the messages (N. Couldry 2009: 437–449).

Another important aspect is connected with the change of the perception of the media role and importance. For many years the myth about the mediated centre existed that meant that media were the privileged entrance point to the centre of society, so what "happened" in all the world was exclusively available in media. Couldry believes that social media will not escape centrally produced media, offering their alternative centre, but will cooperate with them. As an illustration of this view author mentions fact that today the biggest amount of "The Sun" web-page visitors come from the social media. That makes author think that traditional media will not disappear, but will transform (N. Couldry 2009: 437–449).

4 Corporate communication in social media

Participation culture in social media makes a shift in corporate communication processes models: from „business-to-consumer" to „consumer-to-consumer" or even „prosumer-to-prosumer" (producer + consumer) (S. Lea and K. Damkaer 2010: 36–42).

New business models are based at the possibility to communicate with consumer in the cyber environment, which as an information field is complicated and controversial: anarchic self-disclosure is opposed to commercial interests, but information sharing communities – to producers of the commercial content. This is a networked field, that doesn't let to control the information flow. Complexity of this field is viewed as fragmented, based on different narratives and individual sense constructions.

At the same time internet and social media still are interesting to business communication. Castells mentions several reasons: 1) scalability – network can include so many components, how many it needs, being both local and global; 2) interaction – the possibility of a continuous interaction with suppliers, customers, employees and other audiences; 3) management flexibility, that allows to save the control over business project, extending its frames and diversifying its structure; 4) branding – internet communication allows to improve the quality of service or product, to implement innovations and to control the final result – the main factors band depends on; 5) orientation at the consumers in the framework of the network – companies face the dilemma of need for the individualization and the benefit of the mass production, that stimulates the development of mass production with later individualization according to the desires of consumer (M. Castells 2001: 9).

Harrison-Walker and Neeley offer three relationship links between companies and consumers: 1) economical links – money and time, that are needed for the relationship development; 2) social links – virtual interaction between participants, that is stimulating the relationship development; 3) structural links - connections with the network, that complicates the avoidance of the relationships (for example, becoming the moderator of the discussion or organizing the events, where the community participants meet each other) (L. Harrison-Walker and S. Neeley 2004: 19–35).

Brands can use social media not only for the active communication. Important is also the monitoring of the social media content, created by other users. That allows defining if the opinions, lifestyles, actualities of the users. This process is called "passive activity" – users are not interviewed or questioned, but are analyzed through their posts in the blogs, social networks or forums (M. Thelwall and L. Hasler 2006: 467–479).

Conversations in social media may increase the brand value, provide detailed information about the product features, and spread the message in virtual space. As an example is mentioned eBay internet shop, whose brand value was increased by the communication of the users. Harris and Rae believe that the best corporate communication strategy in social media is the "giver" position, when company is providing qualitative and practical information and advices (L. Harris and A. Rae 2009: 24–31).

Palmer and Koening-Lewis offer model that shows the specific of the corporate communication in social media. Three elements are used in this model: producer, customer, community (Figure 1). Traditional marketing space is between the producer and consumer. Social media add to this picture one more element – community, where customer communicate, gets information and opinions. That means that today companies should not only communicate with customers directly, but also communicate with corresponding communities, encouraging the positive communities' attitude towards the brand, as well as receive information about the needs and expectations of the target audience. Integration of the company into different online communities not always is easy. So today companies should develop their corporate communication in social media in the centre of the offered scheme, where all the three elements cross (A. Palmer and N. Koening-Lewis 2009: 162–167).

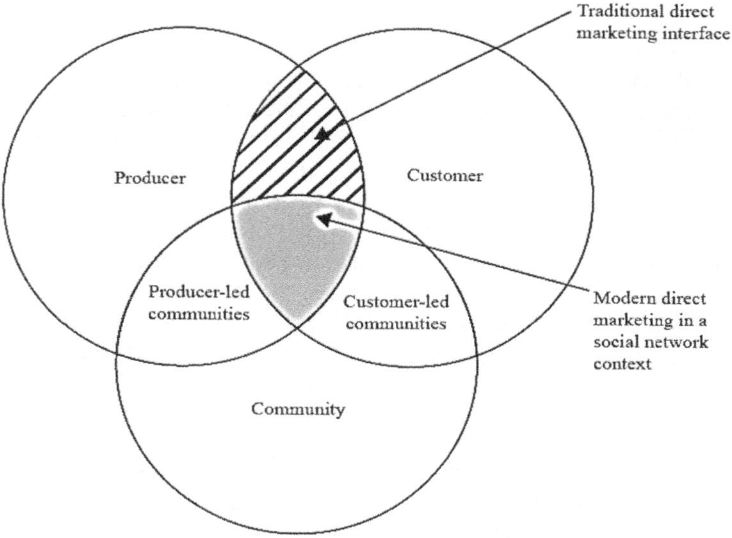

Figure 1: Modern and traditional marketing elements (Palmer and Koening-Lewis, 2009)

Tikkanen offers position that with the beginning of the social media era consumer satisfaction is not the main goal of the marketing any more. Appears the new goal: consumer empowerment, organizing marketing tools in such way, which allows audiences to create their own patterns of life, as well as organize their life experiences (H. Tikkanen etc. 2009: 1357–1381).

At the same time different authors also are speaking about the threats and challenges of the corporate communication in social media. Social media ask from the employee a number of the new knowledge and skills. If communication department is used to communicate in press, radio and television, but communication in internet is connected only with banners in the news portals, communication specialists should improve their knowledge about specifics of the communication in social media. So at the first stage communication in social media can ask for appreciable investments. And even after that communication specialists should follow all the changes of the social media environment and technologies (G. Hearn, M. Foth, H. Gray 2008: 49–61).

Employee's communication in social media can harm company's image. There are some cases when companies have fired their employees because of their posts in social media. For example, Google have fired an employee because of the criticism of the company. Today Google prohibits external employees blogging and provides them possibility to communicate in specially created corporate blogging platform.

Other important threat comes from the outside – social media users can not only increase the brand value, but also create negative resonance that will harm company's reputation. Corporate messages all the time compete with comments and posts of the users, but social media communities grudgingly accept integration of the brands in their environment (A. Palmer and N. Koening-Lewis 2009: 162–167). This tendency is connected with privacy concept, which is changing in social media. The term of privacy offered at the end of the 19th century by Warren and Brandeis (1890) in their book „The Right to Privacy" was defined as the right to be let alone. Today the definition of the privacy is transformed into the right to keep control over private information. In internet there is a new concept of privacy as the right not to be identified. From one side he is ready to communicate and provide personal information, but from the other side – user is not ready to give the whole control over his private information.

Smith (Pr. Smith 2003: 56) is speaking about the risks that companies face arranging their communication in internet: undue expectations, difficulties to arrange integrated communication globally, absence of the public relations in the role of the "gatekeepers", cyber-safety threats (viruses, spies etc.), unverified and overloaded audience. Important risk for the corporate communication is also connected with the tendency that interest of the audience about social media decreases dramatically when commercial interests arise in this field (A. Palmer and N. Koening-Lewis 2009: 162–167).

Social media can become also the source of disappointment because of the unrealized goals. For example, corporate blogs have a potential of becoming alternative information source and reach massive audience, but in reality they usually don't do that (B. Gunter 2009: 120–126).

5 Social media in Latvia

Data of the Central Statistical Bureau of Latvia show us, that in Latvia in the 2009 the internet was used regularly (at least once a week) by 60.9% of the population. The social networks, which are among the most visited resources of the internet, experienced rapid growth in popularity over the last few years. The market and social research agency Market Data research results show that 97%

of the Latvia's active internet users (using the internet at least twice a week) have been involved in some of the social networks. In most cases these sites are visited on a regular basis, as the fact that 83% of internet users among three the most frequently visited sites mention the social networking sites, while the news sites relatively frequently are visited by 70% of respondents.

The most popular online social network in Latvia is Draugiem.lv - it is used by 88% of all internet users, or the 1.025 million people. Average user of Draugiem.lv visit this network 3.5 times per day. Larger part of the audience of Draugiem.lv users is aged 20-24 (14%), aged 15-19 years (12.5%) and aged between 25 -29 years (11%). One user spent in this social network in average 31:50 minutes per day.

In December 2009 the electronic encyclopedia Wikipedia had almost 25 thousand articles written in Latvian that in the one hour was viewed more than 4 thousand times. Facebook.com users in March 2009 slightly exceeded 55 thousand, which is around 5% of the Internet users in Latvia. In turn, according to Latvia's Social Media Research Company *SOON*, microblogging resource Twitter have attracted about 30 000 users from Latvia in 2009, that is about 2% from all the internet users in Latvia.

6 Research design

The study consists of the several stages. Initially to identify the key trends related to the corporate communication in social media in Latvia and obtain the data necessary for the further survey, was carried out interviews of the 13 active social media users, social media experts and representatives of the companies. From the enterprise field semi-structured interviews were conducted with representatives who are carrying responsibility or are decision makers for the communication processes. From the audience of the social media were interviewed active users (at least once a day are communicating in social media) - respondents of various age and sex groups, with different income levels and different views. For all the respondents were guaranteed anonymity. In this way were assured openness and diversity of opinion.

To ensure the quality of the data processing was used the Grounded Theory of Glaser and Strauss (B. Glaser and A. Strauss 2007/1967: 5–6) that provides potential to offer original insight into the processes. Grounded theory essential characteristic is that it arises from the interaction of the data during period of the data gathering (C. Daymon and I. Holloway 2002: 118). Data analysis was started immediately after the first interview, after each new interview memo was written, as well as new data were correlated with the earlier results.

Were used three steps of coding: 1) open coding - providing data fragmentation, selecting information that is related to the actual research, 2) axial coding - matching data in new ways, creating the main categories, 3) selective coding – selection of the basic category and linking them with other categories. Summarizing information from the first stage of the interviews, actual trends related to corporate communication in social media in Latvia were formulated. In addition, in the first period of interviews the respondents stated 11 the most typical communication tasks in social media faced by enterprises.

To clarify the corporate communication patterns in social media survey of the representatives of 420 companies operating in Latvia was carried. To ensure representativeness of the data it was important that participants represent decision makers for the communication processes in their companies. This condition was also highlighted in the beginning of questionnaire. As a result: 52% of the respondents were public relations managers and specialists, 18% - marketing executives or professionals, 13% - directors or managers and 18% - representatives of other positions in company (mostly the heads of different departments).

7 In-depth interviews results

According to the Central Statistical Bureau of Latvia, in Latvia live about 60% of Latvians and 27% of Russians. This divides society into two communities: Russians and Latvians. Participants of these communities choose different media, including social media. For example, social network Draugiem.lv is more popular among Latvians, but social network One.lv/Odnoklassniki.ru is a popular resource for the Russians living in Latvia.

Latvian communication specialists still have no great experience of the communication in social media, so mostly corporate communication in this field is based on "trial and error" principle. Because of the lack of experience companies not always are able to define their goals for the communication in social media or formulate inadequate for this field goals and communication style, being too commercial or annoying. At the same time the same trends have also the positive side – social media still are not cluttered with brands, so this can be a niche for the companies that wish to communicate with their target audience directly.

Bloggers are considered to be opinion leaders among their followers so companies are trying to influence their blogs content. Question of the payment for the blogs posts is ambiguous. Blogs that are written in Latvian have too small amount of the followers and readers to allow Latvian bloggers to earn on context advertising. If Latvian blogger want to earn with his blog, he writes it in English. The others are looking for the cooperation possibilities with companies that wish to publish their information in the blogosphere. During one small survey held by one of the Latvian bloggers among his colleagues, it was found out that 73% of the bloggers in Latvia would gladly publish commercial content in their blog, 10% would not do that, but think that this is a normal practice. And only 17% of the respondents consider this to be unacceptable. This category of bloggers is afraid to lose their reputation and readers. Interviews showed that companies also are anxious about the reaction of the bloggers, that's why often choose the strategy similar to media relations: invite bloggers to the press events, send them the press releases, and offer their products fot testing.

In a result of the interviews conclusions about the differences between the corporate communications in social and traditional media (newspapers, television, radio, web sites where content is made by professional journalists) have been made. If traditional media are stronger by reaching larger audience, then benefit of social media is related to more operative delivery of the information and ability of the audience segmentation.

From the point of view of information renewal frequency in traditional media information aging cycle is longer than in the social media, where is a continuous news flow. Traditional media are characterized by lower interactivity and options for the feedback, when social media enables higher level of the interactivity. From the position of interest of the companies, the feedback option does not always have a positive aspect. If in traditional media companies have more power over the content, as well have capability to indicate frequency and time of emerging of the negative information, in social media the negative information can appear at any time, from any user and spread uncontrollably.

Traditional media also provide certain forms of the rituals based on the publishing time of media or the time of the broadcast: reading your newspaper at breakfast time in the morning, watching evening news with your family and so on. By contrast, the ritual of social media use is fashioned by the user and is based on his agenda, choosing the most convenient for him time and place. This aspect means that corporate communication specialists have to adapt not only to the routine of traditional media, but also take in consideration agenda of the social media users.

Finally, if traditional media claim to objective reflection of the situation, social media welcome and encourage subjective judgments and expressions of individual views. It also affects the style of the communication – if in traditional media business representatives are forced to communicate using formal language, then language and communication style in social media is less formal and tends to address the users more personally.

These aspects, which are schematically presented in the Table 1, lead to the conclusion that rumors of the traditional media death for the corporate communication are seriously exaggerated, and in the present time is more appropriate to integrate social media in a joint communication strategy, using both traditional and social media for reaching the corporate goals.

Traditional media vs.	**Social media**
Reaching larger audience	A rapid and operative distribution of information to the specific audience
Longer maintenance of the actuality of information	Rapid aging of the message
Low level of interactivity or feedback	High level of interactivity and feedback
Control mechanisms	Lack of control mechanisms
Provides certain forms of the rituals/habits for use	Rituals of the use are provided by users
A claim for objectivity	Subjective reflection of the information
The formal language, institutionalization	Less formal, more personal approach

Table 1: Corporate communication in traditional and social media

8 Survey of the companies

Professionals who are responsible for the communication in 420 companies operating in Latvia were surveyed. 56% of the respondents are using social media on behalf of their company or brand name. Most (61%) of these companies are communicating in social media less than a year. Consequently, because of short time of involvement there are no traditions related to social media and no understanding of the long-term. Probably it is also the reason why the majority (79%) of these companies is satisfied with the communications in the social media.

The respondents also were asked about the assessment criteria for their communication success in social media. The majority (67%) prefers to analyse the content of communication, evaluating feedback - the quantity and quality of comments and discussions. Much less frequently such criteria as the scope of audience is mentioned - the number of followers and clicks (17%), changing the company`s reputation (8%), financial performance of the company (3%). In turn, 5% do not assess the results of communication in social media, believing that this is impossible.

Despite the fact that social media are in the focus of the debates of Latvian communication professionals we still cannot state that many of them are using social media actively. It was also clarified that while the Latvian companies do not follow the principle of integrated communication in social media, mainly focusing just on one channel. "Diet" of the companies in that regard is not as diverse and is more like a strict diet: for example, 8 out of 10 companies that communicate in social media, do not create podcasts, 7 out of 10 - do not lead corporate blogging and have never created entries in Wikipedia, 6 from 10 does not use any image sharing resources (eg, Flickr), but also do not have a corporate profile on Facebook.com or Draugiem.lv, in turn 5 of 10 companies never communicate in blogs of other users.

Research showed that the most popular social media between Latvian companies is the microblog Twitter. Summing up social media where companies communicate at least once a week or on a daily basis, the following popularity chart was formed:

1. Twitter – 76%
2. Facebook.com – 28%
3. Draugiem.lv – 24%
4. Internet Forums – 21%
5. Corporate blogs – 15%
6. Video sharing sites – 13%
   Blogs of the other users – 13%
7. Photo sharing sites – 12%
8. Podcasts – 6%
9. Wikipedia (own entries) – 2%

Various forums and the video distribution resources (Youtube, Vimeo, etc.) are popular wherein almost half of the companies regularly communicate, but not so often - once a month or less.

In this context it is interesting to know what problems the company bring forward by communicating with their audiences in social media. Most often it is informing the users about current issues within their scope of business (82% - often or very often) or about their product or service (75%). Much of the respondents (59%) intended to frequently raise the sale of their products or services, and about half of the companies that communicate in social media (46%), trying to answer questions from users and also speaking with professional journalists. That is, social media had become another channel which the companies include into their media relations armoury.

Less frequently the companies turn to social media to ascertain the views of users about themselves or their competitors, as well as to promote debate in the desired direction. More rarely, they are ready to build a dialogue with users on topics that do not relate to their businesses, as well as communicate with the staff here.

An interesting trend referring to the first choice of the social media for the different communication tasks was explored. Here we can see the separation of the anonymous zone and personalized zones. For the tasks that are related to the establishing relations and promotion of the sales – the information about products or services; delivering information on the current developments in their field; monitoring of the users opinion; information delivering to media representatives about the company, products or services; sales promotion; development of a dialogue with users and answering users questions – most often will be chosen microblog (Twitter), which is counted to a personalized area, because the communication takes place through a clearly identified accounts. For the communication with employees the highly personalized social medium will be chosen - a corporate blog.

Whereas if the task concerns competitors or include risks for the image of company, will be selected channels, where it is possible to express an anonymous point of view or avoid the appearance of the company name at all, transmitting information from the name of other users: for seeking an opinion of the user on the competitors, their products or services or guiding users discussions in desired direction internet forums will be chosen, but for delivering a negative information about competitors – the blogs of other users.

Representatives of the companies that do not communicate in social media (44% of respondents), as the reason most often mention the lack of the human resources. This answer supports the trend that appeared during the interviews – regular communication in social media requires from the representatives of the company relatively large amount of time and not every company is able to include this time on the list of duties of employees.

This actually raises the next question: who should be responsible for the communication in social media – should it be PR specialist, marketing specialist, representative of the administration or an ordinary representative of the company's staff? During the interviews of the experts and active social media users sounded a clear position that social media users quite often are more interested in communication with ordinary staff representatives, technical specialists, "just the real people", who can consult on different practical questions, not with PR specialists who are providing official and filtered information. The survey shows that representatives of only 4% of the companies that communicate in social media believe that ordinary employees should communicate in social media from the name of the company. In turn, 57% think that this is the responsibility of the public relations specialist, 14% consider this to be the task of specially hired social media operator, 11% - marketing specialists, 10% - companies executive, 4% - communication agency. This idealistic picture of "how it should be" is not so far from the real situation.

Among the companies that communicate in social media in 44% this is the responsibility of the public relations specialists, 18% - marketing specialists, 11% - executive, 10% - ordinary staff, 7% - communication agency, 2% - specially hired social media operator. The only important difference is connected with the role of the ordinary staff, whose communication in social media at the present moment is more active than companies would like.

9 Conclusions and discussion

Corporate communication in social media in Latvia is still in its early development. Currently, the niche of social media is relatively free for the corporate communication in Latvia and some enterprises begin to use this new channel of communication. This process is slow because of lack of educated and experienced communication specialists in this specific field. By the time the need for such professionals will grow. Communication specialists will be forced to change their communication "philosophy" - from the targeted focused campaigns to the continuous conversation with the target audiences.

The most popular social medium for the corporate communication between companies operating in Latvia is Twitter microblog, but the remarkable is that this resource today is used by about 2% of all internet users in country. That means that companies should expand their social media arsenal, including in communication strategy different social media that are used by the target audience.

At the present moment not so much attention is paid to the trend of communication via fake or anonymous profiles vs. communication via official corporate accounts. In Latvia these practices exist simultaneously. I suppose that later the debates on this topic will sharpen and identified profiles will become more demanded and trustful between the social media users.

An interesting tendency refers to aspect that I would call "*citizen public relations*". Specifics of the social media force to perform company's spokes person's function not only public relations and marketing specialists or administration, but also the ordinary employees. Social media users are tended to communicate with them about practical questions. Thanks to social media the role of each employee in shaping the image of the company is increased. There are two crucial aspects. On the one hand, an even more serious was the issue of a thought-out internal communication, because only satisfied, informed and loyal employees can positively and sincerely communicate under the umbrella of his/her company. On the other hand, it is essential that the companies formulate their position concerning communication of their employees in social media. Ideally, they should create guidelines or a specific set of rules that clearly define how and what the company communicates in social media, but from what it refrains. In this case, there wouldn't be correct to prohibit communication in social media, if the employees themselves defined such an initiative, or vice versa - forcing them to communicate here, in case it not part of their work responsibilities and, moreover, if they are not ready for this.

Admittedly, that even for the communication professionals social media are becoming a real challenge. The process of communication in this area is characterised as a continuous conversation and requires less formal - a short, emotional and expressing the opinion of the specific circle of persons. The issue of the language in which to organise communication in social media still remains unanswered. If on a website one can make a button LV, RUS, ENG, then in Twitter, or Facebook it is more complicated - to duplicate profile information in several languages would be to litter the already overloaded information environment. Therefore for the time being it is necessary to choose the primary language of communication - a problem that, for sure, eventually will be technically solved.

Another challenge relates to the fragmented perceptions, which is typical for users of social media. A user chooses when to connect to the channel, and through various filtering resources may itself select the information it wishes to receive. In social media a continuous flow of information occurs, consisting of short texts, photos, videos and does not imply a serious penetration into each message. Thus, the habits of perception of information are changing, which is proved in research. For example, the company Outsell Inc. (2010) held a survey in the U.S., which found that 44% of Google News users just re-read headlines and do not click on them, so as they do not get to the websites of specific news sources. Communication specialists need to learn to communicate in these circumstances under the information noise conditions.

It would be premature to suggest that social media have become a substitute for the traditional media, but now it`s time for companies, which are viewing their communication, seriously and with a long-term perspective, to draw attention to this channel of communication. In Latvia, it is still relatively free niche for the corporate communication, where you can collect followers and important items of trust, which is useful when the number of users of social media will grow to a level that would yield more significant benefits for business. However, presently the basic mistakes that companies should avoid when communicating in social media are already clarified: ignoring issues, misleading the audience, the condemnation of staff for communications in social media on topics related to the company, the imposition of "friendship", as well as passion for the information of commercial nature.

Latvian case can be interesting not only to local specialists, but to wide audience, cause it characterize the process of the social media entry corporate communication of the small country, where communication area is comparatively young, as well as communication environment is fragmented. Quite often corporate communication specialists in Latvia mention, that it is hard to adopt different advices and communication models developed in countries with long communication field history. The reason is that communication field in these countries differ from the communication field in Latvia. Mentioned in this paper trends can be similar to situation in other small countries with comparatively young communication field. It is important to take into account these trends and specifics during the process of the corporate communication activity planning.

References

Anklam, P. (2009): Ten years of net work. The Learning Organization 16 (6): 415–426.

Argenti, P. (2006): How technology Has Influenced the Field of Corporate Communication. Journal of Business and Technical Communication 20 (3): 357–370.

Bennett, W.L., Manheim, J.B. (2006): The One-Step Flow of Communication. The ANNALS of the American Academy of Political and Social Science 608: 213 – 232.

Burgess, Jean and Green, Joshua. (2009): YouTube. Online Video and Participatory Culture. Cambridge: Polity Press.

Castells, Manuel. (2004): Informationalism, Networks, and the Network Society: A Theoretical Blueprint. In: Castells, M. (2004) The Network Society. A Cross-Cultural Perspective. Cheltenham; Northampton: Edward Elgar Publishing Limited.

Castells, Manuel. (2001): The Internet Galaxy: Reflections on the Internet, Business, and Society. Oxrord: Oxford University Press.

Central Statistical Bureau (2010): Number of inhabitants regularly using computer/Internet. Retrieved February 07, 2010 from: http://www.csb.gov.lv/csp/content/?cat=2092

Charmaz, Kathy. (2004): Grounded theory. In: Hesse-Biber, S. (2004). Approaches to qualitative research. Oxford: Oxford University Press.

Constantinides E., Fountain S. (2008): Web 2.0: Conceptual foundations and Marketing Issues. The Journal of Direct, Data and Digital Marketing Practice 9 (3): 231–244.

Couldry, N. (2009): Does „the Media" Have a Future? European Journal of Communication 24: 437–449.

Cox, J. Martinez, R. , Quinlan, K. (2008): Blogs and the corporation: managing the risk, reaping the benefits. Journal of Business Strategy 29 (3): 4–12.

D'Ambra, J., Rice, R., O'Connor, M. (1998): Computer-mediated communication and media preference: an investigation of the dimensionality of perceived task equivocality and media richness. Behaviour & Information Technology 17 (3): 164-174.

Daymon, Christine, Holloway, Immy (2002): Qualitative research methods in public relations and marketing communications. London: Routledge.

El-Shinnawy, M., Markus, L. (1997): The poverty of media richness theory: explaining people's choice of electronic mail vs. voice mail. Human-Computer Studies 46: 443–467.

Glaser, Barney, Strauss, Anselm. (2007/1967): The discovery of grounded theory: strategies for qualitative research. NJ: Aldine Transaction.

Gonzalez, N. (2009): Facebook Global Audience. CheckFacebook. Retrieved January 30, 2010 from http://www.checkfacebook.com/

Grunig, J. (2009): Paradigms of global public relations in an age of digitalisation. PRism 6(2): 1–19.

Gunter, B. (2009): Blogging – private becomes public and public becomes personalised. Aslib Proceedings: New Information Perspectives 61 (2): 120–126.

Harris, L., Rae, A. (2009): Social networks: the future of marketing for small business. Journal of business strategy 25 (5): 24–31.

Harrison-Walker, L., Neeley, S. (2004): Customer relationship building on the internet in B2B marketing: a proposed typology. Journal of Marketing Theory and Practice 12(1): 19–35.

Hearn, G., Foth, M., Gray, H. (2008): Applications and implementations of new media in corporate communications. Corporate Communications: An International Journal 14(1): 49–61.

Karakulakoglu, S. (2010): Theorizing Web 2.0: including local to become universal. In: Transforming Culture in the Digital Age. International Conference in Tartu 14-16 april 2010. Tartu: Estonian National Museum, Estonian Literary Museum, University of Tartu. P. 61–68.

Keenan, A, Shiri, A. (2009): Sociability and social interaction on social networking websites. Library Review 58 (6): 438–450.

Komito, L., Bates, J. (2009): Virtually local: social media and community among Polish nationals in Dublin. Aslib Proceedings: New Information Perspectives 61 (3): 232–244.

Lea, S., Damkaer, K. (2010): Can you be friends with an art museum? Rethinking the art museum through Facebook. In: Transforming Culture in the Digital Age. International Conference in Tartu 14-16 april 2010. Tartu: Estonian National Museum, Estonian Literary Museum, University of Tartu. P. 36–42.

Leonard, K., Scotter, J., Pakdil, F. (2009): Culture and Communication: Cultural Variations and Media Effectiveness. Administration & Society 41 (7): 850–877.

O'Reilly, T. (2005): Web 2.0: compact definition? O'Reilly Radar. Retrieved February 14, 2010 from http://radar.oreilly.com/archives/2005/10/web_20_compact_definition.html

Outsell. (2010): Outsell Report Shows Nearly Half of News Users Bypass Newspaper Sites in Favor of Google. Outsell home page. Retrieved February 6th, 2010 from http://www.outsellinc.com/press/press_releases/news_users_2009

Palmer, A., Koening-Lewis, N. (2009): An experiential, social network-based approach to direct marketing. Direct Marketing: An International Journal 3 (3): 162–167.

Quinton, S., Harridge-March, S. (2010): Relationships in online communities: the potential for marketers. Journal of Research in Interactive Marketing 4 (1): 59–73.

Sheer, V., Chen, L. (2004): Improving Media Richness Theory. Management Communication Quarterly 18 (1): 76–93.

Siah Ann Mei, J., Bansal, N. Pang, A. (2010): New media: a new medium in escalating crises? Corporate Communications: An International Journal 15 (2): 143–155.

Smith, Paul Russell, Taylor, Jonathan (2003). Marketing Communication. An Integrated Approach. London: Kogan Page.

Sumith, L. (2004): Corporate Environmental Reporting Media: A Case for the World Wide Web. Electronic Green Journal, 1 (20). Retrieved March 27, 2010 from: http://www.escholarship.org/uc/item/20d3x61r

Thelwall, M., Hasler, L. (2006): Blog search engines. Online Information Review 31 (4): 467–479.

Tikkanen, H. etc. (2009): Exploring virtual worlds: success factors in virtual world marketing. Management Decision 47 (8): 1357–1381.

Urso, S., Rains, S. (2008): Examining the Scope of Channel Expansion. Management Communication Quarterly 21 (4): 486–507.

Wallis, J. (2005): Digital directions. Cyberspace, information literacy and the information society 54 (4): 218 – 220.

Warren and Brandeis (1890): The Right to Privacy. Harvard Law Review. Retrieved November 07, 2011 from: http://groups.csail.mit.edu/mac/classes/6.805/articles/privacy/Privacy_brand_warr2.html

Wikipedia Statistics. (2009): Wikipedia Statistics. Thursday December, 31 2009. Wikipedia. Retrieved January 30, 2010 from http://stats.wikimedia.org/EN/Sitemap.htm

Woo, J. (2006): The right not to be identified: privacy and anonymity in the interactive media environment. New media & society 6: 949–967.

Youngs, G. (2009): Blogging and globalization: the blurring of the public/private spheres. Aslib Proceedings: New Information, 61 (2): 127–138.

Verzeichnis der Autorinnen und Autoren

Baiba Ābelniece, Mg. sc. com., after graduation of the Master of Communication Management in Tallinn University, started doctoral studies in Organizational Communication and Public Relations in the University of Jyväskylä. She continues studying public relations ethics in transition society. Baiba Abelniece, over the last 10 years, has held PR professional position for the state owned bank (for 3 years in Hipoteku banka, Latvia) and state owned electricity company (for 7 years in Latvenergo, Latvia). Her professional career also includes the work of a guest lecturer both in practical and academic courses.

Dr. Ágnes Borgulya, Associate Professor in Corporate, Business and Cross-Cultural Communication at the University of Pécs, Hungary. She earned her PhD at the Hungarian Academy of Sciences (MTA). Her main research area is the communication and corporate culture of international companies. She has published several studies in this field, both in Hungarian and foreign language journals. Examples: *Cross-cultural Communication in Hungarian Firms in the 90s* (2000), Pécs; *Business communication during cultural change*. In: Corporate Communications. An International Journal. 2000/ 4.; *Umwandlungsprozesse in der Unternehmenskultur und in der Unternehmens-kommunikation in Ungarn*. Wiesbaden. 2005. She is the author of four books.

Dr. Georgeta Drulă, Associate Professor at the Faculty of Journalism and Communication Studies, University of Bucharest. She teaches courses in digital media, under the titles: Multimedia, Communication studies and new technologies, Online multimedia production or Online corporate communication. She holds a title of doctor in economy, obtained at Academy of Economic Studies, in Bucharest. Her doctoral thesis in economy, specialization Economic Informatics, focuses on management of multimedia documents.

She gained grants and led four national and international research projects in digital media field and contributed with articles published in peer reviewed journals and conferences proceedings, such as: *Strategy of Social Media in the Media Companies* in Proceedings of the 14th International Academic MindTrek Conference: Envisioning Future Media Environments, ACM New York (2010), *Blogging as alternative to journalism in Romanian_virtual space*, in_Jirak, J., Kopplova, B., Kasl Kollmannova, D. (eds.) Media 2009: Twenty Years After, Czech publishing house Portal (2009), *Digital Culture and Blogging Practices*, in Drula, G., Rosca, L., Boicu, R., (eds.) The Role of New Media in Journalism, Ed. Universităţii din Bucureşti, (2011). She is member of the RO-HCI (Romanian Association of Human-Computer Interaction), AFCOM (Romanian Association of Trainers in Journalism and Mass Communication) and ECREA (European Communication Research and Education Association). She is the director of master programme "Multimedia and audio-video production". Her main fields of research and teaching are digital media, communication studies and new technologies.

Dr. Michael Etter, Assistant Professor at the Department of Intercultural Communication Management at the Copenhagen Business School, Denmark. He wrote is PhD thesis in organisation and culture, focusing on attitudes of executives toward Corporate Social Responsibility. His main fields of research and teaching are Corporate Communication, Organisational Communication, CSR,

Social Media and Public Relations. Among other things he is interested in communication about CSR in social media, reputation and financial communication.

Outi Ihanainen-Rokio, MA, is currently working as Director, Competency & Operational development at Descom Ltd. Also a PhD student of organizational communication in University of Jyväskylä, Finland, she pursues her research on communication of strategy in knowledge-intensive firms. She has worked closely with ICT companies for fifteen years both as a professional as well as an academic. Her previous academic publications were done in collaboration with Dr. Rantapuska in Lahti University of Applied Sciences, and they discussed acquiring information systems in SMEs from a perspective of organizational learning.

Dr. Judit Háhn, Teacher of Business English at the University of Pécs, Hungary. She wrote her PhD thesis in netlinguistics, focusing on the generic and textual features of online advertisements and corporate homepages. She has an M.A. in English and Sociology. Her fields of research are sociolinguistics, netlinguistics and business communication. Publication (example): *Work-related values and attitudes in Central and Eastern Europe*. Journal for East European Management Studies (2008) 13/3, 216-237. (co-author: Borgulya, Ágnes)

Olga Kazaka, PhD candidate at the University of Latvia at Faculty of Social Sciences, partner at the communication agency A.W.Olsen & Partners. Member of the Board at Latvian Association for Public Relations Professionals (LASAP). Her main field of research and teaching is Corporate Communication, focusing on social media.

Dr. Martin Nielsen, Diplomfachübersetzer und -dolmetscher; Associate Professor an der Universität Aarhus/ Dänemark (Institut für Wirtschaftskommunikation/ Zentrum für Unternehmens-kommunikation); Forschungsschwerpunkte: Wirtschafts- und Unternehmenskommunikation, Marketing- und PR-Kommunikation, Werbesprache, Fachtextlinguistik, Textsortenlinguistik.

Veröffentlichungen (Auswahl): „Kommunikationstypologien des Handlungsbereichs Wirtschaft". In: Habscheid, Stephan (Hrsg.) (2011): *Textsorten, Handlungsmuster, Oberflächen. Linguistische Typologien der Kommunikation.* Berlin: de Gruyter (de Gruyter Lexikon), pp. 491-508. „Beim Beten rauchen oder beim Rauchen beten? Corporate Social Responsibility als Identifikationspotenzial in Mitarbeiterzeitschriften". In: Steinmann, Cary (Hrsg.) (2011): *Evolution der Informationsgesellschaft. Markenkommunikation im Spannungsfeld der neuen Medien.* Wiesbaden: VS Research (= Europäische Kulturen in der Wirtschaftskommunikation Band 16), pp. 69-82."Deutsch in Dänemark". In: Krumm, Hans-Jürgen/ Fandrych, Christian / Hufeisen, Britta / Riemer, Claudia (Hrsg.) (2010): *Handbuch Deutsch als Fremd- und Zweitsprache.* 2. Halbband. Berlin/ New York: de Gruyter / Mouton (= HSK Handbücher zur Sprach- und Kommunikationswissenschaft Band 35), pp. 1642-1646."Marketscapes. Market between Culture and Globalization". In: *Hermes* 43/2009, pp. 59-95 (mit Iris Rittenhofer).„5 auf Deutsch = 6 auf Dänisch. Gesundheitskampagnen im Kontrast". In: Held, Gudrun/ Bendel, Sylvia (Hrsg.) (2008): *Werbung – grenzenlos. Multimodale Werbetexte im interkulturellen Vergleich.* Frankfurt am Main/ Berlin/ Bern/ Bruxelles/ New York/ Oxford/ Wien: Lang (= Sprache im Kontext Band 31), 125-147.

Dr. Anne Grethe J. Pedersen, Associate Professor in German Corporate Communication at the Department of Culture and Global Studies at Aalborg University, Denmark. She wrote her PhD thesis in linguistics, focusing on contextual, generic and lexico-grammatical features of German Investor Relations Newsletters. Her main fields of research and teaching are Corporate Communication, language and culture. Among other things she is interested in communication about sustainability, climate change, stakeholder dialogue and risk and has published for example: *Der Stakeholderdialog zwischen Regulierung und Rhetorik: Eine empirische Studie der dargestellten Dialogorientierung in* *deutschen und dänischen Geschäftsberichten* (2011), Zeitschrift für Wirtschafts- und Unternehmensethik 12, 1, 87-103, open access: www.vbn.aau.dk and together with Larsen, A.V.: *Klimakommunikation von Fluggesellschaften: eine Untersuchung der Sender-Empfänger-Relationen in der Online-Klimakommunikation von deutschen und dänischen Fluggesellschaften* (2010), In: Kvam, S. et al.:Textsorten und Kulturelle Kompetenz: Interdisziplinäre Beiträge zur Textwissenschaft, Münster: Waxmann, 123-145.

Thomas Plotkowiak, Research Assistant at the Institute for Media and Communication Management at the University of St. Gallen, Switzerland. He writes his PhD thesis on Twitter communities. His main fields of research and teaching are social media, social network analysis and communities. Among other things he is interested in the community formation and information distribution in social networks.

Inga Pūre, Mg. oec., Mg. philol., Director of study programme "Communication Management" and Lecturer in Public Relations at the Liepaja University, Latvia. She is a doctoral student of the School of Business Administration Turiba (Latvia). Her main research area is the public relations development in Latvia. She has published several articles in this field, both in Latvian and English. She has also more than 10 year practical experience in public relations field.

Dr. Anda Rožukalne, Assist. Prof., Head of Communication Studies Departament, Director of Studies Programs „Journalism" and „Multimedia Communication" at Faculty of Communication, Rigas Stradins University, Latvia. She wrote her doctoral thesis in media sociology, focusing of qualitative research on audiences of consumer magazines. Her main fields of research and teaching are following: journalism and media effects, editorial job, media usage patterns, media systems, media economy and management.

A.Rozukalne has studied journalism and worked as a reporter and editor for more than 15 years. Since 2002 she have made different academic papers on media environment analysis and discussed different problems about media impact to societyu in Latvia, for example: The Problem of Doctor's Envelopes on the Agenda of Latvian Newspapers, Collection of Scientific Papers, Riga Stradin's University, 2008; Rožukalne A., Latvian Print Media as Opinion Leders, Shrinking Citizenship. Discursive Practices that Limit Democratic Participation in Latvian Politics, Ed. By M.Golubeva an R.Gould, Amsterdam: Editions Rodopi, 2010; Rožukalne A., The Construction of Ethnic Political Identity and the Mechanisms of Exclusion in the Latvian – Language Media, Shrinking Citizenship. Discursive Practices that Limit Democratic Participation in Latvian Politics, Ed. By M.Golubeva an R.Gould, Amsterdam: Editions Rodopi, 2010.

Dr. habil. Christopher M. Schmidt ist seit 2012 Professor und Institutsleiter des germanistischen Instituts der Universität Åbo Akademi/Finnland. Promotion an der Universität Åbo Akademi und Habilitation an der Friedrich-Schiller-Universität Jena. Mitbegründer und Leitungsmitglied der internationalen Forschungskooperation *Europäische Kulturen in der Wirtschaftskommunikation* /EUKO (www.wirtschaftskommunikation.net). Mitbegründer und einer der Koordinatoren für den internationalenDouble-Degree-Masterstudiengang *InterculturAd-Werbung interkulturell* in Kooperation zwischen Åbo und Eichstätt. Leiter des Forschungsprojekts UCAN zur Optimierung von Netzwerken finnischerExportunternehmen im Ausland sowie anderer Forschungsprojekte. Leiter des interdisziplinärenund fakultätsübergreifenden Studiengangs *Sprache und Wirtschaft* an der Universität ÅboAkademi. Weitere Informationen zur Person unter: http://www.abo.fi/ institution/ Christopher Schmidttys. Forschungsschwerpunkte sind interkulturelle Wirtschaftskommunikation, Texttheorie,Fachsprachenforschung, kognitive Linguistik, Textwissenschaft sowie Semiotik.

Publikationen in Auswahl: Schmidt, Christopher M. (Hrsg.) (2002): *Wirtschaftsalltag und Interkulturalität.Fachkommunikation als interdisziplinäre Herausforderung.* Deutscher Universitäts-

Verlag,Wiesbaden (Europäische Kulturen in der Wirtschaftskommunikation 2). Schmidt, Christopher/Neuendorff, Dagmar/ Nielsen, Martin (Hrsg.) (2004): *Marktkommunikation in Theorie und Praxis. Inter- und intrakulturelle Dimensionen in der heutigen Wirtschaft.* Deutscher Universitäts-Verlag,Wiesbaden (Europäische Kulturen in der Wirtschaftskommunikation 4). Schmidt, Christopher M./Neuendorff, Dagmar (Hrsg.) (2007): *Sprache, Kultur und Zielgruppen. Bedingungsgrößen für die Kommunikationsgestaltung in der Wirtschaft.* Wiesbaden: DUV (Europäische Kulturen in derWirtschaftskommunikation 11) Schmidt, Christopher M./ Szurawitzki, Michael (Hrsg.) (2008):*Interdisziplinäre Germanistik im Schnittpunkt der Kulturen.* Würzburg: Könighausen & Neumann.Schmidt, Christopher M. (2010): *Kognitive Modelle in der Wirtschaftskommunikation. Eine kognitionslinguistischeFundierung kulturbedingter Konzeptionalisierung.* Sternenfels: Wissenschaft & Praxis. (Schriftenreihe Interkulturelle Wirtschaftskommunikation 15).

Dr. Viktoria Umborg, Dozentin für Deutsch als Fremdsprache und Russisch als Fremdsprache an der Technischen Universität Tallinn, Estland. Ihre Doktorarbeit betrifft die Semantik deutscher verbaler Phraseologismen. Die Forschungsschwerpunkte sind: Kontrastive Linguistik, Semantik, Phraseologie, Fachsprachenforschung, Fachsprachendidaktik, Übersetzungswissenschaft. Ausgewählte Publikationen sind: *Deutsche feste Wortverbindungen in Fachtexten im Vergleich mit ihren estnischen und russischen Entsprechungen* (2010). In: Korhonen J. u.a. (Hrsg.) Phraseologie global – areal – regional. Tübingen: Narr Francke, 239-246. *Feste Wortverbindungen in Fachsprachen.* (2006). In: Wichter S./Busch A. (Hrsg.) Wissenstransfer – Erfolgskontrolle und Rückmeldungen aus der Praxis. Frankfurt am Main: Peter Lang, 391-401. *Internationale Wirtschaftskommunikation in estnischen Unternehmen.* In: Reuter E./ Piitulainen M.-L. (Hrsg.) Internationale Wirtschaftskommunikation auf Deutsch. Frankfurt am Main: Peter Lang, 125-142.

Dr. Antje Zilg schloss ihr Dissertationsprojekt mit dem Titel „Markennamen im italienischen Lebensmittelmarkt" 2005 ab. Seit dem 01.11.2008 ist sie als wissenschaftliche Assistentin am Institut für Romanistik der Justus-Liebig-Universität Giessen beschäftigt. In ihrem Habilitationsprojekt beschäftigt sie sich mit dem gesprochenen Französisch in den Medien. Forschungsergebnisse wurden bereits auf nationalen und internationalen Symposien und Tagungen vorgestellt.

Made in the USA
Las Vegas, NV
11 November 2024

11546139R00128